KB268462

일계인(日系人) 디아스포라: 초국적 이주루트와 글로벌 네트워크

저자

임채완 전남대학교 정치외교학과교수, 세계한상문화연구단장, 정치사회학 박사
임영언 전남대학교 세계한상문화연구단 연구교수, 사회학 박사
박구용 전남대학교 철학과 교수, 철학 박사

전남대학교 세계한상문화연구 5차 총서 ❸

일계인 디아스포라: 초국적 이주루트와 글로벌 네트워크

2013년 4월 25일 초판 인쇄
2013년 4월 30일 초판 발행

지은이 │ 임채완 임영언 박구용
펴낸이 │ 이찬규
펴낸곳 │ 북코리아
등록번호 │ 제03-01240호
주소 │ 462-807 경기도 성남시 중원구 상대원동 146-8
        우림2차 A동 1007호
전화 │ 02) 704-7840
팩스 │ 02) 704-7848
이메일 │ sunhaksa@korea.com
홈페이지 │ www.bookorea.co.kr
ISBN │ 978-89-6324-132-6 (93300)

값 17,000원

• 본서의 무단복제를 금하며, 잘못된 책은 구입처에서 바꾸어 드립니다.
• 이 총서는 2010년도 정부재원(교육과학기술부 인문사회연구역량강화사업비)으로 한국연구재단의 지원을 받아 연구되었음(NRF-2010-413-B00009).
• This work was supported by the National Research Foundation of Korea Grant funded by the Korean Government(NRF-2010-413-B00009).
• 이 책은 환경보호를 위해 재생종이를 사용하여 제작하였으며 한국출판문화산업진흥원이 인증하는 녹색출판 마크를 사용하였습니다.
• 이 도서의 국립중앙도서관 출판시도서목록(CIP)은 서지정보유통지원시스템 홈페이지(http://seoji.nl.go.kr)와 국가자료공동목록시스템(http://www.nl.go.kr/kolisnet)에서 이용하실 수 있습니다.
  (CIP제어번호: CIP2013013951)

전남대학교 세계한상문화연구 5차 총서 **3**

일계인(日系人) 디아스포라: 초국적 이주루트와 글로벌 네트워크

Japanese Diaspora: Transnational Migration Route and Global Network

임채완 임영언 박구용 지음

북코리아

이 연구총서는 전남대학교 세계한상문화연구단이 2010년도 한국연구재단 대학중점연구소지원사업으로 선정된 연구과제인 "민족분산과 지구적 소통으로서 디아스포라 연구" 중 제1단계 "동북아시아 민족분산과 문화영토"라는 3년간의 연구과정 중 제1차년도에 해당되는 내용으로 지난 1년간 수행한 연구결과를 엮어 출판한 것이다. 향후 중점연구는 계속해서 제2단계 3년간 "동북아시아 디아스포라의 초국가적 성격", 제3단계 3년간 "디아스포라 공동체와 지구적 소통"이라는 연구주제로 총 9년에 걸쳐 수행될 예정이다.

주지하는 바와 같이 본 연구의 키워드인 '디아스포라'의 개념은 글로벌 시대 유행처럼 번지고 있는 초국적 민족이산과 인구의 이동현상을 포괄하는 보다 적극적이고 보편적인 개념으로 사용하고 있으며 활용범위가 점차 확대되고 있는 추세이다. 국내외 학계나 연구자들 사이에서도 인류의 초국가적 이동을 소위 '아래로부터의 지구화'를 추동하는 힘으로 인식하고 있는 바, 디아스포라를 새로운 지구화의 주체들로 평가하기 시작했다. 이처럼 디아스포라를 매개로 점점 국가간, 민족간 닫힌 장벽이 무너지고 있는 가운데 인류는 점차 세계주의적(Cosmopolitan) 보편성과 특수성이 상호 충돌하는 양상이 전개되고 있다.

이러한 시대적 배경과 더불어 본 연구단이 수행한 중점연구 제 1단계는 근·현대 동북아 디아스포라 공동체에 대한 역사적·문화인류학적 연구를 통해 이산의 경로와 문화영토를 학문적으로 재현하는 데 초점을 두었다. 이를 위해 근·현대 동북아 디아스포라(한인, 중국인, 일본인)들의 분산과정에서 형성된 디아스포라 이주루트(Diaspora Route)를 계보학(Genealogy)의 관점에서

지도화(Mapping)하고, 이주과정에서 형성된 그들의 경험과 기억을 '개별적 기억,' '집단적 기억과 영토의 재구성,' '(축제와 민속에 나타난) 문화의 재구성'이라는 세 가지 측면에서 접근하였다.

구체적으로 1단계 3년간의 연구수행 과정을 회고해 보면, 1년차는 동북아 민족 이산자들의 개별적인 월경 경험과 기억을 구술생애사 채록 등의 다양한 방법으로 자료를 수집하였다. 2년차는 1년차에서 연구한 디아스포라 민족분산에 관한 개인적 기억에 이어, 공간적 치환과정에서 경험한 집단적 기억을 재현하였다. 즉 이주자들이 거주국(Host Country)에서 어떻게 터를 잡고 재영토화 되었는지에 대하여 집거지 연구를 통해 조명하였다. 3년차는 동북아 디아스포라 공동체가 비교적 잘 보존된 연구대상 지역을 중심으로, 문화영토의 관점에서 축제와 민속문화자원을 수집하여 민속학적으로 해석하는 작업을 진행하였다. 이러한 연구결과를 토대로 이산의 땅에서 동북아 디아스포라 공동체 문화가 어떻게 집단적으로 향유되고 재현되고 있는지를 살피고자 하였으며, 3년간의 연구과정에서 수집된 연구성과물과 수집자료들을 아카이브 시스템으로 구축함으로서 후속연구에 활용할 수 있도록 배려하였다.

이번에 출판되는 제1단계 1차년도 총서는 『코리안 디아스포라: 이주루트와 기억』, 『화교 디아스포라: 이주루트와 기억의 역사』, 『일계인 디아스포라: 초국적 이주루트와 글로벌 네트워크』 등 총 3권으로 구성되어 있다. 향후 제1단계 3년간의 연구총서는 총 9권으로 구성하여 출간할 예정이다.

중점연구 제1단계 1차년도는 "동북아 디아스포라의 민족분산과 문화영토"라는 연구과제를 수행하는 과정에서 수집된 주요 연구성과 및 수집자료를 살펴보면 다음과 같다.

먼저 1차년도 연구는 문헌연구를 바탕으로 국내를 비롯하여 중국, 러시아, 일본, 동남아 화교권인 싱가포르, 말레이시아 등 연구 대상지역을 방문하여 문헌연구와 더불어 기초자료 수집에 주력하였다. 중점연구 세부팀별로 자료수집성과는 다음과 같다.

첫째, 한인팀은 일본 동경에 있는 '재일한인역사자료관'을 방문하여 문헌조사와 함께 재일한인 관련 사진 180건을 수집하였으며, 중국 흑룡강성을 방문하여 조선족의 이주 경로의 탐색 및 구술생애사 8건 채록, 조선족 관련 사진 50건을 수집하였다.

둘째, 화인팀은 화교 관련 문헌연구를 수집하기 위해 국내외 온오프라인 검색을 통한 국문자료 223건, 중문자료 135건, 영문자료 15건 등 총 373건의 문헌자료를 수집했다. 또한 중국 북경과 '샤먼대학 남양연구원'을 방문하여 화교 관련 단행본 176권을 수집하였으며, 이주기억에 대한 구술생애조사도 병행하였다.

셋째, 일계인팀은 도쿄 요코하마에 소재한 일계인 '해외이주자료관(JICA)'과 오사카 시립박물관 및 고베 시립도서관을 방문하여 문헌자료수집, 일본 군마현 '오이즈미마치 일계인타운'의 현지조사를 통해 일계인 관련 사진자료 300건, 일계인 관련 문헌 및 기초자료 70건 등을 확보하였다.

끝으로 이 총서를 발간하기까지 물심양면으로 지원해주신 모든 분들에게 감사드린다. 먼저 중점연구사업의 일환으로 동북아 디아스포라 연구를 수행할 수 있도록 지원해주신 한국연구재단 관계자, 그리고 연구단이 주최

한 각종 국내 및 국제학술대회에 참석하여 유익한 조언을 마다하지 않은 국내외 디아스포라 전문가 및 학자, 마지막으로 연구단 홍보에 아낌없이 지원해주신 언론미디어 관계자 분들에게도 진심으로 감사드린다. 또한 불철주야로 연구단의 불을 밝히고 연구수행에 전념해준 공동연구원, 전임연구원, 연구보조원들에게도 진심으로 감사를 표하는 바이다.

2013년 4월
용봉골에서
전남대학교 세계한상문화연구단장 임채완

국제이주기구(IOM)에 의하면 현재 지구상에서 자신의 모국이 아닌 곳에서 살고 있는 사람은 약 2억 1천 4백 만 명이 넘으며, 33명 중 1명이 이에 해당한다. 이들은 이민, 노동, 망명, 결혼, 유학 등 다양한 목적으로 자의적이든 타의적이든 모국을 떠나 새로운 정착지에서 끊임없이 갈등하고 적응하면서 살아가고 있다. 특히 정보통신기술의 발달과 지구화의 심화에 따라 국가간의 교류가 활성화되고 상품과 자본, 인간의 이동이 초국가적으로 가능해짐에 따라 새로운 지구화의 주체로서 디아스포라(Diaspora)가 주목을 받고 있다.

글로벌시대 디아스포라는 모국과 거주국을 매개하는 초국적 행위자이면서 국가경쟁력을 강화하는 소중한 민족자산이다. 또한 국가의 품격 및 대외 이미지를 높이는 민간외교관으로서의 역할도 담당하고 있다. 특히 화상·유대인상·인도인상 등에서 확인되듯이, 이들은 모국의 경제발전에 지대한 기여를 해오고 있다. 디아스포라는 국제사회에서 국가의 영향력을 확대해나가는데 유용한 자원으로 활용되고 있으며, 특히 다문화적이고 다언어적인 특성을 가지고 있어 각 국가들은 이들과의 네트워크를 형성하여 자민족의 경제·문화 영토를 세계로 넓혀가고 있다. 이와 같이 정치, 경제, 문화적 차원에서 디아스포라의 잠재적 가치가 확인되면서 학계에서도 이들에 대한 학문적 탐구가 이루어지고 있다.

이러한 시기에 국내외적으로 디아스포라연구의 선도적 역할을 수행하고 있는 전남대학교 세계한상문화연구단이 동북아지역에서 서로 떼려야 뗄 수 없는 관계를 형성하고 있는 한국, 중국, 일본 디아스포라들의 초국가적 이주와 적응, 문화 등에 나타난 특성을 규명하기 위해 세 권의 연구총서를 발간하게 되었다. 이에 재외동포 업무를 주관하는 책임자로서 임채완 단장과 연구단 소속 교수 및 연구원들에게 이 책의 출판에 대해서 심심한 축하를 보낸다.

총 3권으로 발간된 이번 총서는 『코리안 디아스포라 : 이주루트와 기억』, 『화교 디아스포라 : 이주루트와 기억의 역사』, 『일계인 디아스포라 : 초국적 이주루트와 글로벌 네트워크』 등으로 구성되어 있다. 이번 총서는 근·현대 동북아 디아스포라(한인, 화인, 일계인)가 당대 역사의 질곡 속에서 새로운 세계를 향한 '길'의 여정과 그 위에서 겪은 그들의 '경험'을 학술적으로 재현하는데 초점을 두고 기획된 것이다.

한국사회에서 디아스포라 혹은 재외동포를 연구하는 학자들이 지금까지는 주로 특정 국가의 재외동포 ― 코리안, 유대인, 인도인, 화인 등 ― 을 대상으로 그들의 문화, 역사, 경제, 정치, 교육 등에 대해 연구를 진행해왔다. 하지만 이 연구총서는 코리안, 화인, 일계인 등 동북아 디아스포라를 연구대상으로 하여 그들의 민족분산과 디아스포라적 경험에 대해 비교연구를 수행하고 있다는 점에서 디아스포라 연구의 영역을 확산시키는 중요한 계기를 제공하고 있으며, 동시에 디아스포라 연구의 수준을 한 단계 높였다고 평가된다.

이 총서는 무엇보다도 거주국에서 소수자로서 살아가야 하는 디아스포라의 삶과 경험을 기록하고 있다는 점에서 우리들에게 많은 시사점을 주고 있다. 한국사회는 1980년대 이후 경제가 급속히 성장하면서 아시아 각국의 노동자들이 들어왔으며, 1990년대부터는 국제결혼이 급격히 증가하면서 다문화가정이 늘어나고 있다. 2012년 현재 재외동포를 포함한 국내 체류 외국인은 140여만 명에 달한다. 이제 우리나라는 외국인 노동자 · 결혼이민 자 · 외국인 주민자녀 · 외국 국적 동포 · 유학생 · 혼인 귀화자 등과 함께 더불어 살아가는 다문화사회로 진입하고 있다. 이러한 맥락에서 세 권의 총 서는 디아스포라에 대한 우리 사회의 인식론적 패러다임을 전환하고 다민 족 · 다문화시대에 걸맞은 소통과 융합담론을 활성화시키는 데 크게 기여 할 것으로 생각된다.

끝으로 이 총서가 재외동포 및 이주민들에 대한 법적 · 정책적 지원 방안 을 수립하고, 트랜스내셔널 시대에 맞춰 디아스포라 자원의 효율적 활용을 위한 전략을 수립하고, 디아스포라 연구의 지평을 확대하는 데 널리 활용될 수 있도록 적극 추천하는 바이다.

2013년 4월
재외동포재단 이사장 김경근

일본은 에도막부시대가 끝나고 메이지시대로 접어들면서 정부에 의한 공식 비공식적인 이민을 재개하였다. 일본 역사를 통해 최초의 집단적인 해외이민의 효시라 할 수 있는 일본인의 하와이 이주는 노동이민의 성격과 대양을 횡단하는 이주라는 점에서 전 지구적인 국제이주의 한 사례가 되고 있다. 이는 하와이 지역에 제당회사가 설립된 이후 근현대산업사회의 노동력 부족과 인구이동에 따른 노동력의 수요와 공급에 밀접히 관련되어 있다.

당시 일본인들은 경제적 빈곤을 극복하기 위하여 일자리를 찾아 북미와 남미로 이주하기 시작했다. 이렇게 하여 오늘날 해외에 거주하거나 현지에서 태어나 자란 일본인의 후손, 즉 일계인(日系人)들은 1868년 메이지 전후를 계기로 해외로 진출하기 시작한 이후 145년이 경과되면서 전 세계에 이산되어 생활하고 있다.

해외거주 일계인은 21세기 현재 대략 350만 명으로 추산되고 있다. 여기에다 단기체류자와 장기체류자의 형태로 모국을 떠나 해외에 체류하는 일본인(재외방인)은 110만 명 이상으로 알려지고 있다.

일본인 이민자들은 어느 디아스포라와 마찬가지로 초기에는 이주지에서 민족차별에 직면하지 않으면 안 되었다. 현지에서의 경제적 격차는 물론이고 인종차별이 그들을 기다리고 있었기 때문이다. 일본인들은 미국이나 캐나다 등 북미지역, 페루나 브라질, 아르헨티나 등 남미지역으로 진출하여 현지에서 인종차별을 경험해 왔다. 그러나 21세기 글로벌시대를 맞이한 오늘날 경제적으로 비약적인 발전을 거듭한 해외거주 일본인과 일계인들은 인종차별이 심했던 북미에서조차도 경제적, 정치적, 문화적으로 가장 성공적인 이민자로 정착하게 되었다.

　현지 언어와 문화적 적응에 성공한 일계인들은 1941년 제2차 세계대전 발발 전까지 그들의 이민선구자들이 현지에서 형성해왔던 집거지를 더 이상 만들지 않았다. 그 이유는 제2차 세계대전 중 미국에서 적대국으로 강제이주를 경험한 일계인들이 또다시 겪을 인종차별이나 편견을 두려워하여 일계인집거지를 재건하지 않았기 때문이다.

　이와 같이 일계인 연구는 1945년 전쟁 이후 일계미국인의 사회적 상황이나 정체성이 전쟁 이전 조선이나 중국 만주, 대만, 연해주 사할린 등지에 진출한 일계인과는 분명히 다르다는 가정 하에 접근을 시도해야 할 것으로 생각된다. 따라서 이 책은 1945년 전쟁 전후 일본인의 식민지 개척이나 산업화 과정에서 발생한 해외진출에 대한 비교 연구를 통해 초국적 이동에 의해 발생되는 일계인의 로컬적인 혹은 글로벌적인 이주루트와 경험에 초점을 두고 있다.

　지금까지 해외거주 일본인이나 일계인 연구는 유대인, 화인, 한인디아스포라 집단에 비해 인류학, 사회학, 역사학자들의 흥미를 끌지는 못했다. 그 이유는 일본 연구자들 사이에서 '디아스포라'라는 용어 자체가 명확히 개념화 될 수 없는 부정적인 용어로 수용되었기 때문이다. 일본에서 디아스포라의 개념이 학문적으로 명확히 규정되지 못하고 애매하게 적용된 결과 학자들 사이에서 용어자체의 사용을 주저하게 되었던 것이다.

　그러나 최근 일본에서도 디아스포라의 개념이 '이민'이라는 용어와 거의 비슷한 동의어로 사용하는 연구자들이 많아지게 되었다. 이와 더불어 일계인 디아스포라에 대한 일본 내 연구는 1990년대 일본정부의 입국관리법개정과 남미브라질로부터 일계인들이 대거 귀환하면서 획기적인 전기를 마런하였다.

이 책에서는 일계인 디아스포라의 개념에 대하여 전 세계에서 다양한 집단을 형성하고 있는 일본인(재외방인), 그리고 일계인의 경험과 일본사회와의 관계를 포괄하는 개념으로 사용하였다.

일본은 1868년 메이지유신 이래 해외이주정책을 장려해 온 결과, 현재 전 세계적으로 약 460만 명에 달하는 일계인 디아스포라를 보유하게 되었다. 일계인들이 전 세계적으로 가장 많이 분포한 국가는 미국, 중국, 브라질 등지 이지만, 1980년대 전후 글로벌시대가 본격적으로 전개되면서 2000년대 중반 이후 재외방인들의 아시아지역 거주 비율이 높아졌다. 과거 일계인 영주자들이 남미·북미지역에 압도적으로 집중되어 왔지만, 일본인 장단기체류자는 최근 아시아지역에 집중되는 현상을 보이고 있는 것이다.

이러한 일계인 디아스포라의 이주현상에 대하여 전남대학교 세계한상문화연구단은 한국연구재단으로부터 중점연구소 사업을 지원받아 "동북아시아 민족분산과 문화영토"라는 주제로 연구를 시작하게 되었으며 이들 연구 성과를 바탕으로 이번 총서를 출간하게 되었다.

중점연구 제1단계는 근·현대 동북아 디아스포라 공동체에 대한 역사적·문화인류학적 연구를 통해 일본인의 이산경로와 문화영토를 학문적으로 재현하는 데 초점을 두고 있다. 특히 이 연구는 근현대 일본인들의 분산과정에서 형성된 디아스포라 이주루트(Diaspora Route)를 계보학(Genealogy)의 관점에서 지도화(Mapping)하고, 이 길을 따라 형성된 그들의 경험과 기억을 재구성하는데 역점을 두고 추진되고 있다.

이 책은 해외에 거주하는 일계인 및 일본인을 대상으로 그들의 이주역사,

이주루트, 이주기억, 디아스포라적 경험 등에 대하여 총체적으로 검토하는 것을 목표로 다음과 같은 특징을 지니고 있다.

첫째, 한국보다 50여년 이상 앞서 진행된 일본 식민지개척이나 산업화 과정에서 발생한 일본인 이주자들의 이주루트나 디아스포라적 경험을 소개한다는 점에서 한국인들의 해외이주의 과거와 미래를 가늠해볼 수 있는 중요한 자료를 제공할 것이다.

둘째, 한국 연구자나 학계에 아직까지 잘 알려지지 않은 일계인 디아스포라를 한국에 소개한다는 점에서 한국사회의 다문화적인 이해와 기존 디아스포라학의 학문적 영역의 확대에 기여하는 바가 클 것이다.

마지막으로 이 책이 나오기까지 일본 현지조사나 문헌자료수집에 도움을 주신 일본 JICA 내 해외이주자료관의 요네바야시 과장, 일본 일계브라질인 단체인 NPO법인 ABC저팬 하시모토 이사장, 재단법인 해외일계인협회 니시야마 소장, 자료수집과 번역에 힘써주신 디아스포라학 협동과정 야마모토 노부, 그리고 익명의 현지 협력자들에게 깊은 감사를 드린다. 또한 졸고에도 불구하고 아낌없이 출판에 협력해 주신 북코리아 이찬규사장님께 진심으로 감사드린다.

2013년 4월
공동저자 일동

■ 총서를 펴내며 / 5   ■ 추천사 / 9   ■ 서문 / 12

I 머리말 / 23

1. 연구배경과 목적 ·· 25

2. 연구범위와 구성 ·· 28

II 일본인 해외이주와 초국적 이동 / 137

1. 일계인 디아스포라 선행연구 검토 ·························· 39

2. 일본인 초국적 이동과 이론적 논의 ························· 47

3. 메이지(明治) 전후 일계인 북미 이주 ······················ 50

   1) 제1단계(1853~1884)-이민초기 / 51

   2) 제2단계(1885~1907)-관약이민 / 52

   3) 제3단계(1908~1940)-정주이민의 시작 / 55

   4) 제4단계(1941~1945)-해방 전 해외이주의 중단 / 57

   5) 제5단계(1946~1999)-해방 후 해외이주의 전개 / 58

4. 배일이민법과 남미 이주 ·································· 59

5. 입국관리법 개정과 일계인 귀환 ··························· 63

III 일본인 동북아 이주루트: 한국·중국·대만·사할린 / 65

1. 동북아 식민지 개척과 해외이주 ······ 67
2. 식민지 조선 이주 ······ 70
   1) 한일합병 이전(~1910) / 70
   2) 한일합병 이후(1910~1945) / 72
   3) 종전 이후(1945~현재) / 74
   4) 재한일계인의 한국현황 / 75
3. 중국지역 이주 ······ 80
   1) 관동주(1905~1945) / 80
   2) 만주(1932~1945) / 81
   3) 중국조차지의 일본조계 / 84
   4) 중국잔류방인의 현황 / 87
4. 대만지역 이주 ······ 90
   1) 재대만 일본인(잔류방인)의 현황 / 93
   2) 재대만 방인 / 94
5. 연해주 사할린 이주 ······ 96
   1) 재사할린 일본인의 현황 / 99

IV 일계인 북미 및 남미 이주루트: 미국·브라질·중남미 / 103

1. 미국 및 중남미 이주 ······ 105
   1) 도항 경로와 과정 / 105
   2) 초기 이주루트 / 105
2. 하와이 이민과 미국대륙진출 ······ 113
3. 브라질 이주와 정착 ······ 119
4. 이주지 정착과 민족공동체 형성 ······ 123
   1) 일계아메리카인 민족공동체 형성 / 123
   2) 태평양전쟁과 일계인(日系人) 강제이주 / 126
   3) JACL의 결성과 일계미국인 강제수용에 대한 보상운동 전개 / 129

4) 강제이주 보상운동의 성공과 민족정체성의 회복 / 131

5) 일계브라질인 일본 내 민족공동체 형성 / 132

6) 일계인 이민과 이주루트 / 136

V 일계인 이주기억과 디아스포라적 경험 / 139

1. 일계인 이주과정 ·· 141

1) 농업 계약노동자로서 이주 개시 / 141

2) 계약노동이주에서 자영농으로 전환 / 143

3) 브라질 오지개척을 위한 철도 건설 / 144

4) 식민지 개척 / 145

5) 정주를 위한 식민지 개척 / 145

2. 브라질 이민 개척과 이주지 건설 ················ 146

1) 국책이주의 시작 / 146

2) 국책이주의 선구자-와코슌고로(輪湖俊午郎) / 147

3) 일본 역행회와 해외이주 / 148

4) 이주협회 활동을 통한 이주지 건설 / 150

5) 일계인 아리안사 이주지 탄생 / 151

6) 해외이주조합법의 공포 / 152

7) 브라질 척식조합과 이주협회 갈등 / 153

8) 아리안사 이주지 개척 성공과 대규모 국책이주지 건설 / 154

9) 해방 전(1945) 브라질이주의 종언 / 156

10) 21세기 다민족, 다인종, 다언어 국가 브라질 / 157

11) 일계인과 타민족 디아스포라와의 관계 / 158

3. 일계인의 디아스포라적 경험 ···················· 162

1) 일본에서 배를 타고 브라질 산토스항 도착 여정 / 163

2) 브라질 산토스항 상륙 / 165

3) 이민수용소 생활 / 168

4) 저축생활 / 172

5) 남미이민 / 173

6) 문화 충격(Culture Shock) / 174

7) 외출허가와 시내구경 / 176

8) 경작지 배치 / 181

9) 식민회사지점 사무소 개업 / 182

10) 카사토마루 이전에 정착한 일본이주민 / 183

11) 시내취업과 일계인 채소원의 시초 / 184

12) 시내산책 / 186

13) 이주경작지에서 소동 / 189

VI 일계인 귀환과 글로벌 네트워크 / 193

1. 1990년대 이후 일계인 귀환 ·········· 195

2. 일계인 귀환 실태와 현황 ·········· 199

3. 일계인타운 형성과 다문화공생 커뮤니티센터 ·········· 203

4. 일계인 이주와 글로벌 네트워크 ·········· 211

1) 일계인 글로벌네트워크: 해외일계인대회(1957~2012) / 212

2) 세계 우치난츄(世界のウチナーンチュ)대회(1990~2011) / 218

3) NPO법인 ABC저팬-귀환 일계인네트워크 / 219

4) JICA 내 일계인 해외이주자료관 / 222

VII 맺음말 / 227

1. 결론 및 요약 ·········· 229

2. 향후 연구과제 ·········· 232

■ 참고문헌 / 237   ■ 찾아보기 / 243

표 차례

〈표 1〉　　일계인 디아스포라의 용어 정의와 연구대상 / 29

〈표 2〉　　1990년대 해외에 거주하는 재외방인의 추이 / 31

〈표 3〉　　해외진출 재외방인의 지역별 추이 / 32

〈표 4〉　　재외방인의 직업별 분포(2008년 10월 기준) / 34

〈표 5〉　　디아스포라에 대한 개념정의 / 42

〈표 6〉　　기존연구와의 차별성 / 46

〈표 7〉　　일계인의 연도별 이주단계 / 50

〈표 8〉　　일계브라질인 출신지별 송금액(1918) / 60

〈표 9〉　　해외 체류 재외방인의 수 / 63

〈표 10〉　태평양전쟁 이후 일본인 귀환 및 귀환자의 국가별 지역별 내역 / 69

〈표 11〉　내지인(일본인) 직업별 이주자수(1917) / 73

〈표 12〉　동양척식주식회사에 의한 일본인 이주자수 / 74

〈표 13〉　일본인여성의 한국 생활 중 힘든 점 / 77

〈표 14〉　일본인의 만주이민 역사 / 81

〈표 15〉　재만주 일본인 직업별 호수 / 83

〈표 16〉　중국의 일본조차지 및 일본조계지 / 84

〈표 17〉　일본 식민지시대 대만의 인구 / 91

〈표 18〉　일본 식민지시대 사할린(남사할린)의 인구 변천 / 96

〈표 19〉　일본 각 식민지 일본인 농업자 호수(1922~38) / 97

〈표 20〉　사할린의 산업별 호수(1925~40) / 98

〈표 21〉　식민지시대 외지에서 내지인, 현지인, 외국인별 인구 / 101

〈표 22〉　일본인 미국이민사(1883~1884) / 106

〈표 23〉　일본인 미국이민사(1885~1907) / 107

〈표 24〉　일본인 미국이민사(1908~1940) / 109

〈표 25〉　일본인 미국이민사(1941~1945) / 110

〈표 26〉　일본인 미국이민사(1946~1999) / 112

〈표 27〉　하와이거주 국가별 인구구성 분포(1890년 말 기준) / 114

〈표 28〉　하와이 일본인 이주역사 / 117

〈표 29〉　하와이 체류 일본인 / 118

〈표 30〉　1942년 미국 일계인 강제이주 수용소 및 수용인원 / 127

〈표 31〉　2008년도 말 일본 도도부현의 국적별 상위 외국인등록자수 / 134
〈표 32〉　브라질 내 각국 이주자 수 / 143
〈표 33〉　일본-브라질 이민사 / 159
〈표 34〉　해외거주 일계인 수의 변화 / 196
〈표 35〉　해외 거주국가별 일계인 수 / 198
〈표 36〉　군마 현 오이즈미마치 외국인 등록자 수 / 201
〈표 37〉　군마 현 오이즈미마치 외국인비율(2011년 6월 기준) / 203
〈표 38〉　군마 현 오이즈미마치 브라질타운 상점분포 / 207
〈표 39〉　군마 현 오이즈미마치 다문화공생커뮤니티센터 주요 사업내용 / 209
〈표 40〉　세계 각국 거주 해외일계인 / 212
〈표 41〉　해외일계인대회 개최(1-52회) / 214
〈표 42〉　세계우치난츄대회(오키나와 현 출신 일본인 글로벌네트워크) / 219

그림 차례

〈그림 1〉　일계인 디아스포라 문화정체성 구성요소 / 44
〈그림 2〉　일본인 북남미 이주루트 / 51
〈그림 3〉　일본인 하와이 이주루트 / 60
〈그림 4〉　조선 각 지역의 일본 조계지 / 71
〈그림 5〉　열강에 의한 중국분할 / 85
〈그림 6〉　일본의 동북아 진출지역 지도 / 86
〈그림 7〉　1940년대 하와이를 중심으로 한 일본인 이주루트 지도 / 116
〈그림 8〉　일본인 시애틀 경유 미국대륙진출 루트 / 119
〈그림 9〉　일본인 싱가포르 경유 남미이주루트 / 120
〈그림 10〉　일본인 브라질(고베항-산토스항) 이주루트 / 142
〈그림 11〉　일본인 샌프란시스코 경유 남미이주루트 / 147
〈그림 12〉　1930년대 일계인 이주지 개척지도 / 155
〈그림 13〉　일본인 로스앤젤레스 경유 남미이주루트 / 162
〈그림 14〉　군마 현 오이즈미마치 니시코이즈미역 주변 일계인타운 지도 / 206
〈그림 15〉　해외일계인 국가별 분포 지도 / 213

사진 차례

〈사진 1〉 남미 브라질 이주 홍보 포스터 및 이주지 생활 / 121

〈사진 2〉 일계인 남미 브라질 이민개척 사진 / 121

〈사진 3〉 남미 브라질 이주지 공장내부 / 122

〈사진 4〉 남미 브라질 상파울시 일본어학교(1926) / 123

〈사진 5〉 일본어학교에서 일본전통민속춤을 추는 일계인2세들 / 124

〈사진 6〉 군마 현 오이즈미마치 일계인타운 입구 / 195

〈사진 7〉 일계인타운 내 일계인 집합장소(결절점) / 197

〈사진 8〉 일계인타운 일계인노동자 대상 잡화점 / 200

〈사진 9〉 군마 현 오이즈미마치 일계인타운 다문화공생 커뮤니티센터 / 202

〈사진 10〉 일계인 타운 내 브라질계 유니버셜 기독교회 / 203

〈사진 11〉 일계인 고객대상 중고차 회사 / 204

〈사진 12〉 일계인 고객대상 문신 시술소 / 205

〈사진 13〉 군마 현 오이즈미마치 일계인타운 내 일본-브라질 노동자센터 / 206

〈사진 14〉 일계인 현지거주 일본인과의 다문화공생활동 / 208

〈사진 15〉 일계인 제2의 집합장소(결절점) 다카라 수퍼마케트 / 209

〈사진 16〉 일계인커뮤니티 내에서 발행되고 있는 포르투갈어 잡지 / 210

〈사진 17〉 일계인 NPO법인 ABC저팬 / 220

〈사진 18〉 일계인 NPO법인 ABC저팬 사무실 전경 / 221

〈사진 19〉 요코하마 JICA 내 일계인 해외이주자료관 건물 전경 / 222

〈사진 20〉 카사토마루와 일본인1세 이주자들 / 223

〈사진 21〉 일계인 이주자 특별전시회 팸플릿 / 224

〈사진 22〉 일본 해외이주자료관 입구 / 225

I

머리말

1. 연구배경과 목적

전 세계에 분포되어 있는 코리안 디아스포라, 혹은 화인 디아스포라와 마찬가지로 일본인들 역시 세계 각지로 이산되는 개인이주와 집단이주를 계속해 왔다. 이러한 결과로 인해 최근에는 남미, 특히 브라질로부터 일본에 귀환하는 일계인 디아스포라가 1990년 이후 급증하기 시작했다.

일본인의 해외 이주는 1866년 에도막부가 해외도항금지령을 폐지한 이후 본격적으로 시작되면서 145년이 경과하고 있다. 일본인의 해외 이주가 시작된 이후 적어도 80만 명, 그 이후 100만 명이라는 일본인이 제2차 세계대전 전후 외국으로 이주하였기 때문에 이들을 포함하여 그 자손들까지 합하면 250만 명 이상의 일계인이 55개국 이상의 국가에서 디아스포라로서 생활하고 있는 셈이다. 거기에다 글로벌시대 약 75만 명에 해당하는 뉴커머 일본인들이 해외에서 일시적 체류자나 영주권자로서 해외에 거주하고 있다.[1]

일본인의 해외진출이 1866년에 시작되었지만 실질적으로는 1868년 메이지시대 이후 본격적으로 전개되었다. 그리고 1980년대까지만 해도 대부분 밖으로 나가는 해외이민의 개념이 강했다.[2] 그러나 1990년대 전후 일계 브라질인의 일본으로의 귀환은 돈을 벌기(데카세기) 위한 역이민(귀환)이라는 점에서 초국적인 글로벌화 과정에서 출현하게 된 다민족·다문화사회의 새로운 현상으로 이해되고 있다.

1945년 이전부터 존재한 일계인이란 원래 일본에서 해외로 이주한 사람들의 자손으로 정의하고 있지만, 이들 대부분은 브라질과 미국대륙의 각 지역에 거주하고 있는 것으로 알려지고 있다. 그 중에서도 특히 브라질을 비롯한 남미국가 출신 일계인들이 1990년대 이후 일본에 외국인노동자나 가족비자로 입국하여 일계인 공동체를 형성하면서 이들이 주목받아 왔다.

---

1   立行政法人国際協力機構横浜センター(2004), 『海外移住資料館展示案内-われら新世界に参加す』, 算用印刷株式会社, p. 3.
2   임성모(2008), 「근대 일본의 국내식민과 해외이민」, 『동학사학연구』, 제103집, p. 185.

이러한 일계인 디아스포라의 남미로부터 일본 귀환 배경에는 1990년 '출입국관리 및 난민인정법'의 개정이 큰 역할을 하였다. 당시까지만 해도 일본에서 일반외국인에게는 허용되지 않았던 미숙련노동을 일계인에게만 허가하는 법적조치가 내려졌기 때문이다. 특히 당시 일본 출입국관리국은 일본인들의 혈연관계가 있는 일계인들의 일본취업과 정착을 용이하게 하는 '정주자'라는 자격을 신설하였다. 이법에 따라 1980년대 후반부터 남미국가로부터 일계인이 대거 입국하여 정착하는 계기가 마련되었다.3

따라서 1990년 일본 출입국관리법의 개정은 일계인들의 일본취업이 용이하도록 '정주자'라는 체류 자격을 신설하며 일계브라질인의 '귀환(역이민)'을 촉발시켰고 브라질인의 일본에서의 노동취업을 본격화시켰다. 1990년 6월에 실시된 '출입국관리 및 난민인정법' 개정은 일계인에게 '일본인의 배우자 등(일본인의 배우자, 일본인의 자녀로 출생한 자 및 일본인의 특별양자)', '정주자 (일본인의 손자 등, 일계2세 및 일계인3세 외국인)'들에게 취업을 포함한 일본에서의 활동에 제한이 없는 체류자격이 주어지고 합법적으로 단순노동에도 참가할 수 있게 되었다.

그리고 1989년에서 1991년 사이에 무려 10만 명의 일계인들이 노동이민으로 대거 귀환하는 현상이 발생하였다. 이러한 배경에는 남미의 경제적 위기로 인한 '일계인' 청년노동자들의 일본이주에 대한 열망과 일본경제계의 노동력부족에 따른 선택의 결과라고 할 수 있다. 또한 1990년 당시 일본에서는 일본경제의 호황에 의한 노동력 부족현상으로 합법적으로 외국인을 고용하려는 고용주 측의 수요증가와 일계인의 취업열망이 합치되어다는 점, 입국관리법개정으로 일계인들에게 비자취득이 용이하게 되었다는 점을 지적할 수 있다.4

---

3 1990년 6월에 실시된 '출입국관리 및 난민인정법' 개정은 일게인에게 '일본인의 배우자 등(일본인의 배우자, 일본인의 자녀로 출생한 자 및 일본인의 특별양자)', '정주자 (일본인의 손자 등, 일계 2세 및 3세 외국인)'들에게 취업을 포함한 일본에서의 활동에 제한이 없는 재류자격이 주어지고 합법적으로 단순노동에도 참가할 수 있게 되었음.

4 1990년 당시 일본에서는 일본경제의 호황에 의한 노동력 부족현상으로 합법적으로 외국

1990년대 전후 일본사회의 글로벌시대 도래와 함께 도일하기 시작한 일계인들은 일본에서의 취업이나 유학을 목적으로 현재 대략 35만 명의 일계인들이 일본의 전자산업과 자동차산업이 집중되어 있는 군마 현 오이즈미마치, 시즈오카 현 하마마츠시, 아이치 현 나고야시, 아이치 현 도요타시 등을 중심으로 거주하고 있다. 그러나 이러한 일본인의 해외이주나 해외에서 생활하는 '일계인'들에 대한 연구는 국내에서는 아직 미미한 수준에 머물러 있지만 일본에서는 북미와 남미의 일계인에 대한 연구가 최근까지 대대적으로 이루어져 왔다.[5]

이 책에서 언급하고 있는 일계인이란 일반적으로 큰 범주에서 볼 때 일본 내에서는 일계미국인과 일계브라질인을 지칭하는 용어로 사용하고 있다. 일계브라질인의 정의는 일계인 2세~3세 이외에 일본국적을 가지고 있는 이민1세, 일본과 브라질의 이중국적자의 2세 및 일본인의 배우자인 비일계인을 포함하는 개념으로 사용되고 있다. 이러한 정의는 일계미국인에게도 똑같이 적용될 수 있다. 하지만 일계브라질인은 외국인노동자로서 일본에서의 생활이 부각되어 있고 일계미국인은 해외에 이주하여 성공적으로 정착한 일계인으로 보는 경향이 강하다. 일본 정부는 1957년 5월 국제연합가맹을 기념하여 해외일계인 친목대회를 계기로 제1회 일계인대회를 동경에서 개최하였으며 현재 일계인의 글로벌 네트워크 구축을 위해 힘쓰고 있다.

특히 일계미국인들은 일계인박물관을 중심으로 하는 일본 내 정치적인 활동과의 연계, 그리고 고베지진과 같은 지원활동, 최근에는 종래의 의미와는 다른 초민족공동체 형성과 그들의 사회활동지원에 주력하고 있다. 이와 같이 일본의 이주정책은 이민1세를 대상으로 한 국가정책의 하나로 송출된 중남미 이민자들에 대하여 일본 내 노동력 부족현상에 따른 노동자 우대에 의한 유입정책, 경제적 격차보다는 북미 선진지역에 진출한 일계인과의 경

인을 고용하려는 고용주 측의 수요증가와 일계인의 취업의욕이 합치되어다는 점, 입국관리법개정으로 일계인들에게 비자취득이 용이하게 되었다는 점을 지적할 수 있음.

5 일계아메리카인(북미) 민족공동체 형성에 관한 논문으로는 임영언(2010), 「일계인 디아스포라: 초민족공동체 형성과정 연구」, 『日本文化学報』, 第46輯 참조.

제협력 강화로 국가발전과 모국과의 네트워크 구축이라는 이중구조의 민족공동체 공간형성이라는 또 다른 공동체 모델을 보여주고 있다.

이 책은 다음 두 가지 점에 착안하고 있다. 하나는 1868년 이후 전개된 일본인의 대규모의 해외집단이주나 귀환이주를 역사적인 관점에서 조명하는데 있다. 또 하나는 일본사회의 글로벌시대 도래와 함께 일본에서의 취업을 목적으로 도일한 약 35만 명의 일계인들의 생활에 대하여 군마 현 오이즈마치(群馬県大泉町)의 일계인 타운을 중심으로 살펴보고자 한다.

이 책은 145년 전인 1868년 메이지시대 전후 본격적으로 전개된 일본인의 해외이주와 1990년 일계인의 귀환을 다루고 있다는 점에서 사할린 한인이나 조선족들의 귀환 등 코리안 디아스포라들의 모국으로의 귀환 현상을 분석하는데 많은 시사점을 제공할 것으로 생각된다. 또한 지금까지 한국에 소개된 적이 없었던 일계인 디아스포라에 대하여 1868년 이후 전개된 해외 일계인의 이주루트와 디아스포라적 경험을 역사적인 관점에서 고찰해보고 귀환일계인들이 일본에서 형성한 일계인타운에 대하여 현지 참여관찰을 통해 현대적 시각에서 조명하고자 한다.

2. 연구범위와 구성

이 책에서 다루고자 하는 연구대상은 〈표 1〉과 같이 일본 국내외에 거주하는 일계인이다. 일계인은 일계인과 재외방인을 구분하여 사용되고 있다. 먼저, '일계인(日系人)'의 정의는 일본 이외의 지역에 이주한 후 거주국의 국적 또는 영주권을 취득한 일본인 및 그 자손을 가리킨다. 재외방인은 해외에 거주하면서 일본국적을 유지하고 있는 일본인으로 장단기 체류자를 모두 포함하고 있다.[6]

---

6 '일계인(日系人)'의 정의는 일본이외의 해외지역에 이주한 후 거주하는 해당국의 국적 또는 영주권을 취득한 일본인 및 그 자손을 일컫는다. 또한 해외에 거주하면서 일본국적을

〈표 1〉 일계인 디아스포라의 용어 정의와 연구대상[7]

용어	정의	대상
일본인	일본 국내거주 일본국적 및 국적취득자	약 1억 2천 700만 명
일계인	일본이외의 해외지역에 이주한 후 거주하는 해당국의 국적 또는 영주권을 취득한 일본인 및 그 자손	약 250만 명 정도로 추정됨
재외방인	해외에 거주하면서 일본국적을 유지하고 있는 일본인 장단기 체류자를 총칭	약 112만 명 정도로 추정됨

일본정부는 1980년대 이후 일본 내 모든 일계인을 외국인과 동일하게 대우하는 것을 원칙으로 하고 있다. 그러나 일본 정부차원에서 신변보호, 재산상의 안전, 일본국적자가 누릴 수 있는 복지혜택과 의무수행 등 법률이 허락하는 범위 내에서 또는 비공식적으로 이들에게 특혜를 부여하고 있다.[8] 일본정부는 일계인에게 특별한 법적, 혹은 제도적 특혜보다는 외국인과 동일하게 대우한다는 기본원칙 하에 편의를 제공하거나 비공식적인 특혜를 주고 있는 것이다. 일본정부는 일계인(日系人)3세까지 일본 내에 거주 시 자유롭게 취업비자(1년~3)를 취득할 수 있도록 배려하는 한편 특별한 문제가 없는 한 이들이 지속적인 체류를 원할 경우 별다른 절차를 거치지 않고 체류연장이 가능하도록 조치하고 있다.[9]

일본정부는 일계인의 일본 내 사회적 적응과 정착을 돕고 안정된 생활을 영위할 수 있도록 지원한다는 방침아래 그들의 사회활동을 간접 지원한다는 기본방침에 따르고 있다. 즉, 민간차원에서 일계인의 사회진출과 역할증진, 일계인사회의 교류 및 협력증진을 위해 일본 내 민간단체의 활동을 지

유지하고 있는 일본인 장단기 체류자를 총칭하여 '재외방인'이라고 칭함.

7   일본 내 일계인 연구자들의 논의를 참고로 필자 작성.

8   채경석(2006), 「재외동포의 민족공동체구성원 지위에 관한 연구」, 『아시아연구』, p. 183

9   최우길(2005), 「한민족 공동체와 재외동포 '새로운 동포정책 수립을 위한 시론'」, 『2005년도 개천절 기념학술회의 발표논문집』, p. 29.

원하고 있다. 또한 일본정부는 일계인과 현지 진출국과의 국제적인 외교마찰의 소지를 줄이기 위해 일계인 관련 교류 및 지원업무를 민간단체에 위임하고 간접지원을 원칙으로 하고 있다.

한편 일본정부는 1974년 8월 국제협력사업단을 발족하여 일본국내에서는 해외이주, 해외에서는 재외방인과 일계인을 지원하는 정책을 담당하고 있다. 일본 내에서는 해외이주 홍보, 상담, 알선, 도항지원, 이민자녀의 모국연수지원, 그리고 해외에서는 이주자의 농업기술지도, 기술이전과 전수, 일본어교육 및 의료지원, 전화설치 등 생활편의 시설을 지원하고 있다.[10]

일본의 이주정책은 이민1세를 대상으로 한 국가정책의 하나로 송출한 중남미 이민자에 대한 노후대책, 세계 각국에 진출한 일계인과의 경제협력 강화로 지역발전과 본국과의 네트워크 구축이라는 제도적 장치마련, 일계인 사회를 바탕으로 일본어와 일본문화의 전파이다. 또한 중남미지역뿐만 아니라 북미, 아시아, 유럽 등지로의 확대를 도모하여 일계인 지도자 양성과 일계인 협회활성화를 지원함으로서 일본의 이미지 제고, 일계인 자녀 모국연수지원 및 일본 내 일계인 노동자 처우개선 등 21세기 글로벌 시대 새로운 민족정체성과 공동체 형성에 노력을 기울이고 있다.

전술한 바와 같이 일본인의 해외이주 역사는 1866년부터 시작하여 만주국이 성립하는 1938년경까지 하와이와 북미로 약 37만, 중남미로 약 25만 명 등 약 142만 명이 해외로 이주하였다. 전후 1952년경부터 해외 이주자가 증가하여 1989년까지 약 40년간 일본인들은 북미 14만, 중남미 9만 명 등으로 이주했다. 이주지에서 태어나 현지 국적을 취득한 일계인 2~3세까지를 포함하면 미주지역 일본인 인구는 약 150만 명으로 일본 외무성은 2011년도 전세계 '일본인' 수를 약 250만 명 정도로 추정하고 있다.[11]

---

10 손기섭(1999), 「한민족네트워크공동체의식조사」, 한림대학교 민족통합연구소, p. 153
11 米山裕·河原典史編(2007), 『日系人の経験と国際移動 : 在外日本人移民の近現代史』, 人文
    書院, p. 241.

〈표 2〉 1990년대 해외에 거주하는 재외방인의 추이[12]   (단위: 명)

연도	장기체류자	영주자	합계
1990	374,044	246,130	620,174
1991	412,207	250,842	663,049
1992	425,131	254,248	679,379
1993	432,703	254,876	687,579
1994	428,342	261,553	689,895
1995	460,522	267,746	728,268
1996	492,942	271,035	763,977
1997	507,749	274,819	782,568
1998	510,915	278,619	789,534
1999	515,295	280,557	795,852
2000	526,685	285,027	811,712
2001	544,434	293,310	837,744
2002	586,836	284,915	871,751
2003	619,269	291,793	911,062
2004	659,003	302,304	961,307
2005	701,969	310,578	1,012,547
2006	735,378	328,317	1,063,695
2007	745,897	339,774	1,085,671
2008	755,724	361,269	1,116,993

일본 외무성이 2008년도 말 재외방인은 1,116,993명으로 전년도 비해 2.89% 증가한 것으로 발표하였다. 〈표 2〉에 나타난 바와 같이 일본인의 해외거주는 1990년 이래 지속적으로 증가해 왔으며 특히 주목할 만한 것은 1999년 이후 여성의 비율이 남성보다 높았고 이러한 현상은 현재까지 지속되고 있는 것으로 나타났다.[13]

---

12 외무성 홈페이지, http://www.mofa.go.jp/mofaj/toko/tokei/hojin/09/pdfs/1.pdf, p.10 참조.

13 외무성 홈페이지, http://www.mofa.go.jp/mofaj/toko/tokei/hojin/09/pdfs/1.pdf 참조. 일본인 남녀별 분포는 1999년 이래 처음으로 여성의 수가 남성의 수를 초과하였지만 2008년도 현재에도 여성이 전체의 51.7%로 남성보다 37,000여 명이 더 많은 것으로 나타났음.

해외에 거주하는 일계인들이 남미 브라질을 중심으로 진출하게 된 이유는 당시 호주, 캐나다, 미국지역으로부터 이민제약을 받고 있었기 때문이다. 1945년 해방이전 일계인이 진출했던 국가는 대부분 미국이며 1898년경 한때 미국의 일본인 배척운동이 발생하여 일정기간 동안 이민을 배제당하기도 하였다. 일본정부의 해외이민정책은 1920년경에 재개되었으며 1921년에는 내무성 내에 사회국이 설치되어 이민을 장려하는 정책을 실시하였고 1929년에는 척무성이 이민업무를 총괄하였다.

〈표 3〉 해외진출 재외방인의 지역별 추이[14]

지역별	2001	2002	2003	2004	2005	2006	2007	2008		
								합계	%	증감
전 세계	837,744	871,751	911,062	961,307	1,012,547	1,063,695	1,085,671	1,116,993	100%	+2.9%
아시아	173,824 (20.8)	187,952 (21.6)	206,521 (22.7)	234,734 (24.4)	260,747 (25.8)	277,735 (26.1)	287,157 (26.5)	292,632	26.0%	+1.9%
대양주	56,205 (6.7)	61,698 (7.1)	63,018 (6.9)	67,887 (7.1)	72,871 (7.2)	78,099 (7.3)	82,491 (7.6)	86,553	7.8%	+4.9%
북미	347,389 (41.5)	352,358 (40.4)	369,639 (40.6)	380,228 (39.6)	397,585 (39.3)	414,552 (39.0)	422,116 (38.9)	436,532	39.1%	+3.4%
남미	96,909 (11.6)	95,652 (11.0)	94,310 (10.4)	92,676 (9.6)	89,701 (8.9)	88,662 (8.3)	85,974 (7.9)	85,750	7.7%	-0.3%
서구	140,613 (16.8)	150,587 (17.3)	152,833 (16.8)	159,528 (16.6)	162,643 (16.1)	174,138 (16.4)	174,713 (16.1)	180,742	16.2	+3.5%

주) 기타지역은 1%미만으로 중미 · 카리브, 중 · 동구, 구소련, 중동, 아프리카, 남극 등이 해당됨. ( )은 %임.

해방 전후 일본의 이민정책은 해외로의 대량송출을 목표로 하였다. 일본정부는 1954년경 '이민5개년 계획', '해외이주 10개년계획' 등을 수립하였으며 유입국 중심의 동화주의를 표방하였다. 1945년 이후 일본이민은 지역적으로 미국 51.4%, 브라질 27.2%, 아르헨티나 4.6%, 캐나다 4.3% 등으로 확대되어 왔다.

---

14   외무성 홈페이지, http://www.mofa.go.jp/mofaj/toko/tokei/hojin/09/pdfs/1.pdf, p. 11 참조하여 작성.

1995년을 기준으로 일본국적 일계인의 숫자는 약 72만 명으로 미국이 약 21만 명, 브라질이 약 11만 명, 영국이 3만 7천 명이며 직업별로는 기업 관련자가 64.4%, 유학생과 연구원이 20.4%를 차지하고 있는 것으로 나타났다.

해방 전후 해외이민역사가 100여 년이 경과되는 시점에서 일본정부는 일계인의 차별문제, 중남미일계인 지원문제, 1980년대 이후 증가한 미국, 캐나다, 호주 등 선진국 이주자들 중심의 복지문제와 세대교체, 민족정체성, 차세대교육문제 등에 직면하고 있다.

앞의 〈표 3〉은 최근 재외방인의 지역별 해외체류 현황을 나타내고 있다. 재외방인의 지역별 분포를 살펴보면 북미지역이 39.1%로 가장 높은 비율을 차지하고 있다. 다음으로 아시아지역이 26.0%를 차지하고 있으며 전반적으로 북미지역이 매년 감소하는 경향을 보이고 있지만 아시아지역은 여전히 증가추세에 있다. 남미지역의 경우 영주자의 고령화와 더불어 젊은 청년들의 일본진출로 인하여 감소의 경향이 뚜렷하며 전년도에 비해 0.3% 정도 감소하였다. 재외방인이 가장 많은 국가별로는 미국이 386,328명으로 1위이고 중국이 125,928명으로 2위, 호주가 66,371명으로 3위, 영국이 63,017명으로 4위를 나타내고 있다.

다음 〈표 4〉는 재외방인의 직업별 분포경향을 나타낸 것이다. 전 세계적으로 일본기업의 업종별 분포를 살펴보면 일반기업의 민간기업 관계자들이 큰 비중을 차지하고 있으며 보도관계자나 자유업관계자의 비율은 낮게 나타났다. 특히 이들 지역들 중에서도 아시아지역과 중동지역에는 일본진출기업이 많아 기업관계자의 비율이 상당히 높게 나타났다. 대양주지역은 북미나 서구지역과 마찬가지로 주로 유학생이 많았으며 워킹홀리데이 비자에 의한 3개월 이상의 단기체류자도 많은 것을 나타났다.

〈표 4〉 재외방인의 직업별 분포(2008년 10월 기준)[15]

지역별(%)	민간기업 관계자(%)	보도관계자(%)	자유업관계자(%)
아시아(26.0%)	128,396(56.2)	469(27.7)	5,164(24.1)
대양주(7.8%)	5,460(2.4)	35(2.1)	1,833(8.6)
북미(39.1%)	56,326(24.7)	723(42.8)	6,414(30.0)
중미·카리브(0.8%)	1,850(0.8)	7(0.4)	348(1.6)
남미(7.7%)	1,496(0.7)	16(0.9)	345(1.6)
서구(16.2%)	26,598(11.7)	354(20.9)	6,740(31.5)
중·동구, 구소련(0.7%)	2,410(1.1)	36(2.1)	247(1.2)
중동(0.9%)	3,897(1.7)	19(1.1)	102(0.5)
아프리카(0.7%)	1,867(0.8)	32(1.9)	201(0.9)
합계(100)	228,301(100)	1,691(100)	21,394(100)

주) 해외체류 방인 수 통계에서 동거가족은 제외하고 이주자만의 숫자를 제시한 것임.

이 책의 내용은 일본인의 해외이주와 귀환과정에서 경험한 디아스포라적 경험과 기억, 그리고 그들의 이주루트를 현지조사와 면접조사를 통한 질적 연구의 분석내용을 중심으로 정리하였다. 이 책의 구성은 다음과 같다.

제1장은 이 연구를 수행하게 된 목적과 배경 및 필요성, 그리고 연구대상의 범위와 연구방법에 대하여 상세히 서술하였다.

제2장은 일계인의 초국적 이동과 이주루트를 연구하기에 앞서 일계인 디아스포라에 대한 개념을 정의하였고 한국과 일본에서의 일계인들에 관한 선행연구를 통해 이론적 논의를 검토하였다. 구체적으로 일계인의 이동은 언제부터 시작되었는가? 그리고 1868년 메이지 전후 하와이와 호놀룰루를 거쳐 미국대륙으로 이어지는 일계인의 이주가 어떻게 1908년 남미로 이주루트를 선회하게 되었는지, 1990년대 일본당국의 입국관리법의 개정으로 일계인들이 어떻게 일본으로 귀환하게 되었으며 일본 어느 지역에 정착하게 되었는지에 대하여 상세히 기술하고 있다.

---

15 외무성 홈페이지, http://www.mofa.go.jp/mofaj/toko/tokei/hojin/09/pdfs/1.pdf, p. 34 참조하여 작성.

  제3장은 일계인들의 동북아지역 이주과정을 분석함으로써 근현대에 일본인들이 동북아시아지역을 중심으로 이주한 역사적 배경, 그리고 현재 각 지역에서 어떻게 생활하고 있는지에 대하여 일본으로 귀환한 일계인의 생활세계를 조명하였다. 특히 일본이 1945년 패망하기 이전인 식민지시기, 혹은 식민지배의 세력권으로 편입시켰던 지역 중, 대만, 조선, 관동주, 만주, 사할린, 그리고 최근 중남미로부터 귀환한 일계인을 중심으로 다루고 있다.

  제4장은 일계인들의 북미 및 남미지역 이주루트와 이주과정을 역사적인 관점에서 분석을 시도하였다. 일본 요코하마항에서 하와이와 호놀룰루를 거쳐 미국대륙과 중남미로의 이주과정을 포착하고 있다. 그리고 중남미 지역 중 일계인들이 가장 많이 정착하게 된 브라질 상파울로지역의 이주정착과 민족공동체의 형성에 대하여 살펴보았다. 일본인의 해외이주가 본격적으로 시작된 21세기 초 지연(地緣)으로 연결된 조직화된 외항여관 네트워크가 어떻게 이주자들의 불안을 해소시키고 해외도항의 흐름을 원활하게 유도했는지에 대해 서술하였다. 일본의 해외이주는 1868년 메이지원년 이민실패에 따른 해외이민금지(1868~1885)로 인해, 하와이 '관약이민(1885~1894)'으로 재개되었다. 일본의 해외이민은 '관약이민'시기에 공식적으로 재개되었으며 계속해서 '회사이민(1894~1908)', '자유이민(1908~1924)'으로 이어졌는데 이에 대해서는 나중에 상세히 기술하겠다.

  제5장은 일계인들이 이주과정에서 겪은 디아스포라적 경험을 중심으로 분석을 시도하였다. 일계인들이 일본 요코하마항에서 이주지에 도착하기까지 어떠한 일들이 발생하였는지, 이주지에 도착해서 경작지를 배분받고 이주지의 개척과 정착하기까지의 과정에 대해 상세히 기술하고 있다. 일계인의 디아스포라적 경험에 대해서는 1868년 주일하와이 총영사 유진 M 빈리드씨가 임대한 영국기선 사이오토호를 타고 153명의 무허가 일본인 이민자들이 하와이로 처음 출항하는 모습이 다음문장에 잘 나타나 있다. "화려한 봄날 오후 건강하고 기쁨에 찬 노동자의 일원이 난생 처음으로 고향을 떠나

이국으로 노동의 수요가 급증하고 임금이 높은 타국으로 가고시마를 떠나는 이들이 있었다.”라고 표현했다. 그리고 저팬타임즈 기자는 당시 요코하마를 출항하는 일본인의 광경을 “마치 휴일날 소풍가는 어린이와 같이 앞날의 기대에 희망이 부풀어 있었다.”라고 보도했다. 이 책에서는 1886년 구마모토 현에서 태어나 카사토마루를 타고 브라질로 건너간 고야마 로쿠로(香山六郎)의 기대와 희망에 찬 브라질 이주과정 이야기(Story Telling)를 자세히 소개하였다.

제6장은 1990년대 일본정부의 입국관리법개정과 더불어 약 35만 명에 달하는 일계인들이 일본으로 귀환하게 되었는데 그들의 일본 귀환실태와 현황, 일계인타운의 형성과 다문화공생커뮤니티센터의 설립 실태 등 일계인의 일본 정착과정을 기술하고 있다. 특히 이 장에서는 일계인들이 일본에서 당면하고 있는 생활문제들을 짚어보고 일본인과 일계인간의 다문화공생 차원에서 상세히 서술하고 있다. 또한 1868년 시작된 일계인들의 해외이주의 역사가 145년을 경과하면서 전세계에 흩어져 살고 있는 250만 명에 달하는 일계인들의 글로벌네트워크에 대하여 해외일계인대회(1957~2012), 1990년부터 개최되어 5년에 한 번씩 오키나와 현에서 열리는 ‘세계우치난츄(오키나와인)’대회, 귀환 일계인네트워크(NPO법인 ABC저팬), 일본 JICA 내 해외이주자료관(2002년 설립) 등에 대해서 상세히 소개하고 있다.

제7장은 일계인 디아스포라 연구결과를 통해 이 연구가 가지는 차별성과 연구결과의 함의 및 시사점을 제시하고 한국사회의 바람직한 디아스포라의 미래상과 다문화사회의 정책적 대안점 및 연구의 한계점에 대하여 서술하였다.

II

일본인 해외이주와 초국적 이동

1. 일계인 디아스포라 선행연구 검토

지금까지 국내에서 일계인 디아스포라에 대한 인종적, 문화적, 경제적 상황에 있어서 그들의 디아스포라적 위치나 문화의 지속과 적응문제, 귀환문제를 다룬 연구는 매우 드물었다. 글로벌시대 일계인 연구는 인권이나 인종주의, 인종적·민족적 정체성 등의 문제를 국민국가라는 틀을 넘어 초국가적인 상황 하에서 검토되어야 할 것으로 생각된다. 즉, 일계인의 이주경험과 그들의 일본사회와의 관계를 포괄하는 디아스포라적 개념으로 접근할 필요가 있을 것이다.

최근 디아스포라는 국제이주나 글로벌화 현상의 연구에서 가장 빈번히 등장하는 용어 중의 하나이다. 성경의 "신명기"에 처음으로 등장한 이산이나 분산을 의미하는 디아스포라 용어는 19세기 후반 유대(현재의 팔레스티나)땅으로부터 세계 여러 지역에 이산한 유대인의 사회현상을 한마디로 표현하기 위하여 일반적으로 사용되어 왔다. 그 후 디아스포라는 약 1세기 동안 고국을 떠났지만 문화적·정치적으로 관계를 지속하고 있는 역사적 경험으로부터 생겨난 유대인의 정체성이나 그들의 공동체를 지칭하는 용어로 사용되었다.

미국에서 공민권운동이 한창이던 1960년대 디아스포라의 개념은 주로 아프리카에서 신대륙으로 강제이주 된 후 경제적으로나 정치적으로 사회로부터 주변화된 아프리카계 미국인들이 범아프리카인 공동체를 형성하기 위한 사회운동에 사용되어 왔다(Winkler 1999: A11). 1980년대 이후에는 아시아계미국인 연구를 주도하는 학자들이 이산과 배제의 경험을 통해 형성된 문화정체성에 착목하여 디아스포라를 해외의 중국인이나 기타 아시아계 이민공동체를 지칭하는 개념으로 사용하기도 하였다.

따라서 이 책에서의 디아스포라 개념은 조국을 떠나 조국과의 문화적, 정서적, 집단적 정체성을 유지하고 있는 사람들의 사회와 문화, 경제, 정치, 역사를 포함하고 있다. 어떤 사람에게 이주는 빈곤이나 전쟁과 같은 요소에 의해 강요나 강제당하기도 하고, 어떤 이민자들은 사회적 기회를 살리기 위해 이주하기도 한다. 이주국에서 차별받고 억압당한 사람도 있지만, 이주국에서 기업가로 크게 성공한 사람도 있다.

그러면 일계인 디아스포라는 이민집단인가, 디아스포라 집단인가? 클리포드는(Clifford 1994: 307~308) 디아스포라가 이민공동체의 형성과 유지에 큰 애착을 가지고 있다고 보았다. 또 다른 연구자들은 이주지에서 동향의 친구들과 '고향'을 만드는 집단에 애착을 보인다고 했다(Schiller et al. 1995: 48; Takaki 1998). 따라서 디아스포라 집단은 새로운 고향을 만들기 위하여 자신의 뿌리나 조상들이 걸어온 발자취와 경로를 탐색한다. 이렇게 함으로서 스스로 단결을 강화시키고 거주국에서 문화적 시민권을 획득하기 위한 수단으로 정체성의 형성을 추구한다.

글로벌시대 초국가주의(Transnationalism)란 원래 여러 나라에 조직기반을 둔 기업체를 가리키는 말로 사용되어 왔지만 최근에는 국경을 초월한 사람들의 사상, 물질, 신앙, 가치, 자본의 이동과 연결망을 포함하는 용어로 발전하였다(Schiller et al. 1995; Levitt 1998; Braziel and Mannur 2003). 이제 이 용어는 어느 쪽에도 귀속되지 않고 시간과 공간의 제약을 넘어 국가형성에 영향을 미치는 역동적인 과정을 강조하고 있다(Hoffman 2004). 기존 디아스포라 연구자들은 사람의 이동을 초국적인 관점에서 고찰하여 이주국에 존재하는 민족간에 어떤 문화적 이데올로기나 정체성이 형성되었는가에 관심을 가져왔다. 특히 초국가적인 이민과 그들의 자손, 그리고 지역주민과의 사회적, 경제적, 정치적으로 어떻게 연결되어 있는가에 천착해 왔다.

디아스포라와 이민의 차이에 대하여 연구자들간의 상당한 이견이 존재하지만 사프란(Safran 1991: 83~84)에 따르면 "디아스포라 집단은 거주국에서 모국의 언어, 문화, 종교를 통하여 민족정체성을 유지하고 마음이 통하는 친구들과의 지속적인 관계를 동해 민족공동체 의식을 고양하고 있다"고 하였다. 그는 디아스포라 집단에 대해 역사학적·사회학적 특징에 대하여 다음과 같은 여섯 가지로 정의한 바 있다. 첫째, 어떤 지역에서 다른 두 개 지역 이상의 해외나 변경지역으로 이산 둘째, 모국에 대하여 공유된 집단적 기억과 신화의 유지 셋째, 유입국 사회에서의 차별 넷째, 모국으로의 최종적인 귀환 희망 다섯째, 모국의 유지와 발전 및 모국의 안전과 복지보장의 애착 여섯째, 모국과 관련된 민족적 정체성의 유지 및 민족공동체 의식의 고양, 마음이 통하는 사람과의 관계유지 희망 등이다.

코헨(Cohen, 1997) 역시 디아스포라 집단에 대하여 다음과 같이 네 가지로 구분하여 설명하였다. 해외로 이산한 많은 소수민족공동체로 형성된 유대인이민을 고전적 디아스포라, 아프리카나 아르메니아인의 초국적인 이민을 피해자 디아스포라, 해외로 비즈니스나 경제적 기회를 찾아 떠난 중국인이나 레바논 이민자를 교역 디아스포라, 해외로 직업을 찾아 떠난 인도인을 노동 디아스포라로 분류하였다.

그러나 이들이 주장하는 디아스포라 집단 유형은 모국과의 강한 연대 유지나 귀환 희망 등 어느 면에서는 설득력이 있어 보이지만 초국가적인 글로벌시대 대단히 다양하게 전개되고 있는 디아스포라 집단을 포괄하기에는 부족한 점이 많다. 가령 쉐퍼(Sheffer, 1986: 11)는 "아프리카계 미국인 대다수가 자신의 출신지역, 부족집단, 언어를 거의 모르고 있으며," 정치지도자들 역시 "아프리카 귀환 희망보다는 주류사회와의 교섭기반으로서 민족정체성을 강화하고 있다" 라고 주장하였다(Clifford 1994: 308).

따라서 초국적인 글로벌시대 일계인 디아스포라를 이해하기 위해서는 그들의 정치적, 경제적, 사회적 주변화는 물론이고 문화정체성의 성격과 모국에 대한 인식을 포함한 거주지에서의 다양한 경험과 이주역사에 주목할 필요가 있는 것이다.

〈표 5〉 디아스포라에 대한 개념정의[1]

연구자	디아스포라 개념 정의와 유형
쉐퍼 (Sheffer, 1986)	디아스포라 유형의 다양성과 공동체의 존재이유는 주류그룹과 교섭기반으로서 그들의 집단적 정체성 강화 디아스포라의 정의에 대하여 아프리카계 미국인 대다수가 자신의 출신지역, 부족집단, 언어를 거의 모르고 있으며, 정치지도자들 역시 아프리카 귀환 희망보다는 주류사회와의 교섭기반으로서 민족정체성 강화.
사프란 (Safran, 1991)	디아스포라 집단은 거주국에서 모국의 언어, 문화, 종교를 통하여 민족정체성을 유지하고 마음이 통하는 친구들과의 지속적인 관계를 통해 민족공동체 의식을 고양하고 있음. 디아스포라의 정의는 어느 지점에서 다른 2개이상의 해외나 변경지역으로의 이산, 모국에 대한 공유(공통)된 집단적 기억이나 신화유지, 거주국 사회에서의 차별, 모국에 대한 최종적인 귀환 희망, 모국의 유지나 부흥 및 모국의 안전과 복지의 보장에 대한 고집(애착), 모국과 관련된 민족정체성의 정의 및 민족공동체 의식의 함양, 정서(마음)가 통하는 사람들과의 관계유지 희망 등.
퇴뢰리안 (Tölölian, 1991)	디아스포라의 의미는 이산, 집산, 흩어짐, 정체성, 전통 등에서 디아스포라의 개념을 확대하여 유대인, 그리스인, 아르메니아인의 분산을 가리켰지만 이제는 이주민, 국외로 추방된 난민, 초빙 노동자, 망명자 공동체, 소수민족 공동체와 같은 집단도 포함하는 넓은 어원을 가진 의미로 규정하였음.
코헨 (Cohen, 1997)	디아스포라 형성 원인과 이주동기에 초점(공통요소). 첫째, 비극적 이산 둘째, 노동이나 상업, 제국 경영을 통한 집단이주, 집합적 기억과 모국신화 넷째, 조국 이상화 다섯째, 귀환운동, 여섯째 민족집단 의식 유지 일곱째, 거주국 사회와의 갈등 대립 여덟째, 동일 민족집단 연대의식 아홉째, 문화적 능력 정신적 자질 등. 해외에 이산한 많은 소수민족공동체로 형성된 유대인이민을 고전적 디아스포라, 아프리카나 아르메니아인의 초국적인 이민을 피해자 디아스포라, 해외에 비즈니스나 경제적 기회를 찾아 떠난 중국인이나 레바논 이민자를 교역 디아스포라, 해외에 직업을 찾아 떠난 인도인을 노동 디아스포라로 분류하였음. 이주동기에 따라 박해도피형, 제국식민형, 노동형, 상업형, 그리고 문화적 디아스포라로 구분.
버토벡 (Vertovec, 1998)	사회형태로서 디아스포라(민족집단 내부 관계, 거주국가와 환경 관계, 모국환경과의 관계 등). 의식형태로서 디아스포라(디아스포라적 경험, 심리적 상태 및 정체성 묘사 등에 중점). 문화양식으로서 디아스포라(초국적인 사회문화현상의 생산 및 재생산, 문화양식과 정체성의 유동성이 강조된 문화다원주의와 혼종성).

---

1 쉐퍼(Sheffer, 1986), 사프란(Safran, 1991), 코헨(Cohen, 1997)의 정의를 바탕으로 필자 작성.

연구자	디아스포라 개념 정의와 유형
왈벡 (Wahlbeck, 2002)	디아스포라는 정체성의 탈영토화 경향을 지칭. 글로벌화의 진전으로 국민국가의 규정력이 약화되고 정체성이 특정한 공간이나 영역으로부터 탈피하여 다중화, 혼종화 되는 경향을 포착.
이 연구에서 일계인 디아스포라의 정의	첫째, 사프란(Safran, 1991)이나 코헨(Cohen, 1997)이 제시한 바와 같이 공유된 역사적 경험과 공통의 조상에 대한 집합적 기억으로서 준거의 틀(Hall, 1990)을 제공해 주는 '역사적 기억'. 둘째, 상당히 유동적이며 문화적 구축물로써 일계인 디아스포라의 문화정체성. 일계인 디아스포라의 정의는 집단 구성원들간 공유되거나 고정된 것 보다는 역사, 문화, 권력의 동향과 밀접하게 관련되면서 변화가 지속되고 현재 직면한 사회적 상황이나 요구에 따라 끊임없이 자기정체성을 형성하는 과정으로 인식.

일계인 디아스포라의 문화정체성은 크게 두 가지 측면에서 고찰할 수 있다. 첫째, 사프란(Safran, 1991: 84)이 제시한 바와 같이 공유된 역사적 경험과 공통의 조상에 대한 집합적 기억으로서 준거의 틀(Hall 1990: 223)을 제공해 주는 '역사적 기억'에 해당된다. 둘째는 상당히 유동적이며 문화적 구축물로써 일계인 디아스포라의 문화정체성이다. 문화적 구축물은 장소나 공간, 역사를 초월하여 생산되는 과정이다. 이것은 디아스포라 집단 구성원들간 공유되거나 고정된 것이기 보다는 역사, 문화, 권력의 동향과 밀접히 관련되면서 변화가 지속되는 상태를 말한다. 즉 일계인 디아스포라가 현재 직면한 사회상황이나 요구에 따라 끊임없이 자기정체성을 형성하는 과정을 지칭한다.

더욱이 디아스포라 집단으로서 일계인 집단의 이론적 틀이나 분석도구를 좀 더 세분하여 역사적, 외적, 내적이라는 세 가지 구성요소로 설명하면 다음과 같다. 역사적 요소는 경제불황, 기근, 전쟁, 억류 등 그들이 처한 정치적 경제적 외적요인을 나타낸다. 이러한 역사적 요소는 통상 외부자와 내부자에 의해 상이하게 해석된다. 내부자는 초기 이민세대의 눈으로 내부에서 세계를 바라본다. 내적 요소는 집단심리 뿐만이 아니라 개인의 심리상태까지도 반영한다. 일계인 디아스포라 문화정체성은 외적요인에 의해 집단 외부 사람들이 가지고 있는 심리적 태도나 상태에 의해 구축된다. 일반적으로 주류이며 다수파인 외부자가 만들어 내는 사회적 시계는 역사적 사건에 대한 특정의 권위적 편견이나 이미지를 부여하는 힘을 가지고 있다. 따라서 일계인 디아스포라의 경험적 산물은 〈그림 1〉에서 제시한 바와 같이 다음 세 가지의 중복된 시각의 상호작용의 결과로써 설명될 수 있을 것이다.

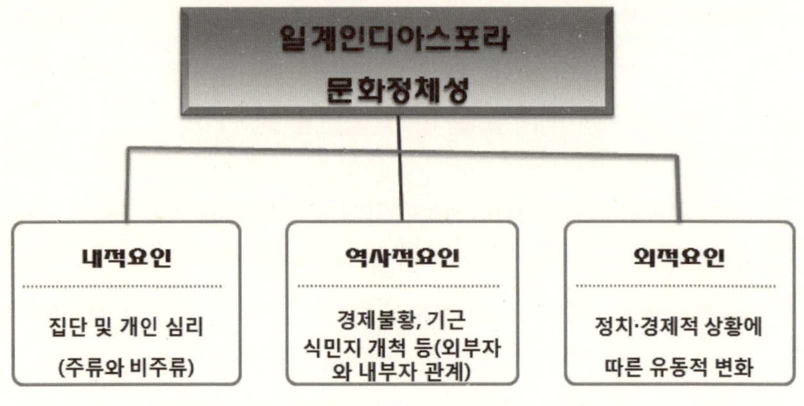

〈그림 1〉 일계인 디아스포라 문화정체성 구성요소

1908년 시작된 일본인의 브라질 이민 역사는 약 1세기동안에 지속되어 왔으며, 따라서 연구 분야도 다양하게 전개되어 왔다. 일반적으로 일계인이란 큰 범주에서 일계아메리카인과 일계브라질인으로 구분하여 사용되어 왔다. 일계브라질인은 일계2세~3세 이외에 일본국적을 가지고 있는 이민1세, 일본과 브라질의 이중국적자의 2세 및 일본인의 배우자인 비일계인을 포괄하는 개념으로 정의 할 수 있다. 1990년 전후 본격화된 일계브라질인 귀환은 외국인노동자로서 일본에서의 생활과 일본 내 노동력 부족현상, 일계인 노동자 우대에 의한 유입정책 등이 부각되어 왔다.

1945년 패전 이전에 농업이민으로서 브라질에 건너간 일본인은 제2차 세계대전 이후 도시에 진출하기 시작했다. 사이토(斉藤, 1959 ; 1960)연구에 의하면 브라질에서 돈을 벌기 위한 목적으로 해방이전 일본인 이주자가 빈번하게 지역이동을 함으로서 사회경제적 지위를 상승시키고 해방이후 현지에서 영주를 결심하게 되는 과정을 실증적으로 분석하고 있다.[2] 또한 그는 브라질이주의 조건을 충족시키기 위해 구성된 일본인 이민자의 특징과 브라질에서의 변화를 역사적으로 고찰하고 있다.[3] 이시카와(石川, 1989)는 브라질에서의 일본인 이민자의 사회경제적 지위의 변화에 대하여 통계를 활용하여 1980년대 브라질로의 일본인 이민자의 일반적 경향을 파악하였다.[4]

일계인과 관련하여 일본의 브라질 이민송출정책이나 브라질의 이민유입정책, 이민사 등을 다룬 대표적인 연구로는 일본브라질교류사편찬위원회(1995), 파우리스타신문사 편(1996), 『브라질일본이민사연표』(1997) 등이 있다. 일계인 디아스포라 일본귀환에 대한 기존연구자들은 이케가미(池上重弘, 2001), 사카이(酒井, 2001), 이쿠노(生野, 2003), 히로타(広田, 1997), 가지타(梶田, 2003) 등으로 일본 내 일계인 집거지는 자동차, 가전 등을 주요 산업으로 하는 산업지역 및 그 주변지역에 형성되어 있다고 보고하였다. 이들은 일계인 집거지로서 일본 아이치 현(愛知県)이나 시즈오카 현(静岡県)을 중심으로 하는 도카이지역(東海) 및 군마 현(群馬県) 중심의 기타간토(北関東)지역, 오키나와 현(沖縄県) 출신의 일계인이 집거하는 요코하마시 쓰루미구(横浜市鶴見区) 지역을 연구대상으로 하였다.

이외에도 이나카미(稲上, 1992), 단노(1999, 丹野), 가네다(兼田, 2001)와 나카바(中馬, 2001), 카지타(梶田, 2002) 등은 일본 내 일계인 노동시장은 부품제조 및 제1차 도급업 중심, 중간소개업자인 파견업자와 브로커의 개입, 3D직종의 인재확보, 제품생산 부문이나 미숙련공정 등 단순작업의 불안정노동력, 일본기업의 고용조정기능의 역할, 일본경제의 장기불황으로 다양화와 분산화의 경향 등의 연구성과를 발표하였다.

2　斉藤広志(1959), 「ブラジルにおける日系人の人口と地域的移動」, 『南米研究』, 6, pp. 26~32.

3　斉藤広志(1960), 「ブラジルにおける邦人移住者の地域的移動」, 『国際経済研究』, 10, pp. 195~247.

4　石川友紀(1989), 「ブラジルにおける日本移民の地域的分布と職業構成の変遷第二次世界大戦前を中心に」, 『琉球大学法文学部紀要』, 史学・地理学編32, pp. 1~56.

〈표 6〉 기존연구와의 차별성

연구자	연구내용 및 성과
일본브라질교류사편찬위원회(1995), 파우리스타신문사 편(1996), 『브라질일본이민사연표』(1997) 등	일본 메이지유신(1868) 전후 이민 초기 하와이 호놀룰루 식민지 개척사, 미국대륙진출 등. 1908년 배일이민법 개정이후 브라질 이주사, 일본의 브라질 이민 송출정책이나 브라질의 이민유입정책 등.
이케가미(池上重弘, 2001), 사카이(酒井, 2001), 이쿠노(生野, 2003), 히로타(廣田, 1997), 가지타(梶田, 2003) 등	일본 내 일계인 집거지는 자동차, 가전제품 등을 주요 산업으로 하는 산업지역 및 그 주변지역에 형성. 일계인 집거지로서 일본 아이치 현(愛知縣)이나 시즈오카 현(靜岡縣)을 중심으로 하는 도카이지역(東海) 및 군마 현(群馬縣) 중심의 기타간토(北關東)지역, 오키나와 현(沖繩縣) 출신의 일계인이 집거하는 요코하마시 쓰루미구(橫浜市鶴見區) 지역을 연구대상.
이나카미(稻上, 1992), 단노(1999, 丹野), 가네다(兼田, 2001)와 나카바(中馬, 2001), 카지타(梶田, 2002) 등	일본 내 일계인 노동시장은 부품제조 및 제1차 도급업 중심, 중간소개업자인 파견업자와 브로커의 개입, 3D 직종의 인재확보, 제품생산 부문이나 미숙련공정 등 단순작업의 불안정노동력, 일본기업의 고용조정기능의 역할, 일본경제의 장기불황으로 다양화와 분산화 경향.
이 연구의 차별성	일본인의 동북아 식민지 이주루트를 개괄하고 하와이 미국이민, 브라질 중남미 이주루트를 지도로 작성하고 디아스포라적 경험의 발굴 조사.

　이들 연구성과를 종합해보면 일본사회에서 사용되는 '일계인'이라는 용어는 일본에 귀환한 '브라질인 노동자'를 의미하며 일본사회, 일본문화와의 동질성이나 친화성보다는 브라질의 문화적 배경을 가진 브라질인의 이질성을 뜻한다고 볼 수 있다. 이러한 연장선상에서 일계인 귀환 연구들은 주로 일본과 브라질의 경제적 격차 및 노동력 부족에 따른 일본정부의 노동력 수급정책의 결과 일계인들이 3D직업에 종사하는 외국인노동자라는 인식의 미시적 요인 등에 집중되어 왔다. 그러나 이 책은 〈표 6〉에서 제시한 바와 같이 일본인 이민의 과거와 현재에 해당되는 해외 이주루트와 디아스포라적 경험에 주목하여 일계인 디아스포라를 현대적 시각에서 고찰한다는 점에서 기존연구와는 차별성을 갖는다고 볼 수 있다.

2. 일본인 초국적 이동과 이론적 논의

초국가시대 사람의 이동에 관한 연구에 의하면 이동을 촉진하는 구조요인으로서 거시적 요인, 메조(중간), 미시적 요인 등 크게 세 가지로 구분하여 설명하고 있다.[5] 즉 사람의 이동은 구조화되어 거시적 요인은 미시적 네트워크, 메조(중간자)에 의한 다양한 조직이나 기관을 통해 확대 · 지속된다는 이론이다. 다만 송출국에서는 이주가 긍정적인 효과가 있다고 가정할 때 계속해서 자기 충족적으로 전개되며 수용국의 권리획득을 위한 사회문화적 통합이나 융합, 혹은 정치적 권리획득이 다음 단계에서 지속적으로 요구하게 된다.[6]

그러면 이주에 있어서 거시적 요인이란 무엇인가? 먼저 거시적 요인은 각국이 놓여있는 역사, 정치, 경제, 사회문화적 이동요인을 지적할 수 있다. 예를 들면 정치적으로 일본과 브라질이라는 양국관계가 실질적으로 어떠한 상황에 놓여있는가 라는 점이다. 가령 일계브라질인의 일본으로의 본격적인 이동은 1990년 출입국관리법의 개정이 양국간 인구이동의 정책적 기점이 된다. 그러나 이러한 정책적인 계기가 일계브라질인의 지속적인 이동을 촉진시키는 네트워크를 구축했다고 보기에는 부족하다.

따라서 여기에 이동의 미시적 요인의 설명이 필요하게 된다. 이주하는 각 개인이 가지고 이동에 대한 지향성(목표), 브라질의 경제적 사회적 상황, 사회관계자본(네트워크), 문화자본(신념이나 가치관)등이 개인의 이동요건으로 고려된다. 양국의 이동정책이나 거기에 따른 사람의 이동이 어떤 기점을 가지고 있을지라도 그것이 주변과 지역자체를 끌어들이면서 전개되는 이주과정을 구축하기 위해서는 이러한 미시적인 구조요인이 필요하게 된다.[7]

---

5 Faist, Thomas. 2000. "Transnationalization in international migration: implications for the study of citizenship and culture." Ethnic and Racial Studies 23:189~222

6 Faist, Thomas. 2000. The Volume and Dynamics of International Migration and Transnational Social Spaces, Oxford University Press.

7 Castles, S. & M. J. Miller, 2003. The Age of Migration International Population

또한 여기에다 일계브라질인들에 의한 공동체 수준의 이주 산업과 일계인타운의 형성, 이동경로를 지원하는 기업의 존재, 종교나 지원센터의 존재 등 메조레벨의 구조요인이 거시적 구조와 미시적 구조를 연결하는 결절점(기점)으로 기능함으로서 이동을 촉진하게 된다. 이러한 공동체 공간네트워크의 존재는 그들 자신들이 일본에서 생활하고 있지 않을지라도 그들이 구축한 네트워크가 일본사회에서 지역주민들과의 새로운 관계를 형성하는데 미시적인 구조요인을 제공한다. 사람들 간의 지역적 이동은 중개자(기지)의 역할이 상당히 중요하게 작용하게 되는데 이주를 통한 공동체 공간의 형성이 국경을 초월한 사회적 공간을 송출국이나 수용국 양쪽에 확대시켜나가기 때문이다. 따라서 이러한 공동체 공간의 매개기지(BASE)를 통하여 공동체네트워크에서 배제되거나 경로와 연결되어 있지 않는 사람들까지도 포함하는 형태로 일본-브라질, 일본-미국으로의 자유로운 이동이 가능하다.

이러한 일련의 이동에 관한 구조요인들이 상호 배태(Embeddedness)되어 네트워크를 구축함으로서 이주시스템이 구조화된다. 일본사회 내에서는 물론이고 일본-브라질, 혹은 북미 캐나다나 미국으로 국가간 한 지역에서 다른 지역으로의 이동이 지속적으로, 혹은 자기 충족적으로 확대되어 나가게 된다. 따라서 실질적으로 그들이 일본사회를 떠나 브라질, 혹은 전 세계 어느 지역에서 생활하고 있더라도 일본사회는 그들을 지탱하는 든든한 버팀목 역할을 하게 되며 그들이 생활하고 있는 거주국의 공동체 공간은 자기 자신의 존재영역이 탈공간적으로 국가를 초월하는 초국가적인 측면을 지니게 된다. 더욱이 위성정보통신과 인터넷의 발달은 매일 양국간 실시간 정보공유와 소통을 가능하게 하고 실질적인 이동거리는 길지만 감각적으로는 같은 한 지붕아래에서 생활하고 있는 것처럼 느끼게 해 준다. 이처럼 초국가시대 사람의 이동은 어느 한 기점(메조, 혹은 공동체 네트워크)을 통하여 일본은 물론 아시아, 전 세계에까지 지속적으로 발생함으로서 새로운 공동체 공

Movements in the Modern World (3rd edition), MacMillan.

간을 탄생시키는 것이다.

일계브라질인의 이동에 관한 기존연구들을 살펴보면 이나카미(稲上, 1992)는 거시적 요인의 측면에서 일본 내 외국인 노동시장과 기업 속성에 관한 모델을 제시하였다. 그는 일계인 노동시장에 대하여 부품제조 및 제1차 도급업을 중심으로 확대되어 왔으며 메조레벨인 파견업자와 브로커의 개입으로 공동체 공간이 형성되었고 아시아인 노동자와 마찬가지로 '느슨한 이중구조'를 구축하고 있다고 주장하였다. 단노(1999, 丹野)는 미시적 측면에서 일계인브라질 노동자를 조사한 결과 기업이 원래 일계인을 고용하려고 의도했다기보다는 하청업자로 활용하려고 한 결과 일계인 노동 장소가 증가하고 다양화되었으며 일계인의 고용확대는 일계브라질인, 일계페루인 등 일계인 사회공동체 형성의 다양화와 계층성을 유발시켰다고 지적하고 있다. 가네다(兼田, 2001)와 나카바(中馬, 2001)의 연구에서는 일계인노동자의 고용이 3D직종의 인재확보, 제품생산 부문이나 미숙련공정 등 단순작업의 불안정노동력이라는 인식이 강하다고 주장하였다. 이러한 연구의 연장선상에서 카지타(梶田, 2002)는 일계인의 취업형태에 대하여 직접고용보다는 메조레벨의 인재파견회사에 의한 간접고용이 압도적으로 많고 일본기업의 고용조정기능의 역할과 과거 특정지역의 제조업에 종사하였지만 일본경제의 장기불황으로 종사하는 직종에서 다양화와 분산화의 경향을 보인다고 지적하였다.

이상과 같이 일반적으로 일본사회에서 사용되는 '일계인'이라는 용어는 '브라질인 노동자'를 의미하며 일본사회, 일본문화와의 동질성이나 친화성보다는 브라질의 문화적 배경을 가짐으로서 발생되는 브라질인의 이질성을 연상시킨다고 할 수 있다. 일본경제의 '잃어버린 10년'이라는 장기불황과 더불어 기존의 일계인노동자에 관한 연구들은 주로 경제적 격차와 일본정부의 노동력 수급정책의 결과라는 거시적 요인, 일계인이 3D직업에 종사하는 외국인노동자라는 인식 등 미시적 요인에 집중되어 왔지만 여기에서는 일본과 미국에 각각 형성된 일계인 공동체가 어떤 특징을 가지고 있는가에 대한 거시적 요인을 살펴본 후 미시적 요인에 주목하고자 한다.

따라서 이 책에서는 일계인을 좁은 의미로 일계브라질인의 합법취업자격이라는 법적지위의 유무나 외국인 노동자로 인식하기보다는 일계미국인을 포함한 좀더 미시적 의미에서 일계인 이민사를 계승하는 공동체적인 존재, 혹은 이주자의 거주지역에 기점을 둔 역사적인 존재인 '일계인'으로 북미와 남미를 포괄하는 초국적 공간 범위로 확대 해석하고자 한다.

이 책은 일계인 이동에 대하여 어떠한 미시적 요인에 의해 남미(브라질, 페루 등)와 북미(미국, 캐나다 등) 지역에 초국적인 공동체 공간을 형성하게 되었는가? 또한 글로벌시대 미국계와 브라질계로 구분되는 '일계인' 민족공동체의 공간형성이 어떠한 구조요인으로 설명될 수 있는가? 그리고 '일계인'이라는 민족공동체의 의미가 일본정부에게 어떠한 의미를 지니고 있는지, 즉 초국가시대 일계인의 민족공동체 형성에 대한 새로운 시각에서 살펴보았다.

3. 메이지(明治) 전후 일계인 북미 이주

일본인들의 이주단계를 초기부터 해방이후까지 5단계로 나누어 연도별 이주단계를 살펴보면 다음 〈표 7〉과 같다.

〈표 7〉 일계인의 연도별 이주단계

단계	시기	주요 내용
제1단계	1853~1884	이민초기, 유학(학과수업) 또는 상업이민, 무허가 이민 등
제2단계	1885~1907	관약이민, 유학생, 무역상인, 일본인 노동자나 예술인 등
제3단계	1908~1940	정주이민의 시작, 배일이민법, 신사협정체결, 일본인학동격리사건, 외국인토지법의 제정, 데카세기 계절노동이민자, 현지정착 목적 이주자, 사진결혼자 증가 등
제4단계	1941~1945	해방 전 일본인 해외이주의 중단, 제2차 세계대전, 강제수용소 이주 등
제5단계	1946~1999	해방 후 일본인 해외이주의 재개, 미국 일본인 귀화 승인, 남미 이주 재개, 북미 일본인 강제이주 보상문제 해결 등

1) 제1단계(1853~1884) - 이민초기

1866년 도쿠가와막부는 '해외에서의 유학(학과수업) 또는 상업을 위해 도항을 지원하는 자'에게 여권을 발급한다는 내용을 통보했다. 이 정책은 메이지유신에 의해 메이지 신정부가 탄생하기 2년 전에 허가되었다. 당시 정권의 혼란을 생각해 보면 막부의 개국정책을 비판하는 사람들이 상당히 많았던 막부말기에 이러한 조치를 취한 것은 대단히 획기적인 정책이라 할 수 있다.

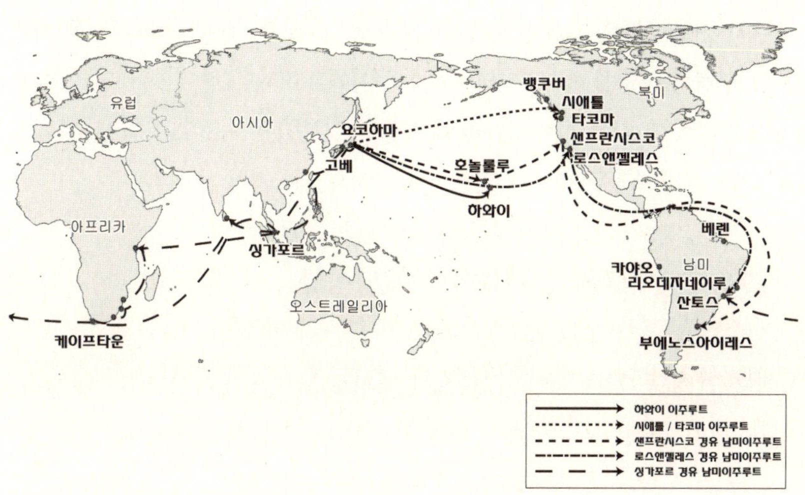

〈그림 2〉 일본인 북남미 이주루트

이러한 조치의 시행은 막부가 1639년 이후 2세기에 걸쳐 '쇄국령'에 의해 금지했던 일본인의 해외도항을 사실상 허가한다는 것을 의미했다. 그러나 막부가 자신들의 의지대로 실행한 것이 아니고 당시 '안정통상조약(불평등조약)' 체결국의 의견을 존중한 결과 시행된 것이었다. 이 때문에 해외도항이 허가되었지만 일본인들이 집단으로 해외로 출국하는 일은 발생하지 않았다.

당시 막부의 결단을 환영한 것은 일본인들이 아니라 불평등조약의 '치외법권'조항에 보호되었던 개항장에 거류하는 외국인들이었다. 이들은 당시 이웃 청나라와 같이 일본의 개항장에서도 일본인노동자를 쉽게 고용할 수 있고 고용한 사람들을 자유롭게 해외로 데려갈 수 있게 되기를 기대하고 있었다. 그 결과 하와이로의 도항이나 계약노동자의 괌으로의 송출과 같은 예상 밖의 사태가 벌어지기도 하였다.

1868년 메이지 원년에 신정권을 수립한 메이지유신의 정치지도자들은 외국인들에 의해 고용된 일본인 노동자의 해외 집단 도항에 대하여 이웃 청나라 개항장에서 '쿨리무역'과 같은 사태가 발생할 것을 우려하여 메이지 초기 혼란기에는 가능한 일본인들의 도항을 제한하려고 했다. 그러나 메이지정부의 정책을 반영하여 945명의 계약노동자가 1885년 1월 '관약이민'으로 하와이로 도항하기 시작한 이후 해외로 향한 일본인들은 주로 유학생, 무역상인, 외국인에 고용된 소수의 일본인 노동자와 예술가들이었다.

2) 제2단계(1885~1907) - 관약이민

일본인 노동자들이 최초 집단으로 해외로 도항하기 시작한 지역은 하와이와 북미 서해안 지역이었다. 이들 일본인노동자들은 해외 데카세기(돈벌이 노동이민)가 시작되기 전인 1883년경부터 '유학생'이 개인으로 도미하여 고도의 경제성장과 산업발전을 이루고 있는 미국에서 신지식과 기술을 배우기 위해 미국 서해안지역의 샌프란시스코나 오클랜드 등에 진출하였다. 유학생이나 일본인노동자들 대부분은 젊은 독신 남성으로 하와이나 혹은 북미에서의 단기적인 일시체류를 목적으로 진출하였다. 어느 이민자들과 다름없이 일본인 유학생들은 미국에서 습득한 신지식과 기술을 가지고 귀국하여 일본에서의 입신출세를 목표로 하였다. 일본인 노동자들은 현지에서 돈을 모아 고향에 금의환향하는 것이 목적이었다. 이 시기의 일본인 해외이주가 '해외돈벌이' 수준에 지나지 않았다는 이유가 바로 여기에 있다.

비교적 빠른 시기에 태평양을 건너간 일본인 유학생이나 돈벌이 노동자들은 당초 목표가 하와이나 미국 서해안지역에서 그들이 바라던 돈벌이 목적을 달성하여 원하던 대로 일본에 돌아올 수 있었다. 하지만 이들 중에는 여러 가지 현지사정으로 인하여 귀국하지 못한 일본인들도 상당수 존재한다. 그들은 도항한 현지에서 체류기간을 연장하여 어쩔 수 없이 돈벌이 노동에 종사하며 머무를 수밖에 없었다. 20세기 초기에는 이와 같은 일본인 노동자의 수가 점차 증가하기 시작했다. 그 무렵 일본에서는 해외에서의 돈벌이 열기가 고조되면서 '해외도항안내' 등에 의해 도미의 장려가 한창 유행하고 있었으며 돈벌이(데카세기)를 희망하는 도미자의 수도 급증하였다.

미국에서는 1880년대 후반부터 모든 시민들이 외국인에 대한 이주제한 정책의 실시가 불가피하다고 주장하기 시작하였다. 그들은 하와이나 미국 서해안 지역에서 데카세기(돈벌이)를 연장하는 일본인 일시체류자와 미국으로의 데카세기(돈벌이 목적) 목적의 도미자 증가를 제한대상으로 삼아 미국에서 '호의적이지 않은 아시아로부터의 이민자'의 증가와 결부시켰다. 그 결과 미국 서해안지역에서는 중국이민자들의 집단적인 이주를 지칭하는 '황화'에 겁을 먹은 미국인이 '일본인 이민배척'의 목소리를 더욱 높여 나갔다. 20세기 초에는 '일본인의 하와이 이주'와 1906년 샌프란시스코에서 발생한 '일본인학동격리소동'이 미일관계를 악화시키는 요인으로 작용하여 '일본인 이민문제'의 근본적인 해결책이 필요하게 되었다.

일본에서는 1885년부터 1894년까지 약 10년간 일본과 하와이 정부 간 체결된 '이민협약'에 의해 약 2만 9천 명의 일본인 노동자가 하와이 사탕수수농장에서 3년간 노동계약으로 도항했다. 이것을 당시에는 '관약이민'이라고 불렀다. 최초에는 일본전국으로부터 희망자를 모집하도록 계획하였지만 히로시마 현, 야마구치 현, 구마모토 현, 후쿠오카 현의 농촌출신자들이 하와이 농장의 중노동에 견딜 수 있다는 하와이 이민국의 판단에 의해 1886년 이후부터 이들 4개 현에서 주로 이민자들을 모집하게 되었다. 결과적으로 관약이민의 약 38.1%가 히로시마 현, 35.9%가 야마구치 현, 14.6%가 구마모토 현, 7.5%가 후쿠오카 현 출신자로 전체적으로 96.1%가 4개현의 농촌지역으로부터 모집된 이민자들이었다. 이들은 대개 10년 이내에 하와이에서의 데카세기(돈벌이)를 끝내고 저축한 돈을 가지고 귀국했으며 약 40% 정도는 현지 하와이에 정착한 것으로 알려지고 있다. 일본과 하와이 정부 간 관약이민이 종료된 후에는 이민회사나 이민알선업자들이 농촌 출신의 일본인을 계약노동자로 하와이로 파견하게 되었다.

일본에서 유학생들의 도항은 1881년경부터 미국 서해안의 샌프란시스코 연안지역에 개인적으로 건너가기 시작하면서 비롯되었다. 1890년경에는 샌프란시스코나 오클랜드지역에 약 4,000명의 유학생이 체류하고 있었다는 기록이 남아 있다. 당시 유학생들 대부분은 일본근대화의 지도자들의 추천에 의해 귀국 후 일본을 위해 활용할 수 있는 지식이나 기능 등을 습득하기 위해 미국에 건너갔다.

이들 대부분은 가난한 유학생들이 많았기 때문에 밤에는 노동으로 낮에는 공부로 힘든 유학생활을 이어갔다. 또한 유학생들은 샌프란시스코나 오클랜드에서 다양한 정치적, 종교적 단체를 만들기 시작했다. 이 가운데에는 기독교계 유학생단체의 '복음회', 민권파 유학생이 설립한 '일본인유지애국동맹', '해외실업회'나 '유일회' 소속의 유학생이 설립한 '원정사' 등이 대표적이다. 이들 단체는 현지에서 잡지를 발간했는데 '일본인유지애국동맹'은 신문 '제19세기', '자유', '애국', 그리고 '원정사'는 잡지 '원정'을 발간했다.

이들 유학생들 중에는 미국 체류 중 배운 것이나 체험한 것을 살려 귀국 후 일본에서 활약한 인물들이 많았다. 한편 미국에 남아 일본인사회의 지도자가 된 유학생들도 상당수 존재했다. 일본인 돈벌이 노동자들 중 하와이나 미국 서해안지역에 정착한 이들은 대개 미국생활에 정통하고 영어에 능통한 유학생들이 많았기 때문에 재미일본인사회의 지도자로서 역할을 하기에 충분한 자질을 갖추고 있었다.

3) 제3단계(1908~1940) - 정주이민의 시작

미국과 일본 간의 긴장완화를 도모하고 양국 간 외교상의 현안문제였던 '일본인 이민' 문제를 해결하기 위해 1906년 11월부터 1907년 2월에 걸쳐 '신사협정'으로 알려진 11개항의 각서에 양국정부 대표가 조인하기에 이르렀다. 이 협정에 의해 미국의 루스벨트 대통령은 1907년 3월 행정명령 589호를 공포하고 일본정부가 발행하는 하와이행 여권을 소지한 일본인노동자의 미국대륙 상륙을 금지시켰다.

미일양국정부는 교섭을 계속하여 1907년 11월부터 1908년 2월에 걸쳐 '신사협정' 조항의 실시를 촉진하기 위한 7개항의 '보조각서'에 조인했다. 일본정부는 1908년 2월 노동을 목적으로 하는 하와이 및 미국 본토에 도항을 원하는 일본인들에게 이미 체류하고 있는 일본인이 초청하는 친족을 제외하고 자주적으로 여권교부의 금지를 약속했다. 그 결과 태평양을 건너 북미로 향하는 일본인의 숫자는 격감하였다.

하지만 이후에도 미국에서 일본인 배척주의자들은 일본인 이주자에 대한 비난과 공격을 계속하였으며 미합중국 서해안지역에 거주하는 미국인의 일본인에 대한 배척감정이 진정될 기미를 전혀 보이지 않았다. 더욱이 이민 독신자에게 심각한 사태인 '사진결혼금지', 정주를 지향하는 1세의 경제적 기반을 흔드는 '외국인토지법 제정'등 미국에 체류하는 일본인의 생활이나 장래에 직접 영향을 미치는 사건들이 잇달아 발생했다. 1924년에는 미합중국 연방회의가 제정한 '출신국별 이민할당법'에 의해 만들어질 미국 귀화법은 일본인이 '귀화불능외국인'으로 규정된 것을 근거로 일본인의 미국 입국을 불인정하는 조항을 개정하여 일본인의 미국 이주를 전면 금지했다. 이 법률이 일본에서 '배일이민법'으로 불리는 이유가 바로 여기에 있다. 1885년 관약이민에 의해 북미지역 하와이 도항으로 시작된 일본인의 이주는 일단 여기에서 막을 내리게 되었다.

1890년대 많은 일본인 이주노동자들은 대부분 돈벌이 계절노동자들이었다. 1900년대 후반부터 1910년대에 걸쳐 농지소유, 혹은 토지임대로 점차 현지에 정착하기 시작했다. 이러한 이주정착의 과정은 일본인들에게 다행스러운 일이었지만 일본인 배척을 주창하는 미국인에게는 '백인농가의 생활을 위협하는 존재'로 인식하게 되었다. 이 때문에 미국에서 일본인 배척론자들은 통계상의 수치를 이용하여 미국인의 배일감정을 부추겼다.

북미에서 배일기운이 고조되기 시작한 20세기 초반 일본에서의 해외이주열풍이 가라앉지 않았기 때문에 일본정부는 북미이외의 지역을 대상으로 이민송출지역을 모색하기 시작했다. 처음에는 미국에 인접한 멕시코, 남미서해안의 페루 등에 이주가 계획되었지만 초기 단계에 좌절되었다. 최종적으로 당시 일본당국자가 가장 이주조건이 적합하다고 판단한 남미서해안의 브라질이 북미합중국 및 영국령 캐나다를 대신하여 일본인의 이주지로서 선택되었다. 그리고 드디어 1908년 4월 고베항을 출발한 '카사토마루'에 승선한 781명의 일본인이주자가 브라질의 산토스항에 도착함으로서 남미로의 일본인의 이주가 본격적으로 시행되었다.

제1차 세계대전(1914~1918) 중 일본은 일시적인 경제 성장을 이루었지만 세계대전 후에는 경제가 후퇴하여 당시 농촌에서는 불황이 만성화되고 있었다. 이러한 국내사정을 반영하여 일본정부는 농촌으로부터 남미로의 이민송출을 경제불황과 사회불안의 중요한 해결책으로 삼았다.

미국이 1924년 소위 '배일이민법'을 제정하여 일본인 이주자의 입국을 전면적으로 제한한 1925년부터는 브라질로 이주하는 일본인들이 급증하기 시작했다. 해방 전 1908년 '카사토마루'가 출항한 이래 1941년 일본을 출발한 최후의 이민 수송선 '부에노스아이레스마루'의 브라질 항해까지 약 33년간에 걸쳐 총 약 18만 8천명의 일본인들이 브라질이민을 선택하였다.

이들 중 약 12만 명은 1925년부터 1941년까지 약 16년 동안에 브라질로 건너간 사람들이다. 태평양전쟁의 돌발은 일본인의 남미 이주를 일시적으로 중단시켰다. 당시 브라질 이주의 특징은 대부분 가족이주자들이 많았다. 처음에는 많은 이민자들이 커피농장에서 가혹한 노동에 시달렸지만 점차 이주지에서 경제적·사회적 기반을 다져나갔다.

브라질에서는 1910년 경 커피농장의 노동계약이 끝나는 시점에서 독립 농업을 지향하는 이민자들에 의해 일본인 유일의 자영농 집단지가 생겨나게 되었다. 그리고 1920년이 되면 돈벌이 계절노동자뿐만이 아니라 처음부터 현지정착을 목적으로 이주지를 선택하는 사람들도 생겨났다. 이러한 이민 정착의 전형은 1925년부터 이주가 개시된 상파울로주 서부의 아리안사 이주지였다. 이들 이민자들은 대개 일본 농촌지역의 나가노 현, 도토리 현, 도야마 현 등의 이주조합이나 민간협회의 지원을 받아 이민 길에 오른 사람들이었다.

4) 제4단계(1941~1945) – 해방 전 해외이주의 중단

일본이 미국진주만을 공격하여 시작된 제2차 세계대전은 일본인의 해외 이주를 중단시키는 계기가 되었다. 또한 미국대륙에 이주하여 적성외국인으로 취급된 일본인과 그 가족들에게는 큰 희생을 강요당했다. 북미에서 미국 본토 및 영국령 캐나다의 서해안 지구에 체류하던 일본인들은 전시상태에서 국가안전보장을 이유로 미국정부의 행정명령에 의해 격리된 지역에 감금되어 억류생활을 강요당했다. 미국에서는 약 11만 명, 영국령 캐나다에서는 약 1만 1천 명이 강제이주의 대상이 되었다. 그 결과 일본인 이주자와 가족이 당한 경제적·정신적 타격은 이루 말할 수 없었다.

제2차 세계대전은 중남미에 체류하던 일본인과 가족에게도 큰 영향을 미쳤다. 일본인 이주자의 숫자가 그리 많지 않았던 멕시코, 에콰도르, 칠레에서는 전쟁으로 적성외국인이 된 일본인 체류자들을 일정 도시에 이동시키거나 북미와 같이 행동의 자유를 제한하거나 하는 사태는 발생하지 않았다. 남미에서 가장 엄한 조치가 취해진 곳은 페루였으며 항구주변이나 특수군사지정지역으로부터 수백 명에 달하는 일본인이주자와 가족들이 다른 지역으로 강제이주 당했다. 또한 페루지역 일계인사회의 지도자 약 160여 명이 전쟁돌발 직후 구속되어 나중에 미국 강제수용소에 감금되기도 하였다.

남미에서도 일본인 이주자의 숫자가 가장 많았던 브라질에서는 제2차 세계대전의 전황이 그들에게 직접적인 영향을 미치지는 못했다. 그러나 브라질 연안에서는 독일의 적대행위에 분개한 대중들이 독일인 상점의 약탈과 파괴를 일삼았고 동맹국민인 일본인의 상점에도 큰 피해를 입혔다. 또한 상파울로시나 타 도시에서 일본인체류자가 특정지역으로부터 강제 이주당하거나 일부 일본인 이주자는 노동력부족이 심각한 오지의 농촌노동자로 보내지기도 하였다. 그러나 남미에서는 미국 본토에서 발생한 일본인거주자의 강제수용 사태는 발생하지 않았다.

5) 제5단계(1946~1999) - 해방 후 해외이주의 전개

제2차 세계대전과 일본의 패전이라는 참담한 현실은 해외에 체류하는 일본인과 그 가족들에게도 정신적인 충격이 컸다. 그 결과 미국시민권인자 일계인2세들은 의식적으로 모국과의 관계나 일계인 2세로서의 정체성을 부정하려는 움직임이 나타났다. 한편 일본에 친척이나 친구들이 살고 있는 일계인1세 이민자은 패전으로 황폐화된 일본이나 일본인의 참상을 듣고 모국 '동포'들을 지원하기 시작했다. '아시아구제공인단체, 약칭 LARA'를 통하여 일본에 보내진 식료품, 의류, 의약품, 생활필수품, 학용품 등 '구원물자'의 20%는 북미지역 미국에 체류하는 '일계인'들이 기증한 것들이었다.

1945년 패전 후 해외일계인 및 일본인의 해외이주에 관한 3대사건이라 할 수 있는 주요 사건의 내용을 정리하면 다음과 같다. 첫째, 일본인의 귀화를 법률상으로 승인하지 않았던 미국에서 1952년 새로운 이민법의 시행으로 일본인도 귀화할 수 있게 되었다. 일계인 1세의 평균연령은 당시 이미 60세 가까이에 달했지만 그들 대부분은 귀화시험강좌를 통해 시민권을 획득하였다.

둘째, 일본인의 남미이주가 재개되었다. 브라질체류 일본인의 노력의 결과 일본정부로부터 도항비가 제공된 제1진 18가족 54명이 1953년 2월 '산토스마루'로 리우데자네이루에 도착했다. 또한 계속해서 일본인 22가족 112명이 네덜란드 기선 '루이스호'를 타고 산토스에 도착하는 등 남미로의 일본인 이주가 본격적으로 재개되었다. 패전 후 남미 브라질지역 이외에도 파라과이, 아르헨티나, 볼리비아, 도미니카 등 여러 지역으로 일본인 이주자가 도항하게 되었다. 이들 도항자들 중 대부분은 오키나와 현 출신자들이 많았다.

셋째, 북미에서 일본인강제수용에 대한 보상문제의 해결이다. 1988년 8월 로널드 레이건 미국대통령이 보상 법안에 서명하고 1989년 9월에 캐나다정부도 미국정부와 똑같이 보상하였다.

1960년대 일본인 이민자들의 도항은 오직 배에 의존했다. 특히 남미로의 집단이주는 요코하마항과 고베항을 출항하는 이민선이 활약했다. 그러나 점차 공중 항로의 발달에 따라 이민선은 사라지게 되었다. 또한 1960년대 일본 경제의 고도성장은 일본 내에서의 풍부한 생활영위와 해외이주를 감소시키는 결과를 가져왔다. 그 결과 남미로의 최후 이민선은 1973년 2월 285명의 이민자를 태우고 요코하마항을 출항한 '니혼마루'였다. 이보다 앞서 고베항에서의 최후 이민선은 1971년 5월에 출항한 '브라질마루'였다.

4. 배일이민법과 남미 이주

전술한 바와 같이 일본 이민자들은 하와이 이민국의 판단에 따라 하와이 농장에서 중노동에 견딜 수 있을 것으로 생각된 히로시마 현, 야마구치 현, 구마모토 현, 후쿠오카 현 등 4개 현의 농촌출신자들을 중심으로 모집되었다.

〈표 8〉은 일계브라질인 디아스포라의 출신지별 일본국내 송금액수를 나타낸 것이다. 1918년 당시 출신지역 송금액을 살펴보면 일계브라질인의 대

부분이 일본농촌 지역출신이라는 것을 알 수 있다. 특히 출신지별 구체적인 송금액수를 자세히 살펴보면, 후쿠오카 현 출신자의 송금액수가 전체 73.7%로 가장 높은 비율을 차지하였으며, 다음으로는 구마모토 현 7.9%, 히로시마 현 7.0%, 오키나와 현 4.8%, 가고시마 현 4.0% 등의 순서로 나타났다.

〈그림 3〉 일본인 하와이 이주루트

〈표 8〉 일계브라질인 출신지별 송금액(1918)[8]

출신지	송금액	비율(%)
오카야마 현	101.66	1.1
야마구치 현	137.24	1.4
후쿠오카 현	6974.04	73.7
가고시마 현	381.24	4.0
오키나와 현	457.48	4.8
히로시마 현	660.80	7.0
구마모토 현	752.19	7.9
합계	9464엔 75전	100

---

8   外交資料館所蔵,「第7回送金目録」,『在外日本人送金送達雑件』, 第三卷参照.

일본인들은 이주정착지에서 '커피를 만들기보다는 사람을 만들어라' 라는 슬로건을 목표로 산림을 벌채하고 야산을 태워 농지를 조성하고 농업에 종사함으로서 정착을 위해 필사적으로 노력하였다.

미국이 1924년에 '배일이민법'을 제정하여 1925년부터 일본인 입국을 금지시키자 일본정부는 미국 대신 브라질로 이주지를 선회하였다. 미국에서의 교훈으로 일본정부는 브라질이민자들에게 도항비를 지급하고 이민교육을 실시하여 이민에 의한 배일사상을 불식시키기 위한 조치를 강구했다. 구마모토 현, 후쿠오카 현, 오키나와 현, 홋카이도, 히로시마 현을 중심으로 전개된 브라질 이민은 1908년부터 1941년까지 도합 186,000명을 초과하였다.9

그러나 1934년에는 브라질정부가 중앙집권적 신헌법을 공포하고 '외국인 이주자 2% 제한법'을 제정하자 일본인 이민자는 대폭 감소하였다. 1937년 브라질정부가 강도 높은 이민정책을 실시하여 일본어교육금지, 일본어 신문과 잡지 단속강화, 일본어 신문정간, 이민사회의 교육문화 활동의 제한으로 당시 일본귀국을 선택하는 역이민자(귀환)들이 증가하기도 하였다.

일본이 1941년 태평양전쟁의 발발로 연합국의 적성국가가 되자 브라질에서의 일본어 신문이 줄줄이 정간되었다. 정보가 차단된 상태에서 일계브라질 사회는 세대간 대립이 심화되었고 정체성의 혼란은 1955년까지 계속되었다. 일계브라질 사회의 갈등과 혼란은 1945년 이후에도 약 10년간 지속되었으며 1980년대 중반 이후에는 일본에서 돈 벌이(데카세기)를 위한 이주노동이 본격화되면서 정체성문제가 대두되었다.

일본의 경제성장과 더불어 일본 내에서 1980년대 중반 이후 주목 받게 된 일계브라질인의 일본 귀환현상은 입국관리법이 개정되면서 급증하게 되었다. 일반적으로 일본에서 생활하는 일계인이란 남미 브라질로부터 돈 벌러 온 외국인(데카세기:出稼ぎ)노동자라는 인식이 강하다. 일본정부는 1990

9　サンパウロ人文科学研究所編(1997), 『ブラジル日本移民史年表』, 無明舎出版.

년 6월에 실시된 '출입국관리 및 난민인정법(입관법)'의 개정으로 불법취업조 장죄의 벌칙을 고용주에게도 부과하여 외국인 불법체류자를 고용하지 못 하도록 하는 정책을 대대적으로 펼쳤다.

그러나 일계인, 즉 일본인의 배우자(일본인의 배우자, 일본인의 자녀로 출생한 자 및 일 본인 특별양자), 정주자(일본인의 자손 등, 일계 2세 및 3세 외국인)들은 취업을 포함한 일 본에서의 제반활동에 제한이 없는 체류자격이 주어지고 합법적으로 단순노 동에도 종사할 수 있게 되었다.[10] 입국관리법 개정 전까지만 해도 일계인의 경우 일본국적을 가지고 있는 이민1세나 이중국적자들에게는 입국이나 체류 에는 문제가 없었지만 입국관리법 개정 후에는 외국적의 2세~3세에게도 합 법적인 취업의 문이 열리게 되었다. 또한 비일계인이라 하더라도 일계3세까 지 배우자의 경우 일계인과 동등한 특별체류자격을 가질 수 있게 되었다.

1980년대 일계인 1세부터 시작되어 입국관리법 개정을 통해 일계인 2 세~3세까지 확대된 남미로부터의 외국인노동자는 당초 일본정부가 '일계 인의 돈벌이 노동', '일계인의 U턴 현상'이라고 부른 점도 '해외에 이주한 일 본인'이 '일계인'의 원점이라고 보았기 때문이다. 이와 같이 일본 출입국관 리법의 개정은 일계인 이외의 불법취업외국인의 유입을 막고 일계인을 합 법적인 노동자로 인정함으로서 일본사회의 노동력부족을 해소하려는 의도 에서 진행되었다.[11] 글로벌시대 일본 내 국제노동력 불균형을 배경으로 일 본정부는 일본 정주자, 일본인 배우자의 체류자격으로 일계인들에게 합법 취업을 직접 보장하는 우대조치를 시행하게 된 것이다.

---

10 渡辺雅子編著(1995),『共同研究出稼ぎ日系ブラジル人(上)論文編[就労と生活]』, 明石書 店, p. 26.
    1990년 입관법 개정에 의해 일계인에게는 '일본인의 배우자 등', '정주자'라는 자격이 주 어졌다. 일반적으로 당시 일계인들에게는 2세는 3년, 3세는 1년 비자가 발급되었음.
11 渡辺雅子(1995),『共同研究出稼ぎ日系ブラジル人(上)論文編・就労と生活』, 明石書店, p. 20.

5. 입국관리법 개정과 일계인 귀환

1980년대 일계브라질인 사회의 중요한 변화 중의 하나는 일본 귀환에 의한 일계인의 급격한 감소현상이다. 글로벌 시대 일계인들이 일본에 입국하여 노동자로서 일하기 시작한 것은 1980년대 이후이다. 초기에는 브라질로부터 친족방문으로 도일한 일계인들이 점차 일본사회에서 노동자로 변모하기 시작하였다. 당시 주로 '단기체류'비자로 입국한 일계인들은 1990년 '입국관리법'이 개정된 이후 '일본인 배우자', 혹은 '정주자'로서 일본에서의 체류자격 변경이 가능하게 되었다.

〈표 9〉 해외 체류 재외방인의 수 (단위: 명)

국가 (지역)	2005			2007			2008		
	합계	장기 체류자	영주자	합계	장기 체류자	영주자	합계	장기 체류자	영주자
북미	406,285	261,845	144,440	431,137	271,196	159,941	445,824	275,570	170,254
미국	351,668	235,824	115,844	374,732	247,771	126,961	386,328	250,294	136,034
캐나다	45,914	20,471	25,443	47,376	17,606	29,770	50,201	19,186	31,015
멕시코	5,530	3,528	2,002	5,849	3,859	1,990	6,046	4,037	2,009
남미	89,701	5,347	84,354	85,974	5,146	80,828	85,750	5,613	80,137
아르헨 티나	11,917	559	11,358	11,562	413	11,149	11,696	446	11,250
콜롬 비아	1,047	265	782	1,270	378	892	1,277	380	897
칠레	1,074	591	483	1,152	654	498	1,170	662	508
파라 과이	3,694	303	3,391	3,672	315	3,357	3,712	326	3,386
브라질	65,942	2,217	63,725	61,527	1,894	59,633	60,578	2,186	58,392
페루	1,734	423	1,311	2,622	519	2,103	3,020	551	2,469
볼리 비아	2,883	297	2,586	2,716	262	2,454	2,770	263	2,507

위의 〈표 9〉은 해외 체류 중인 재외방인의 수를 나타내고 있다. 먼저 북미 미국지역과 남미 브라질의 재외방인 수의 추이를 살펴보면 미국지역은 점차 증가하고 있지만 브라질지역은 감소하고 있는 것으로 나타났다. 브라질에 거주하는 재외방인 수가 감소하는 이유 중의 하나는 일계브라질인들이 1990년도 이후 일본으로 대거 귀환(역이민)하는 현상이 증가하고 있다는 것을 말해 주고 있다.

일본후생성 '외국인고용상황보고(2003)'에 의하면 일본 각 기업이 직접 고용하고 있는 일계인노동자 수는 1993년에 59,400명, 1997년에 62,600명, 2002년에 50,400명으로 점차 감소하고 있는 것으로 나타났다. 일본 각 기업의 평균 종업원 수를 보면 1993년에는 5.11명이었지만 2002년에는 2.35명으로 전체적으로 거의 두 배 정도 감소하였다.[12]

---

12 渡邊博顕(2004), 「間接雇用の増加と日系人労働者」, 『日本労働研究雑誌』, No.531/October, p. 36.

III

일본인 동북아 이주루트:
한국·중국·대만·사할린

1. 동북아 식민지 개척과 해외이주

윌리엄 사프란(Safran, 1991)에 의하면 디아스포라의 정의는 어느 지점에서 다른 2개이상의 해외나 변경지역으로의 이산, 모국에 대한 공유(공통)된 집단적 기억이나 신화유지, 거주국 사회에서의 차별, 모국에 대한 최종적인 귀환 희망, 모국의 유지나 부흥 및 모국의 안전과 복지 보장에 대한 집착(애착), 모국과 관련된 민족정체성의 정의 및 민족공동체 의식의 함양, 정서가 통하는 사람들과의 관계유지 희망 등이다.[1]

이에 대해 클리포드(Clifford, 1994)와 쉐퍼(Sheffer, 1986)는 디아스포라 유형의 다양성과 공동체의 존재이유는 주류그룹과 교섭기반으로서 그들의 집단적 정체성 강화에 있으며 그 단적인 예로는 아프리카계 미국인들의 정체성을 들었다. 그러나 홀(Hall, 1990)은 디아스포라의 정체성에 대하여 역사적 기억보다는 문화적 구축물로서 현재 사회적 상황이나 요구에 따라 끊임없이 변하는 것으로 보았다. 홀(1990)의 이러한 주장은 일계인 디아스포라에게도 적용할 수 있을 것이다.

일계인 디아스포라의 경우 귀환의 과정이 제도화되어 있는데 대개 다음 두 가지 범주로 분류할 수 있다. 첫째, 해외잔류고아-주로 식민지개척 이민 1세대와 해외에서 태어난 이민자들로 최근 일본정부에 의해 '귀국'을 허가받은 사람들이다. 둘째, 이주노동자(데카세기)-대부분 라틴아메리카 출신으로 일본정부에 의해 국내 노동력부족 현상을 극복하기 위해 '귀국'을 장려받은 이민자들이다(귀환형 디아스포라). 기타 빈곤과 섬나라라는 제한된 경제적 상황에서 일본 내지나 해외이주를 통해 풍요로운 생활을 찾아 떠난 오키나와인 디아스포라(인구과잉과 차별에 따른 정치적 안정 추구)와 글로벌시대 해외취업 여성과 일본진출기업의 해외관리직 임원들의 장기영구체류형 디아스포라들이다.[2]

---

1 앞의 책(2008), pp. 19~20.
2 足立伸子編著 · 吉田正紀 · 伊藤雅俊訳(2008), 『ジャパニーズ・ディアスポラ』, 新泉社.

이 장에서는 근현대 일본인들이 동북아시아지역을 중심으로 이주한 역사적 배경, 그리고 현재 각 지역에서의 생활환경에 대하여 문헌자료를 중심으로 살펴보고자 한다.

일본인의 동북아시아 이주는 1876년부터 시작되었다.[3] 그리고 1868년 메이지정부가 수립되면서 외국으로 이민을 보내기 시작하여 이민의 송출과 유입이 병행되었다. 당시 이민의 송출은 일본정부의 이민정책차원에서 제도적으로 이루어졌다.[4]

20세기 초반 일본인의 이주 배경에는 청일전쟁 후인 1895년 시모노세키조약으로 대만도가 일본으로 할양된 것과 러일전쟁 후 1905년 9월 포츠머스조약으로 사할린 남부 할양, 1910년 한일병합 이후 한국 농촌부에서 발생한 경제적 빈곤, 1932년 만주국 건국 등과 깊은 관련이 있다. 당시 이들 각 지역은 일본 영토에 편입되어 일본을 내지(內地)라고 부르는 것과는 반대로 이들 지역을 외지(外地)라고 불렀다. 사할린의 경우, 1943년부터 1945년 패전까지는 홋카이도 지방의 일부로서 내지로 편입되었다.

일본 영토에 편입된 각 지역에는 일본 국가정책으로 많은 이민자가 송출되었지만, 태평양전쟁 이후 외지에서 이민자들의 귀환으로 대규모 인구이동이 발생하였다.

〈표 10〉에 제시한 바와 같이 1945년 패전 시, 국외에 있던 일본인은 군인・군속(군인 이외의 군소속자) 및 민간인 약 330만 명을 합쳐 모두 660만 명으로 추정된다. 당시 일본으로 돌아가지 못한 자도 많아 해외에서 귀환한 군인・군속은 310만 명, 민간인은 318만 명으로 추정되고 있다.[5] 중국잔류고아라고 불리는 잔류방인(일본인)은 대부분이 일본의 이민정책으로 송출된 만

---

pp. 33~39.

3 高崎宗司(1993), 『膨張する帝国の人流』, 「日本からアジアへの移民は, 1876年に開始されている」.

4 依光正哲(2006), 『外国人労働者問題-日系ブラジル人の経験-』, pp. 236~237.

5 厚生労働省まとめ(2006.1.1), 東京新聞大図録(2007.8.19)을 참고자료 작성. (http://www2.ttcn.ne.jp/honkawa/5226.html)에서 인용.

몽개척단(滿蒙開拓團)의 자녀들이며 해외귀환문제는 아직까지 미해결 상태로 남아 있다.

중국잔류고아를 비롯하여 중국잔류일본인 아내, 사할린잔류방인 등 현지에 잔류하게 된 사람들은 여성과 어린이들이 대부분이었다. 이들 잔류방인들은 일본에 귀환하려고 노력하다가 여러 가지 사정 때문에 귀환하지 못한 경우도 많았다. 따라서 왜 이들이 모국으로 귀환하지 못하고 현지에 진출하게 되었는가? 그리고 그들은 지금 현지에서 어떤 정체성을 가지고 생활하고 있는지에 대해서 살펴볼 필요가 있다.

특히 이 장에서는 일본이 식민지 혹은 식민지배의 세력권으로 편입시켰던 지역 중, 대만, 조선, 관동주, 만주, 사할린, 그리고 최근 중남미로부터 귀환한 일계인들을 중심으로 살펴볼 것이다.

〈표 10〉 태평양전쟁 이후 일본인 귀환 및 귀환자의 국가별 지역별 내역[6]　　(단위: 명)

국가 및 지역	군인·군속	민간인	관할연합군
합	3,107,411	3,189,402	
구소련	453,787	19,171	구소련
만주	41,916	1,003,609	구소련
대련	10,917	215,037	구소련
쿠릴·남사할린	16,006	277,540	구소련
북한	25,391	297,194	구소련
한국(조선)	181,209	416,110	미국
중국	1,044,460	496,977	중국
대만	157,388	322,156	중국
홍콩	14,285	5,062	영국
프랑스령 인도차이나	28,710	3,593	영국·중국 등
필리핀	108,912	24,211	미국
네덜란드령 인도	14,129	1,464	영국·호주 등
기타 동남아시아	655,330	56,177	영국
호주	130,398	8,445	호주
뉴질랜드	391	406	호주
하와이	3,349	310	미국

6　社会実情データ図録(http://www2.ttcn.ne.jp/honkawa/5226.html) 참고.

국가 및 지역	군인·군속	민간인	관할연합군
오키나와	57,364	12,052	미국
본토 인접 제도	60,007	2,382	미국
태평양 제도	103,462	27,506	미국

주) 2006年1月1日 厚生労働省 정리, 東京新聞(大図解)2007.8.19 참고

2. 식민지 조선 이주

1) 한일합병 이전(~1910)

조선에서는 임진왜란(1592~1598) 이후 일본인에 대한 경계로 일본인을 한양(서울)으로 들어오지 못 하게 하는 등 당시 조선과 일본과의 교류는 활발하지 못했다. 그리고 한일간의 교류는 부산에 있는 왜관(倭館)[7]을 중심으로 제한적으로 이루어졌기 때문에 국가간 상호 교역이나 정보수집이 쉽지 않았다.

그러나 1875년 발생한 강화도사건을 계기로 1876년에는 '한일수호통상조약'을 체결하면서 조선은 일본에게 부산항을 개항하였고 1880년에는 원산항, 1883년에는 인천항을 개항하였다. 그리고 개항장에는 일본인거류지(일본조계지[8])가 형성되기 시작하였다. 다음 〈그림 4〉은 당시 조선에서의 일본조계지[9]를 나타내고 있다. 구체적으로 살펴보면 1877년 부산의 일본전관조계를 시작으로 원산항(1880), 인천항(1883), 마산항(1902)에 조계지가 개설되었으며, 진남포항(1897), 목포항(1897), 군산항(1899), 성진항(1899)에 설치된 각국 조계도 실질적으로는 일본조계였다.

7　왜관(倭館): 일본에서의 무역선이나 사절을 받아들이기 위하여 이씨조선이 설치한 일본인의 지정거류지. 1407년에 개설되어 도요토미 히데요시의 조선출병 등으로 폐쇄된 적도 있었으나 에도시대에는 쓰시마 번의 관리가 상주하여 자치가 허용되었다. 당시 500~600명의 일본인이 거주하고 있었던 것으로 알려짐.

8　조계: 지방 행정권을 외국인에게 위임한 외국인전용 주거지역을 말함.

9　朝鮮(韓国)の租界
　　(http://www.geocities.co.jp/SilkRoad-Lake/2917/sokai/korea.html) 참고.

〈그림 4〉 조선 각 지역의 일본 조계지[10]

　일본 조계지인 부산은 개항 당시 수백 명이었던 일본인 인구가 1882년에는 약 2000명으로 증가하였고, 메이지시대(1868~1912) 말기부터 다이쇼시대(1912~1926) 초기에 걸쳐 일본인 인구가 한국인 인구를 초과할 정도로 많은 일본인들이 부산에 거주하게 되었다. 참고로 1910년대 후반 당시 부산 전체 인구는 약 6만 명으로, 그 중 2만 8천 명이 일본인이었다고 한다.

　1910년 후반 인구동태를 살펴보면 마산인구가 전체 약1만 6천 명 중 일본인 인구가 4천 6백 명, 목포는 조선인 인구 1만 3천 명 중 일본인이 약 1/3 정도(약 4천 명), 인천은 조선인 약3만 1천 명 중 일본인이 1만 2천 명, 진남포 조선인 2만 3천 명 중 일본인이 약 1/4 정도(약 6천 명), 원산은 조선인 2만 2천 명 중 일본인이 약 1/3 정도(약 7천 명)였다.

10　(http://www.geocities.co.jp/SilkRoad-Lake/2917/sokai/korea.html) 참조.

이와 같이 일본인은 '한일수호통상조약' 이후 일본에서 조선의 개항된 도시로 이주하기 시작하였고, 이로 인해 조선 각 도시에서는 일본인 수가 증가하였다. 특히 부산 같은 경우에는 왜관(倭館)이 설치된 역사적인 배경과 일본의 지리적으로도 가까워 1910년 후반에는 거의 인구의 절반정도를 거주 일본인들이 차지할 정도였다.

그러나 일본조계지는 1910년 한일합병의 영향으로 1914년 3월 말까지 모두 폐지되었다. 당시 일본조계지에 거주했던 일본인들은 거류민단체에 의한 주민자치가 폐지되어 한국인들과 같이 총독부의 관할 하에 놓이는 것을 강력하게 반대하였지만 무시되었다.

2) 한일합병 이후(1910~1945)

1910년 8월 한일병합으로 일본 식민지로 편입된 한반도 조선에 일본 정부의 이민정책으로 일본인 이주자들이 속속 유입되기 시작하였다. 강화도조약(한일수호통상조약)에 의해 부산이 개항된 후, 메이지 9년(1876)에는 일본인이 54명 정도에 불과 했으나, 이후 계속 증가하여 한일병합의 해인 1910년에는 약14만 명으로 일본인 체류자 수가 가장 많았졌고 다이쇼 6년(1917)에는 약33만 명 정도에 달했다.[11] 이들 이민자들 중 대다수는 신분이 일본인 공무원이나 상인들이었으며 공업 종사자가 13.3%로, 농업·임업·목축업 종사자는 11.3%에 불과하였다(〈표 11〉 참조).

---

11 朝鮮総督府(1924),「朝鮮に於ける内地人」, 大正13年, p. 2~4.

〈표 11〉 내지인(일본인) 직업별 이주자수(1917)[12]

직업	호수 (호)	인구 (명)	비율 (%)
공무원·자유업	27,533	89,064	26.7
상업·교통업	25,874	96,338	29.0
공 업	12,263	44,328	13.3
농업·임업·목축업	9,447	37,605	11.3
어업·제염업	2,741	11,293	3.4
기 타	11,694	41,169	12.4
불 명	3,805	12,659	3.8
합 계	93,357	332,456	100.0

　　일본정부는 1908년에 동양척식주식회사법(東洋拓殖株式会社法)을 통과시켜 이것을 근거로 동양척식주식회사(東洋拓殖株式会社)를 설립하였다. 이 회사의 주요업무는 농사경영, 이민, 금융 등이며 자본금 1천만 엔으로 시작하였다.[13] 동양척식주식회사의 이민 사업은 1910년 이주취급규칙의 제정으로 본격적으로 시작되었다. 특히 일본인 자작농이민에 힘썼으며 1914년 이후에는 이주규칙의 개정으로 소작농이민은 폐지되었다. 동양척식주식회사의 이민 사업자의 추이는 〈표 12〉에 나타난 바와 같이 1912년 이주호수 648호를 마지막으로 감소추세로 돌아서고 있다. 당시 농업이민은 총독부에 의한 농업이민정책이 제대로 수립되지 못한 시기에 이루어졌다. 이후 본격적인 농업이민정책이 전개되면서 쇼와시대 이후 농업이민 사업은 전면 폐지되었다. 이와 같은 농업이민정책으로 조선에 이주해 온 일본인들은 1945년 패전으로 대부분이 일본으로 귀환하게 되었다. 그 내역은 군인 · 군속, 민간인을 합쳐서 총 597,319명에 달했다〈표 12 참조〉.

12　総督府,「朝鮮に於ける内地人」大正13年, pp.38~42, 大鎌邦雄「東洋拓殖株式会社創立 期の実態」, p. 80 참고.
13　大鎌邦雄(1972), 東洋拓殖株式会社創立期の実態, p. 72.

〈표 12〉 동양척식주식회사에 의한 일본인 이주자수[14]

연 도	모집호수	응모호수	승인호수	이주호수
1910년	정하지 않음	1,235	160	118
1911년	1,000	1.714	720	340
1912년	1,045	2,086	1,167	648
1913년	1,200	3,472	1,330	577
1914년	1,500	1,964	1,108	435
1915년	1,560	1,281	774	298
1916년	1,530	1,101	542	258
1917년	1,050	1,553	650	347

3) 종전 이후(1945~현재)

1945년 패전과 더불어 일본인 대부분이 모국으로 귀환하였지만 한국인 남성과 결혼한 일본인여성들은 한국에 잔류하거나 일본으로부터 남편을 따라 한국으로 건너오기도 하였다. 1945년 패전 직후 한국에는 약1만 5천~2만 명 정도의 일본인 아내들이 잔류하고 있었던 것으로 알려지고 있다.[15]

그러나 1965년 한일국교정상화 조약의 체결로 일본인 아내들이 잇달아 귀국하기 시작하였다. 일본인 아내들이 일본으로 귀국한 배경에는 한국사회의 반일감정이 크게 작용하였다. 1948년부터 1960년 4월까지 지속된 대한민국 초대 이승만 정권은 반일(反日)정책을 시행하면서 친일적인 발언이나 사상을 가진 자에게 불이익을 주었고 특히 일본인 여성과 결혼한 한국인 남편들도 일본인과 결혼했다는 이유만으로 사회적인 불이익을 당했다. 따라서 한국에 잔류한 일본인 여성들은 자신은 물론 가족들을 지키기 위하여 자기 신분을 감추고 살았다. 어떤 일본인 여성은 일본어 특유의 발음 때문

---

14 東洋拓殖株式會社(1918),「東拓十年史」, pp. 90~91 참고.

15 伊藤考司(1996),『日本人花嫁の戦後 韓国・ナザレ園からの証言』LYU工房. (http://www.touyukai.com/nazare.html) 재인용.

에 자신의 정체가 탄로날까봐 불안하여 언어장애자인 척하기도 했다고 한다. 일본인 여성들은 이러한 한국 내 사회적인 차별과 억압을 패전 이후 계속 받아왔기 때문에 한일국교정상화 이후 대부분이 일본으로 귀국하였다.

이러한 이유로 일제 식민지배 혹은 1945년 해방 이후부터 계속 한국에 거주해왔던 일본인 여성들의 수는 급격히 줄어들었으며 현재 한국에는 약 1,000여 명 정도가 남아있는 것으로 추정된다.[16]

한편 1965년 한일국교정상화 이후 한국으로 건너온 일본인도 다수 존재한다. 한국 법무부 출입국관리사무소의 통계에 따르면 2009년 6월 말 재한일본인 수는 34,096명(합법체류자)이며 국적별 결혼이민자는 4,966명(남성 502명, 여성 4,464명)으로 나타났다. 일본인의 한국이주 배경에는 한일월드컵공동개최를 통한 한국에 대한 이해, 1980년대 후반부터 중국을 중심으로 시작되어 2004년 '겨울연가'의 일본방영 이후 돌풍을 일으킨 '한류 붐'이라는 한국 대중문화의 유행, 한국의 경제성장으로 인한 국제사회에서의 한국의 지위 향상 등을 들 수 있다.

그러면 현재 한국에 거주하고 있는 재한일본인 혹은 한국국적을 취득한 재한일계인(日系人)들이 한국사회에서 어떻게 살아가고 있는지에 대하여 1965년 이전부터 한국 거주자와 1965년 이후 이주자를 중심으로 살펴보고자 한다.

4) 재한일계인의 한국현황

(1) 1965년 이전 한국이주

1965년 이전부터 한국에서 거주해 온 일본인여성들은 한일국교정상화 이후 약 4,000명으로 감소하였으며 현재는 약 1,000명 정도가 잔류하고 있는 것으로 추정된다. 지금도 한국 시골에서 일본인이라는 사실을 감추고 생활하는 사람들이 많기 때문에 정확한 숫자는 파악하기 어렵다. 한국잔류 일

16　金春男(2010), 「文化的背景に配慮した在韓・在日外国人高齢者の老後生活の支援: 在韓日本人と在日コリアンのための老人ホームをとおして」, 『社会問題研究』, 59, p. 44.

본인여성들은 1920~23년대 출생한 사람들이 많아 평균연령은 80대 후반으로 고령화가 급속도로 진행되고 있다.[17]

이러한 재한일본인 여성들을 보호하기 위해서 김용성씨가 '경주나자레원'이라는 일본인 여성 전용시설을 1972년에 설립하였다.[18] 이 시설은 일본인여성들의 귀국지원이나 양로원 역할을 담당하고 있다. 이곳은 2009년 3월까지 일본 귀국희망자 147명의 일본영주귀국을 지원했으며 현재 일본인 여성 23명(평균 87세)이 생활하고 있다.[19]

나자레원에서 생활하는 일본인 여성들은 대부분 일본어로 말하고 일본 TV를 보며 노래도 일본노래, 춤도 일본 전통춤을 춘다. 이 곳은 경제적인 어려움이나 신원 보증인의 부재로 이미 일본 귀국을 포기하여 한국에서 평생 살기로 결심한 일본인 여성들을 위한 마음의 안식처가 되고 있다.

이 시설에서 생활하는 일본인 여성들의 국적도 다양하다. 일본국적은 물론 한국국적뿐만 아니라 복수국적, 무국적자도 존재한다. 김응렬(1983)은 그 이유를 일본국적자와 이중국적자는 한국인 남편가족들의 반대로 혼인신고를 못했거나 신고를 하지 않은 사람들이고, 한국국적자는 한국인 남편과의 결혼으로 한국국적을 취득하여 일본국적을 상실한 사람들이라고 분석한 바 있다. 국제결혼의 형태도 내선결혼, 연애결혼, 한국인 남성의 현실 극복 방안, 일본인 여성의 현실 극복 방안 등으로 나눌 수 있는데 결혼의 형태가 한국생활에 큰 영향을 미친 것은 굳이 언급할 필요가 없을 것이다.

일본인 여성들이 한국생활 속에서 겪었던 어려움을 살펴보면 언어적인 것과 경제적인 부분이 많았다. 그 밖에 일본인에 대한 편견이나 차별 등이 대부분이었다(〈표 13〉 참조). 언어사용은 한국에 거주하면서 결혼한 경우에는 해방 전 생활 언어가 한국어였기 때문에 그래도 괜찮지만, 일본에서 결혼하여 도한(渡韓)한 경우 한국어 자체를 모르는 경우도 상당수 있었다.[20]

---

17 伊藤考司(1996), 『日本人花嫁の戦後　韓国・ナザレ園からの証言』, LYU工房, p. 187.

18 宋美虎, 喜田寛(1994), 『ナザレ園―金龍成先生との約束』, 株式会社喜田寛 総合研究所.

19 金春男(2010), 「文化的背景に配慮した在韓・在日外国人高齢者の老後生活の支援：在韓日本人と在日コリアンのための老人ホームをとおして」, 『社会問題研究』, 59, p. 45.

〈표 13〉 일본인여성의 한국 생활 중 힘든 점[21]

어려웠던 점	비율(%)
언어가 통하지 않았던 점	93.1
경제생활이 곤란했던 점	85.1
편견이나 차별을 받았던 점	45.5
남편의 여성 문제	25.7
남편의 실업 문제	17.8
한국전쟁	16.8
생활 관습의 차	14.9
노숙 생활할 때	6.9
자녀의 사망이나 행방불명	6.9

또한 한국인 남편으로부터 버림을 당했거나 경제적으로 어려워 언어를 제대로 배울 기회가 전혀 없었던 일본인 여성들은 한국에서 오래 살았더라도 한국어 읽기, 쓰기를 못하는 경우가 많았다. 한국에서 언어가 통하지 않다는 것은 바로 차별이나 편견으로 연결되기 쉽기 때문에 언어가 통하지 않았던 점을 가장 어려웠던 점으로 일본인 여성들이 응답한 것으로 추정된다. 경제적인 면에서 일본인 여성들은 최하층(경제적 빈곤층에 포함)에 속하는 비율이 67.3%로 가장 많았으며, 중류층 28%, 상류층이 4.7%순으로 나타났다.

'경주나자레원'의 송미호 원장의 말에 따르면 현재 약 1,000여 명 정도의 재한일본인 여성들 중, 300명에서 800명 정도는 여러 가지 원인으로 생활고에 직면해 있고, 그 중 '경주나자레원'에 입원을 필요로 하는 재한일본인 여성 고령자는 약 200명 정도라고 추정하였다.[22]

한국에 있는 재한일계인단체로서 가장 오래된 단체로는 '부용회'가 있다. 부용회는 서울과 부산에 각각 존재하며 서울부용회의 회원수는 363명, 부

---

20 한국사회의 불평등 문제에 관하여(2008),『재한 일본인妻』문제를 중심으로」, p. 2. http://blog.naver.com/PostView.nhn?blogId=dlrguswkdrns&logNo=20052229670(검색일 2013. 01.02)

21 앞의 논문, p. 2.

22 金春男(2010),「文化的背景に配慮した在韓·在日外国人高齢者の老後生活の支援：在韓日本人と在日コリアンのための老人ホームをとおして」, p. 50.

산부용회의 회원수는 253명 정도이다.[23] 부용회의 회원자격과 목적에 대하여 서울부용회의 경우, '개인만 가능하며 한국거주 일본인 아내 및 혼인에 의하여 한국 국적이 된 전 일본인 아내', '회원간 상호친목과 생활이 궁핍한 재외방인 및 일계인 아내의 원호'이며 부산부용회의 경우, '개인자격으로 회원간 교양친목과 복지증진을 도모하여 한일친선에 기여한다.'로 설정하여 약간의 차이는 있다. 그러나 부용회의 회원 대부분은 1910년부터 1945년까지 일본제국주의 시대 한국에서 한국남성과 결혼한 일본인 여성이며 평균연령 70세를 넘는 할머니들이다.[24] 각국 일계인 단체와 달리 부용회는 회의 존속을 위하여 일계인2세대~3세대로 세대교체를 하려는 경향이 없기 때문에 회원의 고령화와 더불어 자연히 소멸할 가능성이 높다.

(2) 1965년 이후 한국이주

한국외무성과 재한일본대사관 통계에 따르면 2010년 10월 한국에 거주하는 일본인 영주자는 7,519명이며 이 가운데 여성이 6,182명으로 나타났다. 일본인 영주자는 2001년 808명, 2005년 71명, 2006년 1,622명으로 늘어났으며 이후 매년 증가하여 2009년 6,952명, 2010년에는 7,519명으로 증가하였다.[25]

한국 내 거주 재한일본인은 한국영주자와 3개월 이상 장기체류자를 합하여 2003년 19,685명에서 2010년 29,064명으로 7년 사이에 약 60% 이상 증가한 것으로 나타났다.[26] 한국에서 일본인이 증가한 이유는 한국의 경제발전으로 인한 국제사회에서의 지위향상과 일본에서 일어난 '한류 붐' 등이 요인이라 할 수 있다. 특히 2000년대 이후 일본인 여성이주자가 증가한 것은

---

23 外務大臣官房領事移住部領事移住政策課(1996), 『海外における邦人及び日系人団体一覧表 平成八年四月』, 石川奈津子(2001), 『海峡を渡った妻たち』, 同時代社, p. 11.

24 石川奈津子, 위의 책, p. 12.

25 임영언, 야마모토(2011), 「재한일본인의 이주역사와 동부이촌동 일본인집거지 형성배경 고찰」, p. 1 참조.

26 임영언, 야마모토(2011), 앞의 논문 참조.

한국인남성의 국제적인 지위 향상에 의한 한일국제결혼 커플의 증가, 한류 붐의 주요 팬이 중장년여성이라는 점, 그리고 통일교의 축복결혼이 기본적으로 한국인남성과 일본인 여성의 결합으로 이루어진다는 점 등과 깊은 관련이 있다.

1965년 이후 발생한 일본인의 한국 이주는 통일교의 결혼을 통한 것이 대표적이라 할 수 있다. 통일교 내에서는 1962년부터 일본인 남녀 간 결합이 이루어져 왔지만, 1975년부터는 한일 남녀 간 결합이 이루어지기 시작하였다. 1988년부터 1992년 사이 무려 약 600쌍에 이르는 한일남녀가 통일교를 통해 결혼했다.[27] 통일교의 관계자의 말에 의하면 1993년부터 1995년까지 약 2,000쌍, 1996년부터 1998년까지는 약 3,350쌍, 2004년에는 약 1,600쌍에 이르는 한일 남녀가 국제결혼을 한 것으로 나타났다.[28] 통일교에서는 한국인 남성과 일본인 여성간의 국제결혼을 지향하고 있어 상대적으로 통일교를 통해 이루어진 한일커플 중에서 일본인 남성과 한국인 여성 커플은 매우 적은 것으로 나타났다.

한일간 국제결혼의 경우 연애를 통해 한국과 일본에서 만나는 것보다 오히려 제3국인 영어권에서 만나는 경우가 많은 것으로 나타났다. 그 이유는 같은 아시아민족이라는 점과 제3국에서 백인이나 흑인보다 동양인에게 더 친근감을 느낀다는 점이 크게 작용한 것으로 보인다. 한국인 남성들은 일본인 남성들보다 매우 직설적이고 열정적이어서 일본인 여성들이 선호하는 측면도 있다.

---

27 김석란(2007), 「재한일본인 아내의 결혼동기에 관한 연구」, 『일본어교육』, 42권, p. 249.
28 위의 논문, p. 249 참조.

3. 중국지역 이주

1) 관동주(1905~1945)

관동주는 시모노세키조약[29]으로 대만과 함께 청나라에서 일본으로 할양되었다. 그러나 러시아, 독일, 프랑스로 인한 삼국간섭에 의해 다시 청나라에 반환되었다. 러일전쟁에서 승리한 일본은 관동주의 조차권을 이어받아 통치하기 시작했다. 일본은 1906년 관동도독부(關東都督府)[30]와 반관반민의 국책회사인 남만주철도주식회사(만철)를 설립하였다.[31] 만철이 설립되자마자 일본인들이 본격적으로 관동주에 이주하기 시작했다.

1915년에는 관동주로 농업이민이 시작되어 아이가와촌(愛川村)에 제1기로 일본인 가정 19호가 이주하였으나 열악한 환경에 적응하지 못하고 3호만 현지에 남고 나머지는 귀환하고 말았다. 1916년에는 제2기로 13호가 이주하였는데 역시 이주자들 대부분이 현지 적응에 실패하고 귀환하여 결국 전체 7호만 관동주에 남게 되었다.[32]

1932년 이후 만주국이 성립되자 관동주는 중국에서의 조차지가 아닌 만주국에서의 조차지로 변경되었다. 관동군의 이시하라(石原)는 "관동주는 폐지하고 일본인은 만주국적을 취득하여야 한다." 라고 주장하였지만 실현되지는 않았다.[33] 그러나 당시 일본국적자는 타국적자 보다 유리한 조건으로

---

29 1895년 4월 일본의 시모노세키에서 중국 청나라의 이홍장(李鴻章)과 일본의 이토 히로부미(伊藤博文)가 조인한 강화 조약. 청이 조선의 독립을 확인하고 군비 2억 냥을 배상하며, 랴오둥 반도(遼東半島)와 대만, 펑후 도(澎湖島)를 일본에 할양한다는 내용.

30 관동도독부는 1919년 이후에는 관동청(関東庁), 1934년에 관동주청(関東州庁)으로 개칭하였음.

31 帝国書院, 満州事変-関東州と満鉄-, p. 1에서 인용.
(http://www.teikokushoin.co.jp/map/menu5/word/index04_06.doc)

32 大阪朝日新聞(1943.3.19.), 関東州内に於て日本人農業移民을 참고.
http://www.lib.kobe-u.ac.jp/das/jsp/ja/ContentViewM.jsp?METAID=10026783&TYPE=IMAGE_FILE&POS=1)

33 『世界飛び地領土研究会』, 関東州(および満州国)에서 인용.

만주국에서 생활할 수 있었다.

1942년 6월말 관동주 인구통계를 상세히 살펴보면 일본인 226,222명(조선인 약 6,000명), 만주인 1,315,790명, 외국인 1,637명으로 총인구 154만 명 중 745,000명이 현재 중국 대련시에 속하는 지역에 거주한 것으로 나타났다.

2) 만주(1932~1945)

1932년에 일본에 의해 만주국이 설립되자 국방, 식량증산, 오족협화(五族協和), 왕도낙토(王道樂土)를 표어로 만주국의 국가체제가 정비되었다. 이 과정에서 처음에는 군인에 의한 무장이민이 이루어졌지만, 1936년에는 일본 정부에 의해 '20개년 100만호 계획(20ヵ年100万戸計画)'이라는 본격적인 이민 정책이 수립되었다. 1939년 '만주개척정책기본요강(滿洲開拓政策基本要綱)'이 만주이민사업의 근간이 되어 국책으로서 '만몽개척단(滿蒙開拓團)', '청소년 의용군(青少年義勇軍)', '대륙의 신부', '분촌·분향이민(分村·分鄉移民)' 등이 추진되었다.34 〈표 14〉는 만주이민역사의 일부를 정리한 것으로 일본인(내지인)의 만주이민은 1945년 패전까지 계속 되어 왔다.

〈표 14〉 일본인의 만주이민 역사35

연도		이민의 역사
1932	3월	만주농업이민 정식모집 개시
	10월	제1차 무장농업이민 492명 영풍진(永豊鎭) 이주
1933	7월	제2차 무장농업이민 455명 만주 입식
1934	9월	제1차 무장농업이민단의 '대륙의 신부' 30명 하얼빈 도착
1935	6월	제2차 무장농업이민단의 '대륙의 신부' 130명 만주 도착
1936	8월	'만주농업이민100만호이주계획'의 발표로 만주이민 국가정책화

(http://www.geocities.co.jp/SilkRoad-Lake/2917/china/kantosyu.html).

34 『世界飛び地領土研究会』, 関東州(および満州国)에서 인용.
  (http://www.geocities.co.jp/SilkRoad-Lake/2917/china/kantosyu.html).

35 藤沼敏子(1998), 「年表二 中国帰国者問題の歴史と援護政策の展開」 『中国帰国者定着促進センター紀要6号』, pp. 7~12.

연도		이민의 역사
1937	8월	만몽개척청소년의용군 100명 도쿄 출발 만주이민 모집기관으로서 '만주탁식공사' 설립
1938	4월	청소년의용군 5,000명 만주로 출발
1939	4월	청년의용대 기숙사 관리자 여성 49명 만주로 출발
1940	4월	만주국 '국병법(國兵法)'이 공포되어 모병제가 징병제로 전환
	5월	근로봉사대 제1진 특설농장반 7,001명 나진 도착 근로봉사대 특설농장반 1,017명 대련 도착
	7월	개척여자학원(신부양성학원) 제1회 학생 21명 만주로 출발
1941	7월	'관동군 특별대연습'이 발동되어 병력 70만 명 만주에 집결 1941년도 의용대 제1진 726명 신경 도착
	12월	경제통제정책에 의한 실업자, 전직자를 '대륙귀농이민'으로 송출
1942	3월	1942년도 최종 의용대 400여 명 만주 도착 (누계 12,460명)
1943	3월	만주건설근로봉사대 여자청년단 250명 신경 도착
1944	1월	내지에서 의사, 보건원, 조산원, 간호사 등 30여 명 신경 도착
	3월	만주농지개척공사 설립
1945	7월	내지에서 의사, 간호사 등 22명 신경 도착

　1932년부터 1945년 사이에는 약 27만 명의 농업이민이 일본에서 만주로 송출되었다.[36] 이들은 주로 만주와 소련의 국경지역이나 항일무력단체의 거점지역이 가까운 곳으로 이주하였다. 이 때문에 만주이민은 패전 후 귀환 시 사망자 약 8만 명, 중국잔류방인 1만 명이라는 막대한 피해가 발생하였다.[37]

　일본 관동군통치부에서는 만주이민의 필요성에 대하여 "'방인(일본인)'들이 만몽(滿蒙) 이주가 필요한 이유는 일본에서의 과잉인구를 완화시키는 것뿐만 아니라 만몽에 있어서 일본제국의 권익을 신장시키고 만몽을 개발하기 위하여, 혹은 장래 일본제국의 국방 최전선 확보를 위하여 절대적으로 필요한 업무에 속하기 때문이다." 라고 설명하였다.

36　藤沼敏子(1998), 「年表二　中国帰国者問題の歴史と援護政策の展開」, 『中国帰国者定着促進センター紀要6号』, p. 3.

37　猪股祐介(2002) 「満洲移民」の植民地経験-岐阜県郡上村開拓団を事例として-」, 『相関社会科学』, 第12号, p. 2.

당시 만몽의 열악한 정세의 최대 원인은 재외방인, 특히 일본인의 농업이민이 적었기 때문이었다. 그러나 무엇보다도 "만몽은 군사상 가장 중요한 땅이며 국방의 최전선임이라는 점은 누구도 의심하지 않았다. 따라서 국방의 우위를 확보하기 위하여 만몽의 요소 각지에 최대한 다수의 재외방인들을 정착시키고 문화 개발에 이바지하여 만약 유사시는 가래를 버리고 과감히 무기를 들고 일어설 수 있는 동포를 의지할 수밖에 없다." 라고 하여 그들은 일본 국경수비대원의 역할을 자처하고 있었다.[38]

1945년 패전 후 만주에 이주한 일본 내지인들 중 일본으로 귀환한 사람들의 증언에 따르면, 타민족과의 관계가 좋았던 일본인들은 안전하게 귀환할 수 있었으나 타민족과의 관계가 좋지 않았던 일본인들은 복수를 당하기도 한다. 이에 대해서는 당시 만몽개척단 내에 있었던 중국인이나 조선인에 대한 인터뷰조사를 통해 상세히 조사해 볼 필요가 있을 것이다.

〈표 15〉 재만주 일본인 직업별 호수[39]

직업별	1907	1914
관 리	294	920
무역상회사 은행원	1,007	7,254
공 직 원	34	369
의 사	60	206
상인	2,785	4,339
음식업자	755	1,277
제조업자	128	317
기술자	57	115
장인	371	1,262
피고용인	(3,489)	(4,538)
오락물영업	137	17
(일본·중국정부 피고용인)	(77)	(319)
합계	5,628호 (3,566명)	16,076호 (4,857명)

---

38 猪股祐介, 위의 논문, p. 2.
39 外務省通商局(1915), 「在支那本邦人進勢概覧」帝国書院,統計資料-歷史統計-在満日本人職業別戸数참조.(http://www.teikokushoin.co.jp/statistics/history_civics/index03.html)

3) 중국조차지의 일본조계

당시 중국에 존재했던 조차지 중 일본과 관련이 깊은 곳은 교주만(膠州灣), 관동주(關東州), 광주만(廣州灣), 북구룡(北九龍) 등이었다. 전술한 관동주외에도 일본조계는 〈표 16〉에 제시한 바와 같이 항주(杭州), 소주(蘇州), 한구(漢口), 천진(天津), 중경(重慶)에도 존재하였으며, 상해공동조계도 1900년에는 736명이었던 일본인 인구가 1915년에는 영국인 인구를 초월하여 1930년대에는 18,478명에 달했기 때문에 여기에서는 일본조계와 함께 다루고자 한다.

〈표 16〉 중국의 일본조차지 및 일본조계지[40]

지 역	기 간
교주만(膠州灣)	1914~1922
광주만(廣州灣)	1943~1945
북구룡(北九龍)	1941~1945
항주(杭州)	1897~1943
소주(蘇州)	1897~1943
한구(漢口)	1898~1943
천진(天津)	1898~1943
중경(重慶)	1901~1937
상해(上海)	1863~1945

주) 상해는 공동조계임.

교주만은 1914년에 일본군에 의해 점령당했다. 그러나 중국, 미국, 영국의 반발로 인해 1922년에 다시 중국으로 반환되었다. 중국 반환 후 특별행정구에서는 재정이나 공공사업 위원에 재류외국인으로서 일본인이 임명되었으나 1930년에 청도시로 바뀌면서 일본인의 시정관여제도는 폐지되었다. 당시 산동성에는 약 2만 명의 일본인 이주자들이 거주하고 있었다.

---

40 『世界飛び地領土研究会』, 租借地と租界. 참고.
  (http://www.geocities.co.jp/SilkRoad-Lake/2917/zatsu/sokai.html)

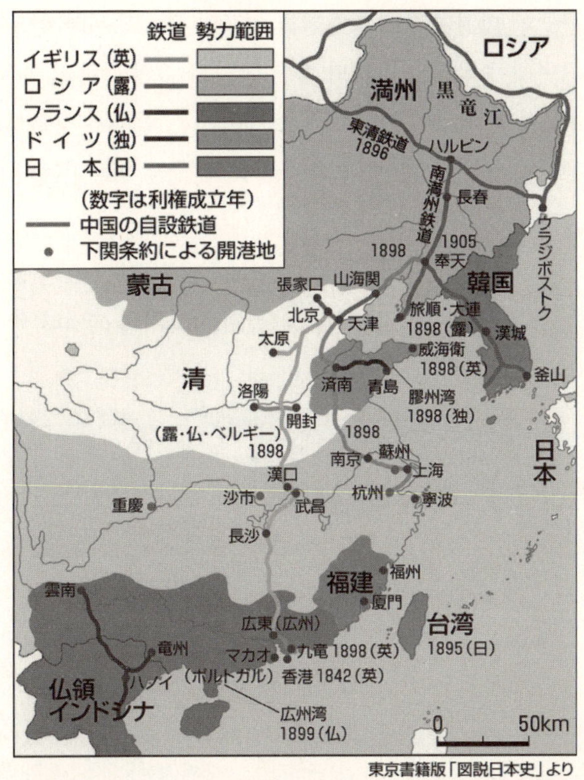

〈그림 5〉 열강에 의한 중국분할[41]

광주만은 1943년 일본군이 인도차이나정부와 '광주만공동방위협의'를 체결하여 점령하였다. 1945년 종전과 함께 국민당군이 접수하였으며 결국 중국으로 반환되었다. 북구룡은 전술한 바와 같이 약 5,000명의 민간인이 거주했던 것으로 추정된다.

항주는 1897년부터 일본조계지가 설치되었으나 1943년에는 일본의 대동아공영권 발양을 위하여 왕조명(汪兆銘)정권으로 반환되었다. 다른 일본조계도 이때 모두 중국으로 반환되었다.

---

41 (http://heiwa.yomitan.jp/4/3237.html) 참조.

소주는 항주와 마찬가지로 청일전쟁 직후인 1897년부터 일본조계가 개설되어 1943년에 중국으로 반환되었다. 당시 소주에 설립된 외국자본기업은 약 118개사가 존재하였는데 이들 중 98개사는 일본자본에 의해 설립된 기업이었고 이들 일본기업들이 진출함에 따라 많은 일본인들이 대거 이주하기 시작하였다.[42]

한구는 1941년 태평양전쟁 중에 미군의 한구대공습으로 주둔하는 일본군 부대와 함께 소이탄으로 불태워져 완전히 사라지게 되었다.[43]

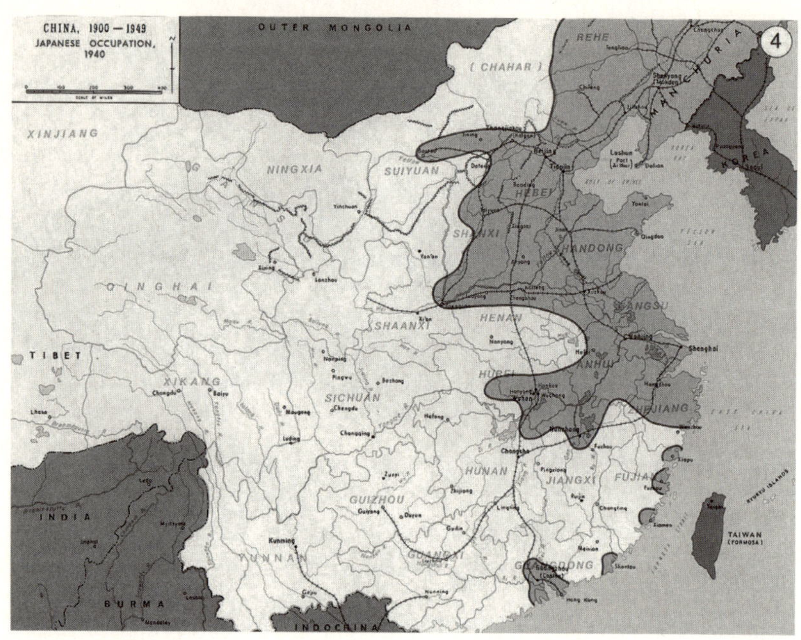

〈그림 6〉 일본의 동북아 진출지역 지도[44]

---

42 嚴明(2003), 「蘇州の日本租界と近代都市の形成」, 『人文研究』, 149号(神奈川大学人文学会, p. 192.

43 ウイキペディア-フリー百科事典, 漢口에서 인용.
(2012.01.20)(http://ja.wikipedia.org/wiki/%E6%BC%A2%E5%8F%A3))

44 WIKIMEDIA COMMONAS에서 인용.
(http://commons.wikimedia.org/wiki/File:Japanese_Occupation_-_Map.jpg?uselang=ja)

천진은 1898년부터 일본의 세력 하에 놓이게 되었다. 1934년 7,700명이었던 일본인 인구는 1936년에 10,000명을 돌파하여 1937년에는16,000명으로 증가하였다. 그 후에도 계속 일본인 인구가 증가하였다.[45] 천진은 중국 제2의 국제무역도시였기 때문에 이 곳 조계로 이주해 온 일본인들의 가장 중요한 직업은 무역이었다.[46]

중경에서는 1901년부터 일본조계가 개설되었으나 중일전쟁이 시작된 1937년에 중국이 점령하였다. 상해공동조계에서는 전술한 바와 같이 일본인 인구가 1915년 이후 영국인 인구를 초과하였고 1935년에는 28,000명의 일본인이 거주하고 있었다.[47]

일본인 인구가 공동조계 내에서 급격히 증가하면서 일본인의 영향력 또한 매우 높아지게 되었다. 조계의 통치는 주로 영국인의 손으로 이루어졌지만, 1927년판 보고서에 따르면 최고의사결정기관인 '참사회(參事會)'의 정원 9명 중, 영국인 5명, 미국인 2명, 일본인 2명이었던 점에서도 그 영향력이 실제로 반영된 결과였다.[48]

4) 중국잔류방인의 현황

1945년 태평양전쟁 패전에 따라 일본인은 만주와 기타 중국 조차지나 조계지로부터 귀환하게 되었다. 동북아시아 각 지역에서의 귀환자수는 만주에서 1,045,525명(이하 군인군속을 포함함), 대련지역에서 225,954명, 중국에서 1,541,437명, 홍콩에서 19,347명으로 총 2,832,263명에 달했다. 이러한 숫

---

45 田中良平, 天津今昔招待席과 天津地域史研究会, 天津史 참고.
    [http://blog.goo.ne.jp/luckyhillson/e/45cbda0b3401f71c7e07c4660ea954e9].
46 松村光庸, 1930年代における天津日本租界居留民社会の構造的特質, p.76.
47 ウイキペディア-フリー百科事典, 上海共同租界에서 인용(2012.01.20).
    http://ja.wikipedia.org/wiki/%E4%B8%8A%E6%B5%B7%E5%85%B1%E5%90%8C%E7
    %A7%9F%E7%95%8C).
48 上海共同租界の統治機構에서 인용.
    (http://www.geocities.co.jp/CollegeLife/3886/Sokai.htm))

자는 2011년 현재 오사카시의 인구 전체를 상회하는 규모에 해당된다.

일본인(내지인)들 중에는 귀환하지 못 하거나 중국잔류를 희망하여 1945년 패전 이후에도 계속 중국에서 생활하는 자들이 존재하였다. 이들이 바로 중국잔류방인이다. 일본 후생성에 따르면 중국잔류방인은 "1945년 당시 중국의 동북지방(구 만주지구)에는 개척단 등 많은 일본인이 거주하고 있었으나 소련군의 대일전 참전에 의해 전투에 휘말리거나 피난 중 기아나 질병 등으로 많은 사람들이 희생이 되었다. 이들 중에는 부모와 이별하여 고아가 되거나 중국의 양부에게 양육되어 어쩔 수 없이 중국에 남게 된 분들"이라고 규정하고 있다. 그 숫자는 2011년 11월말 2,817명이 확인되었고, 이들 중 신원이 확인된 자는 1,284명에 달했다.[49]

이들 중 이미 일본으로 영주귀국한 자는 6,609명(가족을 포함한 총수 20,883명)이며 이들 가운데 고아가 2,551명(9,364명), 중국인 부인 등이 4,118명(11,469명)이었다. 전 일본경시청 형사로 북경어 통역수사관이었던 반도 다다노부(坂東忠信)의 증언에 따르면, "일본에 들어와 있는 잔류고아관계자(殘留孤兒關係者)라고 자칭하는 사람들의 90%는 가짜이다."라고 하였다.[50]

중국잔류방인의 집단귀환은 전기와 후기로 구분할 수 있다. 전기는 1946년부터 1948년까지이고 후기는 1953년부터 1958년까지 계속되었다. 당시 집단귀환은 1945년 패전 후 귀환과는 성격이 달라 선택적인 것이었으며, 일본인여성과 결혼한 중국인남성 입국, 영주귀국이 아닌 일시귀국을 희망하는 일본인여성의 존재, 일시귀국을 희망하는 일본인여성들과 함께 중일 혼혈아 동시 귀국 등 이러한 모든 상황이 일본 측에서는 예상치 못한 결과였다.[51] 당시 중국에 잔류했던 기술자 및 가족 등 대부분의 일본인이 귀환

---

49 厚生労働省, 統計等, 中国残留邦人の状況(平成23年11月 30日).
    (http://www.mhlw.go.jp/bunya/engo/seido02/toukei.html).
50 월간 테미스, 2012년 1월호 게재 인터뷰 참고.
51 鍛冶致(2001), 「中国残留邦人の形成 の受け入れについて―選別あるいは選抜という視点から. ―」, 梶田孝道(研究代表者), 『国際移動の新動向と外国人政策の課題―各国における現状と取り組み―』, 明石書店, pp. 10~11.

하였다.[52]

　어떤 이들은 중국에서 계속 중국 잔류부인으로 살아가기를 결심한 사람들도 있었다. 예를 들면, "일본인 부인들의 사랑 있는 결의(松原, 1986)"에서는 어떤 중국 잔류부인이 자녀에 대한 사랑과 남편으로부터 받은 은혜를 무시할 수 없다는 이유로 잔류하였다."라고 증언하였다. 또한, "우리들은 남는다."의 어떤 중국 잔류부인의 수기(久保英子, 1984)에서는 중국에서 45년을 살아왔기 때문에 일본인으로서의 정체성이 사라져 중국을 고향으로 여기게 되었다는 증언도 있었다. 반대로 생존경쟁에서 살아남았기 때문에 다시 일본에 귀국하여 행복하게 살 수 있었다고 생각한 귀환자들도 있었다. 2009년 후생노동성 '중국잔류방인 등 실태조사'에서 일본으로 귀환한 중국잔류방인의 약 80%가 '귀국하기를 잘했다.'라고 생각하는 것으로 나타났다.[53]

　중국잔류고아의 경우 일본어를 거의 하지 못하는 경우가 많아 전술한 중국잔류부인 보다 중국인으로의 정체성이 더 강했을 것이라고 추정된다. 어떤 중국잔류고아의 '구술생애사 기록'에서는 본인의 신원이 밝혀져 일본의 친부모가 일본귀국을 강력히 희망했는데도 중국의 양보모를 위해 일본으로의 영주귀국을 거절하거나, 양부모의 사후 가족과 함께 일본으로 귀환하였으나 언어문제로 자신은 물론이고 2세인 자녀들도 많이 고생했다고 증언하였다. 이 귀환자의 경우 일본에서 언어교육의 기회가 많아 나중에는 본인도 자녀도 일본어를 잘 구사할 수 있게 되어 다른 귀환자들과 비교할 때 일본사회에 잘 적응할 수 있게 되었다고 한다. 이처럼 일반 귀환자들이 처음에는 일본사회에 적응하기 쉽지 않았을 것으로 생각된다. 중국잔류고아 2세~3세를 중심으로 결성된 '드래건(怒羅權)'이라는 폭력단 조직이 형성된 것도 이러한 일본사회 부적응문제 때문이라고 한다.[54] 현재 대부분의 귀환자들이 일본 생활에 적응하고 있지만 귀환초기부터 일본에서 정상 생활을 영

52　藤沼敏子(1998), 『年表 : 中国帰国者問題の歴史と援護政策の展開』, p. 18.

53　田川真理子(2003), 「満洲移民事業の理念と現実〈前篇〉」, 『Issues in lnguage and culture (4)』, p. 253.

54　上海共同租界の統治機構(http://www.geocities.co.jp/CollegeLife/3886/Sokai.htm)

위하기까지 상당한 시간이 소요되었다고 한다.

이와는 반대로 최근에는 중국잔류고아를 가장하여 중국동북지역에서 일본으로 합법적으로 들어오는 가짜 잔류고아들의 존재가 밝혀지기도 하였다.[55] 또한 중국잔류고아 2~3세를 중심으로 결성된 조직이 국제마피아적인 성격을 띠고 있어 사회적인 문제를 야기한 경우도 있었다.[56]

4. 대만지역 이주

청일전쟁의 결과 1895년에 체결된 시모노세키조약에 의하여 대만도는 일본영토에 편입되었다. 같은 해 일본은 대만총독부를 세우고 대만 각지를 조사하기 시작하였다. 대만은 일본이 처음으로 영유하게 된 식민지였으므로 대만에 대한 통치방침이나 계획 등을 세우기 위한 상세한 조사는 필수적이었다.

청조 말기 대만 인구는 2,545,731명이었으나, 〈표 17〉에 나타난 바와 같이 일본에 의한 통치가 시작되면서 일본인(이후 내지인으로 통일)들이 대거 유입되어 1905년 첫 호구조사 시에는 일본 내지인 인구가 57,335명이었으며 대만전체 인구는 3,039,751명에 달했다.[57] 1897년 말 내지인 현지인구가 16,321명이었던 것이 약 8년 만에 3배 이상 증가한 것으로 나타났다.[58]

네덜란드 통치시대와 청조시대부터 대만은 남쪽이 집중적으로 개발되었지만, 일본의 대만총독부가 대북(臺北)에 설치된 관계로 대북의 일본 내지인은 1897년에 2,575명으로 대만전체 내지인 인구의 약 18%를 차지하였다.[59]

---

55 http://www.asahi.com/special/kajin/TKY201004260154.html

56 ウィキペディア-フリー百科事典, 怒羅権 참고.
(http://ja.wikipedia.org/wiki/%E6%80%92%E7%BE%85%E6%A8%A9)

57 山下昭洋(2008), 「日本統治下台湾の「戸口調査」と「内地人」人口」, 『久留米大学大学院比較文化研究論集』, 22号, pp. 17~18.

58 台湾総督府民政部文書課編(1899), 『臺灣總督府第一統計書』를 인용한 山下昭洋(1997), 「日本統治台湾における「内地人」集中地の分布」.

〈표 17〉 일본 식민지시대 대만의 인구[60]　　　　　　　　　　(단위: 명)

조사명	조사연월일	전도 인구	본도인 인구	내지인 인구
第一回臨時戶口調査	1905년 10월 1일	3,039,751	2,973,280	57,335
第二回臨時戶口調査	1915년 10월 1일	3,479,922	3,325,755	135,407
大正九年第一回國勢調査	1920년 10월 1일	3,655,308	3,466,507	164,335
大正十四年國勢調査	1925년 10월 1일	3,993,408	3,815,264	187,746
昭和五年國勢調査	1930년 10월 1일	4,592,537	4,313,681	228,281
昭和十年國勢調査	1935년 10월 1일	5,212,426	4,882,945	270,584
昭和十五年國勢調査	1940년 10월 1일	5,872,084	5,510,259	312,386

　　대만으로의 이민은 1911년에 본격적으로 시작되었는데, 당시 대만총독부 재무국장 나카가와는 "대만총독부가 이민을 계획한 것은 대만 동부, 즉 대동청(台東庁)과 화련항청(花蓮港庁)의 평야에 내지인 농민을 이주시켜 그 일대를 개척함으로서 완전한 대(大)농촌을 만들고자 계획했기 때문이다. 그러면 왜 대만 동부에만 내지인들을 이주시켰는가 하는 문제는 서부 대평야에는 이미 본도인(本島人)이 다수 거주하여 이들이 개척농사에 종사하여 대부분 이미 양전옥답이 되어 있었고 내지농민을 이주시킬 여지가 적은데 반해 대만 동부일대의 평야는 교통이 불편했기 때문에 귀순한 포로들이 산재하여 불완전한 농사를 짓고 있고 거기에다 땅은 몹시 비옥하여 가장 농사에 적합했기 때문이다. 또 하나는 지세 면에서 이 일대가 대만의 훗카이도라고도 일컬을 만한 위치에 있었기 때문에 서부와 같이 기업형 식민지개척에 적합하지 않았다." 라고 당시 상황을 밝히고 있다.[61]

　　이 시기를 계기로 내지인 농업이민이 대만 동부에 집중되어 요시노촌(吉野村)이라는 이민촌이 형성되었다. 요시노촌의 경우 당시 내지인 인구 1,621

60　山下昭洋(2008), 「日本統治台湾における「內地人」集中地の分布」, p. 27.

59　山下昭洋(2008), 「日本統治台湾における「內地人」集中地の分布」, p. 26.

61　中央新聞(1912.3.26~1912.3.27), 台湾の移民状態(上下)-台湾総督府財務局長中川友次郎氏談. (http://www.lib.kobe-u.ac.jp/das/jsp/ja/ContentViewM.jsp?METAID=10026559&TYPE=IMAGE_FILE&POS=1).

명에 대하여 본도인은 고작 1명에 불과하였다. 여기에서 본도인과의 경쟁과 마찰을 피하려고 했던 대만총독부의 의도를 엿볼 수 있다.[62]

대만에서 교통편이 개선되면서 내지인들의 거주지역도 대북시(臺北市), 대중시(臺中市), 고웅시(高雄市)등과 같은 대도시에서 점차 주변도시로 확대되어 갔다. 1940년에는 내지인 인구가 1,000명을 초과하는 지역이 44군데에 달했다.[63] 이것은 1935년 27군데였던 것에 비해 1.6배나 증가한 것이었다. 대만도 전역으로 내지인 거주지가 확대된 원인은 교통편의 개선 뿐만이 아니었다. 1941년 태평양전쟁이 본격적으로 시작되면서 대만이 군사적으로 중요한 역할을 담당하게 된 것도 주요 원인 중의 하나였다.

당시 대만에서는 급속도로 공업화가 진행되었는데 고바야시 대만총독은 "황민화운동과도 관련되지만 대만에는 내지인의 많은 이주가 바람직하다. 그러나 만주와 달리 이미 토지소유가 결정되어 있어 농업으로 들어갈 여지가 적기 때문에 당연히 공업으로 내지인을 이끌고 가야 한다. 전기(前記)의 일본 알루미늄만으로 3천명의 내지인이 증가하였듯이 공업종사자를 내지에서 찾아 공업화에 있어서 노동문제도 고급기술자, 숙련공은 내지인에게 중급기술자, 직공은 대만에서 양성한 본도인을 투입, 저임금노동은 복건, 광동 등의 대륙에서 받아들이는 방향으로 진행될 것이다."라는 공업종사자의 대만 이주정책의 추진방향을 밝힌 적이 있다.[64] 그 결과 내지인 인구는 1930년대 228,281명에서 패전 후인 1945년 8월에는 323,269명으로 약 10만 명이 증가하였다.[65] 종전 당시의 재대만 일본인은 군인 16만 6천여 명을

---

62   山下昭洋(2008), 「日本統治台湾における「内地人」集中地の分布」, p. 31

63   山下昭洋(2008), p. 34

64   大阪朝日新聞(1939.5.20), 工業從業者の移住台湾で大歡迎！"台湾躍進"を語る小林総督. http://www.lib.kobe-u.ac.jp/das/jsp/ja/ContentViewM.jsp?METAID=00475126&TYPE= IMAGE_FILE&POS=1).

65   臺灣省政府主計處編(1944)『第七次人口普查結果表』(『外地国勢調査報告 第五輯：台湾総督府, 国勢調査報告第六十五冊 第七次人口調査結果表 附1944, 1945年臨時戸口調査資料』)에는 1945년 10월 1일의 내지인 인구가 기류대만일본인으로서 기재되어 있다고 언급하고 있는 山下昭洋, 日本統治台湾における「内地人」集中地の分布.

포함하여 약 48만 8천여 명이었다.[66] 이들 중 479,544명이 일본에 귀환하고 나머지는 대만에 잔류하였다.

1) 재대만 일본인(잔류방인)의 현황

1945년 패전 후 대만에 잔류하게 된 일본인 중에는 대만에서 영주를 결심한 사람도 있었고 여러 가지 사정 때문에 일본 귀환을 포기한 이들도 있었다. 특히 대만 원주민인 고사족(高砂族)의 거주지역인 대만 내륙지역에서는 귀환소식의 전달이 안 된 경우도 있었다. 자발적으로 남게 된 사람들은 일본에 생활기반이 전혀 없거나 대만에서 오래 살면서 대만을 고향으로 여기게 된 사람, 대만인과 결혼한 사람들이었다. 대만인과 결혼한 일본인 자녀들 중에는 부모의 결정에 의해 일본으로의 귀환을 꿈꾸면서도 결국 포기하게 된 경우도 있었다.[67]

대만잔류방인들은 패전 후 대만 내에서 여러 가지 사회적 차별과 박해를 겪게 되었다. 그 중에서도 역시 한국에서 일본인여성들이 겪은 것과 같은 언어적인 문제가 가장 컸을 것이라고 추정된다. 왜냐 하면 대만에서는 국민당에 의한 독재체제가 장기화되면서 공용어가 중국어로 바뀌어 대만어(가요는 허가)와 일본어의 사용을 금지하였기 때문이다. 학교나 공공기관에서 조차도 중국어 밖에 인정받지 못하였으며 대만인이라고 해도 일본어 환경의 가정에서 자란 사람들은 중국어와 대만어를 처음부터 배워야 할 형편이었다. 이 때문에 잔류방인들은 일본인이라는 사실과 언어적인 환경이라는 두 가지의 어려움에 직면하게 되었다. 대만에서는 38년에 이르러 계엄령이 해제되고 민주화가 이루어질 때까지 잔류방인들은 마음대로 일본어로 말할

---

66 伊藤潔(1993), 『台湾』을 인용한 山田奈美(2009), 「わすれられた時代-祖父の望郷をおって-」, p. 18.

67 眞鍋貞樹の研究部屋(http://nabesada.cocolog-nifty.com/meme/2008/01/post_f234.html), 台湾の残留日本人.

수도 없는 상황이었다.

잔류방인들은 자녀들이 자립한 후 각 지역에서 언어적인 문제로 인하여 고립되는 경우가 있어 이들을 위해 1989년에 일본인 기독교선교사인 호리 타씨가 '옥란장(玉蘭莊)'을 설립하였다.[68] 옥란장은 일본어로 운영되는 고령 자들을 위한 주간 보호 시설이다. 옥란장에 다니는 사람들은 첫째, 일본통 치시대(1895~1945)에 일본어를 사용하는 생활 및 일본어로 교육을 받아 일본 문화나 습관에 익숙한 사람들, 둘째, 일본통치시대에 대만인남성과 결혼한 일본인부인, 그 후에도 가족과 함께 대만에 남아 자녀를 양육한 후 남편과 사별한 사람들, 셋째, 전쟁 전 일본에서 중국대륙으로 건너가 패전 후 현지 에서 중국인과 결혼하여 남편과 함께 대만으로 이주해 온 일본인 부인들로 구성되어 있다.[69] 현재 잔류방인의 일본어세대는 고령화 때문에 그 숫자가 매년 계속 감소하고 있다.

2) 재대만 방인

일본 외무성 '해외재류방인수통계(평성 23년 속보판)'에 따르면 재대만 방인의 수 는 2008년 18,652(17,187)명, 2009년 20,373(18,792)명, 2010년에는 21,559(19,902) 명으로 나타났다.[70] 현재 재대만 방인들의 특징은 일본기업 등으로 파견된 주 재원보다는 기타 직업이나 체류자의 신분으로 대만에 거주하고 있는 것으로 나 타났다. 이러한 점에서 최근 일본에서 대만으로의 이주는 일본기업의 글로벌화 의 영향으로 진행된 것은 아닌 것으로 추정된다.[71]

1970년대부터 1990년대까지만 해도 재대만 방인 중 일본기업의 주재원

---

68 佐藤貴仁(2008), 「日本語で活動を行うデイケアセンター『玉蘭莊』」交流 協会日本語セ ンター機関誌「いろは」27. 財団法人交流協会日本語センター, p. 1.

69 財団法人交流協会日本語センター, 위의 간행물 참조.

70 海外残留邦人数調査統計平成23年速報版에서 인용. ( )은 장기체류자수.

71 金戸幸子(2007), 「現代日本人の台湾 への自発的移住に関する研究—移住経験の聞き取 り調査とその分. 析を中心として—」, 『2006年度財団法人交流協会日台交流センター日 台研究支援事業報告書』, pp. 2~4.

이나 장기출장의 기업가 비율은 비교적 높았다.[72] 1980년대부터 1990년대 초기에 걸쳐 일본인여성과 대만인남성의 국제결혼이 증가하였는데 그 이유 중 하나는 대만인들이 미국을 비롯한 해외 이민이나 유학이 굉장히 활발하게 이루어진 것에서 기인한다. 제3국에서 대만인남성과 일본인 여성이 만나게 되는 기회가 많아지면서 국제결혼자 수가 증가한 것으로 추정된다.

대만에서는 계엄령의 해제와 함께 정치가 안정이 되고 일본어 붐이 일어나면서 일본으로 유학하는 대만인이나 원어민강사로 대만에서 일하는 일본인들이 증가하였다. 이에 따라 대만인과 일본인간의 교류할 기회가 증가하여 국제결혼이 증가한 것으로 추정된다.

대만은 1990년대 중반에 들어서면서 당시만 해도 구미로 향했던 국제화로 인하여 경제적인 급성장을 이루면서 일본과의 관계가 강화되고 아시아지역에서의 글로벌이동에 대한 관심이 증가하였다.[73] 일본인들도 아시아로 관광을 가거나 유학을 많이 가게 되었다. 이 시기에 대만 유학을 경험한 일본인들이 일본어교사를 하면서 젊은 세대의 대만인과 결혼하여 정주하는 경우가 많아졌던 것으로 생각된다.[74]

2000년 이후부터는 일본인들이 국제결혼 이외에도 나이와 상관없이 고학력자들이 교육기관에 취업하거나 현지 대학원 진학, 조기퇴직자들의 재취업이나 창업을 시도하기 위하여 대만에 이주하고 있는 것으로 나타났다.[75]

대만에 거주하는 대만인과 일본인의 국제결혼커플의 특징은 일본인의 남녀비율이 원래는 여성이 많았지만 2000년 이후에는 남성의 비율이 증가하면서 남녀비율이 거의 비슷해졌다는 점이다. 2005년 말만 해도 대만 내 정부 "내정통계통보"에 따르면 재대만 국적별 외국적 배우자수로 일본남성 1,064명에 대해 일본여성은 1,259명으로 조사되었으며 캄보디아의 남성 6명, 여성 2,416명이나 베트남의 남성 133명, 여성 57,806명과는 그 성격이

72　金戸幸子(2007), 위의 논문, p. 8.
73　金戸幸子(2007), 위의 논문, p. 9.
74　金戸幸子(2007), 위의 논문, p. 10.
75　金戸幸子(2007), 위의 논문, p. 11.

달라 싱가포르(남성 167명, 여성 175명)와는 공통점이 존재했다.

또한 재대만 방인들은 대만이 살기 좋다며 장기체류를 하는 경향이 있다. 그 이유는 대만에 아직까지 남아있는 일본어나 일본문화 등 일본통치시대의 모습과 아시아에서도 비교적 일본에 대하여 호의적인 분위기가 작용한 것으로 추정된다.

5. 연해주 사할린 이주

사할린은 1875년 러시아와 일본 사이에 체결된 사할린-쿠릴열도 교환조약으로 러시아 영토가 되었으나, 1905년 러일전쟁 말기에 일본군이 사할린 도로 침공하여 점령하였다. 그 후 포츠머스조약 체결로 북위 50도 이남의 남사할린이 일본 영토로 편입되었다. 이에 따라 일본인은 다시 사할린으로 이주하기 시작하였다. 〈표 18〉에 나타난 바와 같이 일본통치시대(1905~1945) 남사할린 인구는 1908년에 26,393명에 달하여 통치 말기의 1944년에는 391,825명으로 증가하였다.

〈표 18〉 일본 식민지시대 사할린(남사할린)의 인구 변천[76]

조사연월일	인 구(명)	출 처
1908년 12월 31일	26,393	樺太廳(사할린)統計書
1913년 12월 31일	44,356	樺太廳(사할린)統計書
1918년 12월 31일	79,795	樺太廳(사할린)統計書
1920년 10월 1일	105,899	國勢調査
1925년 10월 1일	203,754	國勢調査
1930년 10월 1일	295,196	國勢調査
1935년 10월 1일	331,943	國勢調査
1940년 10월 1일	414,891	國勢調査
1944년 2월 22일	391,825	人口調査

---

76 http://ja.wikipedia.org/wiki/%E6%A8%BA%E5%A4%AA#.E6.AD.B4.E5.8F.B2.

다음 〈표 19〉과 〈표 20〉에 제시한 바와 같이 사할린은 1938년에 만주이민이 본격적으로 시작되기 전까지 일본 식민지 중에서도 농업이민의 비율이 가장 높은 곳이었으며 최대 농업이민흡수지였다. 사할린 농업이민 역시 일본정부의 정책 일환으로서 1907년부터 시작되었으며 자유이민, 지정이민, 집단이민이라는 3가지 유형으로 이루어졌다. 사할린에서는 1940년까지 자유이민제도가 채택되었다.[77] 그리고 타 식민지와의 차이점은 "사할린은 같은 식민지라고 해도 조선 · 대만과는 다르다. 토착민의 자각에 의해 소란을 일으키는 일은 거의 없다. 순수한 일본인의 손에 의해서 신일본을 건설하는 것이므로 자유롭고 훌륭한 신일본을 건설할 수 있다." 라는 인식 하에 이주가 이루어졌다는 점이다.[78] 대만의 1930년대 일본인 농업인구는 4,738명인데 비하여 사할린은 민족별 농업호수가 미상이지만, 일본인이 인구의 90% 이상이었기 때문에 농가를 모두 일본인으로 간주하였다.[79]

〈표 19〉 일본 각 식민지 일본인 농업자 호수(1922~38)[80]

연 차	1922	1923	1924	1925	1926	1927	1928	1929	1930
사할린	5,551	7,354	8,794	9,625	9,591	9,925	9,678	9,571	9,570
조선	10,102	9,542	9,327	9,470	9,844	10,300	10,338	10,390	10,505
관동주	140	142	998	1,071	1,245	1,056	1,020	1,169	942
남양	1,062	–	–	–	910	1,030	1,146	1,647	1,935
만주	–	–	–	–	–	–	–	–	–

77　竹野学(2000), 「人口問題と植民地：1920・30 年代の樺太を中心に」, 北海道大学経済学部『経済学研究』50(3), p. 123.

78　竹野学(2000), p.125에서 인용. 矢内原忠雄,(1929) 「人口問題」(二)『樺太教育』第5巻第5号, p. 20.

79　台湾総督府(1927), 『昭和五年国勢調査結果表全島編』 台湾総督官房臨時戸口調査部, pp. 230~231.

80　조선 · 남양군도는『拓務統計』, 관동주는 1933년까지『拓務統計』1934년 이후는『関東局統計書』, 사할린은『明治四十年乃至昭和六年樺太庁累年統計表』, 만주는 『満州開拓年鑑』참고로 작성한 竹野学, 「人口問題と植民地：1920・30代の樺太を中心に」, p. 123.

연 차	1931	1932	1933	1934	1935	1936	1937	1938
사할린	9,953	10,759	11,027	11,027	11,628	11,445	10,811	9,325
조선	10,827	11,439	9,025	8,702	8,419	8,031	7,637	7,329
관동주	1,347	1,721	1,628	406	435	417	398	403
남양	2,448	2,156	3,075	2,958	3,870	3,598	4,549	5,494
만주	-	471	820	1,016	1,580	3,319	4,296	14,642

〈표 20〉 사할린의 산업별 호수(1925~40)[81]

연 차	1925	1926	1927	1928	1929	1930	1931	1932	1933
농업	8,378	8,564	9,030	9,454	9,690	11,049	11,251	14,504	15,291
수산업	4,493	4,772	5,053	5,312	5,404	6,117	6,312	5,906	6,237
광업	593	773	854	1,429	1.446	1,780	1,666	1,692	2,331
공업	3,698	3,921	4,314	4,567	5,628	7,031	6,649	8,555	9,214
상업	6,205	6,684	7,646	8,961	9,036	9,605	9,460	12,263	12,443
교통업	1,550	1,611	1,972	2,214	2,088	2,594	2,621	3,451	3,521
공무·자유업	3,679	4,053	4,283	4,880	5,614	5,825	5,769	4,844	4,945

연 차	1934	1935	1936	1937	1938	1939	1940
농업	14,881	14,438	14,348	13,259	12,433	12,270	12,244
수산업	5,961	5,870	5,930	5,703	5,316	5,805	5,804
광업	3,262	3,374	4,149	5,383	8,158	12,373	13,387
공업	9,842	10,421	10,485	10,702	11,113	11,794	13,066
상업	12,681	11,658	11,060	11,077	10,340	9,868	8,732
교통업	3,872	4,425	4,058	4,205	4,653	5,269	5,046
공무·자유업	5,000	5,292	5,412	5,476	5,700	6,627	6,873

　　당시 조선·대만에서 '준내지화(準內地化)'가 진행된 것과 비교해 볼 때 사할린이 1943년 홋카이도의 일부로서 내지에 완전히 편입되었다는 것은 그만큼 사할린에 대한 일본의 인식이 타 식민지와는 성격이 매우 달랐다는 것을 의미한다.

81　竹野学 (2000), 「人口問題と植民地：1920·30 年代の樺太を中心に」, 北海道大学経済学部『経済学研究』, 50(3), p. 124.

사할린에서 신일본 건설을 계획하여 이주해 온 일본인들도 1945년 일본의 패전과 더불어 대부분 귀환하였다. 당시 일본인 귀환자는 군인 · 군속을 포함하여 약 300,000명으로 1944년의 인구 대비 약 70~80%에 해당되는 일본인들이 귀환한 것으로 나타났다. 그러나 여러 가지 이유로 사할린에 잔류하게 된 일본인들도 존재했다.

1) 재사할린 일본인의 현황

1945년 패전 후 계속 사할린에 잔류하게 된 일본인들을 공식용어로 "사할린잔류방인(樺太残留邦人)'이라고 부른다. 일본 후생노동성(厚生労働省)에서는 사할린잔류방인을 '개전(소련과 일본전쟁)과 더불어 사할린청 장관이 군의 요청과 사할린의 사태를 감안하여 노인, 부녀자 등을 홋카이도로 긴급히 대피시키기로 하였지만 쇼와 20년 8월 23일 소련군에 의하여 이러한 긴급대피가 정지되었다. 이후 집단귀환이 쇼와 34년까지 계속되었지만 여러 가지 사정으로 사할린에 어쩔 수 없이 잔류(소련으로 이송당한 자를 포함)하게 된 일본인들"이라고 규정하고 있다.[82]

요시타케(吉武輝子, 2005)에 의하면, "2001년 시점에서 사할린잔류 일본인은 약 400명이며 그 중 70%가 여성으로 추정되지만 이미 97명의 일본인들이 고향 생각으로 귀국했다"고 한다. 그리고 귀환하지 못한 일본인들을 한국인이나 러시아인하고 국제결혼을 한 일본인여성, 주요산업에 종사 중인 기술자 및 수형자, 소수의 잔류희망자 등으로 분류하여 모두 1천여 명으로 추정하였다.[83] 이들의 주요 거주지는 사할린 내 각 도시와 탄광에 집중거주하고 있다.

한국인이나 러시아인과 국제결혼을 한 일본인여성들은 부모형제와 이별

---

82 厚生労働省ホームページ(http://www.mhlw.go.jp/bunya/engo/seido02/), 中国残留邦人等への支援.

83 吉武輝子(2005), 『置き去りサハリン残留日本女性たちの60年』, 海竜社, pp. 37~39.

하여 혼자 잔류하게 된 경우가 많았다. 그 이유에 대하여 잔류방인인 우오즈미씨(79세)는 "딸을 (잔류)조선인에게 시집을 보내 그 돈으로 부모들을 귀환시킨 사람도 많았다. 나는 돈이 없어서 귀환하지 못했다. 귀환하는 친구들을 보내고 나서 나도 같은 일본인인데도 돌아갈 수 없어서 숨어서 울었다."라고 증언하였다.[84]

국제결혼을 한 일본인여성 중에는 전후 한국인남성, 러시아인남성과 강제적·반강제적(협박, 또는 가족을 위해 등)으로 결혼한 사례도 있고 남편인 한국인남성과 러시아인 남성의 반일감정으로 인한 폭력 심화 등 대부분이 행복한 결혼생활을 누리지 못한 것으로 전해진다.

2011년 11월말 사할린에서 일본으로의 영주귀국자는 100명(가족을 포함하면 252명), 일시귀국자는 2,000명(가족을 포함하면 2,798명)으로 나타났다.[85] 또한 2009년 일본후생노동성 조사보고서에 따르면 이들 중 80%가 "귀국하기를 잘 했다."라고 대답한 것으로 나타났다.[86] 오랫동안 사할린잔류방인을 무시해왔던 일본정부도 최근에는 귀환사업이나 귀환자에 대한 복지서비스 등 중국잔류방인과 함께 사할린방인에 대해서 적극적으로 지원하고 있다.[87]

---

84 産経新聞(2010.9.2),「解放戦争」の現実　白旗に猛爆撃　サハリン残留日本人　泣いて断ち切った帰国の思い에서 인용.
85 産経新聞(2010.9.2) 보도기사.
86 厚生労働省ホームページ(http://www.mhlw.go.jp/bunya/engo/seido02/), 統計等 참고.
87 「平成21年度中国残留邦人等実態調査報告書」참고.

〈표 21〉 식민지시대 외지에서 내지인, 현지인, 외국인별 인구[88] (단위 : 명)

연차		조선 1)				대만 3)			
		총수	내지인 2)	현지인	외국인	총수 4)	내지인 5)	현지인 6)	외국인
메이지 29년	1896년	–	–	–	–	b) 2,627,656	a) 10,584	a) 2,577,104	…
31	1898	–	–	–	–	2,690,096	25,585	a) 2,664,511	…
33	1900	–	–	–	–	2,846,108	37,954	2,802,919	5,235
35	1902	–	–	–	–	3,004,751	47,062	2,953,034	4,655
37	1904	–	–	–	–	3,079,692	53,365	3,020,318	6,009
39	1906	–	–	–	–	3,156,706	71,040	3,075,375	10,291
41	1908	–	–	–	–	3,213,996	83,329	3,118,516	12,151
43	1910	13,313,017	171,543	13,128,780	12,694	3,299,493	98,048	3,186,605	14,840
45	1912	14,827,101	243,729	14,566,783	16,589	3,435,170	122,793	3,294,448	17,929
다이쇼 3년	1914	15,929,962	291,217	15,620,720	18,025	3,554,353	141,835	3,392,936	19,582
5	1916	16,648,129	320,938	16,309,179	18,012	3,596,109	142,452	3,435,034	18,623
7	1918	17,057,032	336,872	16,697,017	23,143	3,669,687	148,831	3,499,706	21,150
9	1920	17,288,989	347,850	16,916,078	25,061	3,757,838	166,621	3,566,381	24,836
11	1922	17,626,761	386,493	17,208,139	32,129	3,904,692	177,953	3,697,371	29,368
13	1924	18,068,116	411,595	17,619,540	36,981	4,041,702	183,317	3,827,112	31,273
15	1926	19,103,900	442,326	18,615,033	46,541	4,241,759	195,769	4,010,485	35,505
쇼와 3년	1928	19,189,699	469,043	18,667,334	53,322	4,438,084	211,202	4,186,518	40,364
5	1930	20,256,563	501,867	19,685,587	69,109	4,679,066	232,299	4,400,076	46,691
7	1932	20,599,876	523,452	20,037,273	39,151	4,929,962	248,528	4,639,226	42,208
9	1934	21,125,827	561,384	20,513,804	50,639	5,194,980	264,280	4,882,288	48,412
11	1936	22,047,836	608,989	21,373,572	65,275	5,451,863	283,706	5,108,914	59,243
13	1938	22,633,751	633,320	21,950,616	49,815	5,746,959	310,748	5,392,806	43,405
15	1940	23,709,057	689,790	22,954,563	64,704	6,077,478	348,962	5,682,233	46,283
17	1942	26,361,401	752,823	25,525,409	83,169	…	…	…	…

---

88 (http://www.teikokushoin.co.jp/statistics/history_civics/index02.html)에서 인용.

IV

일계인 북미 및 남미 이주루트:
미국·브라질·중남미

1. 미국 및 중남미 이주

1) 도항 경로와 과정

일본인들이 해외노동이주를 이행하는데 있어서 중요한 항구였던 요코하마항, 고베항, 나가사키항의 주변 외항여관, 즉 이민여관은 해외이주가 한창이었던 1890년~1900년 사이에 이민자들이 배에 승선하기 전에 며칠간 머물기 위한 숙박업소나 이주알선 등의 창구역할을 담당하였다. 숙박소는 이주알선소가 출현하기 전까지 그 역할을 대행하였기 때문에 해외이주자들에게 있어서 없어서는 안 될 중요한 시설 중의 하나였다. 해외이주노동자의 대부분은 지방에서 올라온 농촌출신자들이 많아 여권이나 해외도항허가증을 지방관청으로부터 부여받은 후 일본을 떠나기 위해 필요한 도항준비, 승선티켓의 구입, 도항절차, 승선 전의 검역검사, 필수품의 구매 등에 관한 정보는 부족했다. 이민여관의 지배인이나 점원들은 이들 도항자들을 위해 승선티켓의 구입, 선실의 확보, 도항일의 확인, 검역검사에 대한 설명, 필수품의 구입 지원 등 제반사항을 도와을 주었다. 또한 도항자의 부탁이 있으면 도착항의 숙박소나 알선업자의 소개 등도 담당하였다. 해외이주가 본격적으로 시작된 21세기 초에는 지연(地緣)으로 연결된 조직화된 외항여관 네트워크가 이주자들의 불안을 불식시키고 해외도항을 원활하게 수행하기 위한 역할을 담당하였다.

2) 초기 이주루트

메이지시대(1868) 이후 일본인의 관약이민은 대부분 하와이의 사탕수수 농장으로 향했다. 현지 대규모 농장의 노동자나 미개척지에서의 경작지개척으로 이주생활을 시작했다. 초기 해외노동이주자들은 돈벌이 목적의 농업종사자가 압도적으로 많았고 어장이나 공장, 상업이나 지식산업을 목표로 한 사람은 소수에 그쳤다.

하와이나 북미서해안지역에서는 계약노동이 끝난 후 도시로 나와 상업이나 제조업에 종사하는 사람들도 생겨났으며 자본을 축적한 후 농장경영으로 전환하는 등 이주자들의 직업도 다양화되기 시작하였다. 이 때문에 나중에 가족초청으로 이주하는 일본인의 경우 농촌뿐만이 아니라 도시로 이주가 확대되어 갔다.

미국으로 이주한 일본인들은 먼저 농업 분야에 도전하여 다양한 분야의 발전에 기여했다. 환금작물로서 야채, 과일, 커피, 면화, 콩, 화훼 등의 재배에 종사하였다. 또한 열대농업에도 도전하여 황마와, 후추재배에 눈부신 성과를 거두었다. 북미에서 초기이주노동자들은 농업이외에도 어업이나 제재업, 또는 철도건설업에 종사하였다. 그 중에서도 영국령 캐나다 지역의 연어잡이나 통조림 공장의 계절노동에는 와카야마 현 출신자가 많았다고 한다.

1853년부터 시작된 일본인의 미국 이민사 연표는 다음과 같다.

〈표 22〉 일본인 미국이민사(1883~1884)

연도	주요내용
1853	'흑선'이 우라가에 내항, 페리제독 막부에 개국 요구
1854	막부가 페리제독과 '통상협약' 체결
1856	미국영사 타운젠트 하리스 시모다 부임
1858	막부가 미국, 영국, 프랑스, 네덜란드, 러시아 5개국과 수호통상조약(불평등조약) 체결
1859	막부 가나가와(요코하마), 나가사키, 하코다테항을 개항하여 조약체결국과 통상 개시
1861	미국국무성의 '이민통계보고'에 기록된 최초의 '일본이민'은 샌프란시스코에 1월~3월에 상륙한 20~25세의 남성하인
1866	막부가 해외도항희망자에 '허가증'을 교부한다는 뜻을 고시하여 유학생 및 외국인에 고용된 하인이나 곡예사 등에 인장 교부 시작
1866	보신전쟁(유신전쟁) 시작
1868	미국인 반 리드가 거류지 가나가와(요코하마) 현에서 모집한 일본인 153여 명을 유신정권의 허가 없이 모집하여 하와이로 출발 반 리드가 거류지 가나가와에서 모집한 일본인 42명을 조약국이 아닌 스페인 영토인 괌 섬에 보냈지만 메이지정부는 그 사실을 인지 못함

연도	주요내용
1869	일본거주 네덜란드인 헨리 주네르가 약 15명의 일본인과 미국 캘리포니아 주 엘도라도군 골드 힐에 '식민지'건설 계획 좌절 6월 17일부 샌프란시스코 '크로니컬' 신문이 미국 망명 중인 전 막부외국총영사 쓰카하라타지마노카미마사요시(塚原但馬守昌義)의 소식을 전달하는 기사 게재
1870	하와이에 건너간 150여 명 중 60여 명이 메이지정부의 허가를 받아 미국서해안에 돈 벌기 위해 도항했지만 40여 명이 일본으로 귀환, 미국인 가르토넬이 일본인 250명을 미국 루지애나주에서 사탕수수 재배에 고용하기 위해 메이지정부에 허가 신청, 정부 불허
1871	주일 네덜란드 공사가 외무경 사와요시노부(澤宣嘉)에게 일본인병사 500명을 용병으로서 네덜란드령 식민지에 파견하고 싶다는 뜻을 전달 외무경 사절
1872	요코하마에서 '마리아 루스호'사건이 발생하여 메이지정부는 동선에 승선하고 있던 청나라 '쿨리'를 해방하여 귀국시키고 '쿨리무역' 반대의 단호한 의지표명 메이지정부는 '인신매매금지령'을 제정하여 동시에 외국인에게 고용되어 출국하는 일본인노동자의 해외체류기한을 1년으로 제안
1874	샌프란시스코 일본영사관의 보고에 의하면 미국 캘리포니아 주 거주 일본인 수는 남자 67명, 여자 8명, 유아 4명으로 발표
1876	사토모모타로(佐藤 百太郎)가 인솔한 '오셔닉 그룹'일행 5명이 미국 뉴욕시에서 일본생사 및 잡화 매매를 위해 도미
1880	미국 샌프란시스코시 거주 일본인이 동항에 내항한 일본해군 군함 '쓰쿠바(筑波)'의 승선원의 환영회를 개최하여 80명 출석
1882	미국 연방회의가 '청국인 이민법'을 제정하여 청국인노동자 입국 10년간 금지
1883	메이지 정부가 '징병령'을 개정했지만 해외유학중인 남자에게는 징병유예를 인정하였기 때문에 징병도피의 해외유학을 희망하는 청년 급증 영국인 존 밀러가 호주 토레스해협의 목요섬에서 진주조개 채취에 일본인 잠수부를 고용하기 위한 허가를 메이지정부에 신청하여 정부 인가
1884	하와이왕국정부는 총영사 로버트 어윈을 일본인 계약노동자의 하와이섬으로의 도항 주선을 목적으로 정부이민국 대리인으로 임명 후쿠자와 유키치(福澤諭吉)가 '시사신보'에 '미국은 지사의 거처가 되리'라는 '이주론의 변'을 게재하여 청년의 도미 장려

〈표 23〉 일본인 미국이민사(1885~1907)

연도	주요내용
1885	1월 28일 제1회 '하와이 관약이민'945명이 요코하마항 출발 2월 합중국 연방회의가 '계약노동자법'을 제정, 계약노동자의 입국 금지 12월 4일 '관보'에 의하면 '미국 샌프란시스코 및 그 주변 거주 일본인 557명'이었음.
1886	1월 일본과 하와이 왕국정부가 '이민도항협약' 체결
1887	시가시게타카(志賀重昂) 저서 '남양시사'와 무토산지(武藤山治) 저서 '미국이주론' '과잉인구' 해외이주 장려

연도	주요내용
1891	3월 미국 연방회의가 '이민법' 제정, 연방정부 이민국 설치 4월 샌프란시스코시 발간 영자신문 일본인노동자 공격 개시 6월 샌프란시스코시 '대일본인회' 창설 8월 해외이주장려 목적 이민과 외무대신관방 설치 9월 쓰네야모리유키(恒屋盛服) '해외식민론' 출판, 일본인의 해외발전 장려 12월 '일본이민키치자(吉佐)합자회사'설립
1892	3월 외무대신 에노모토 타케아키(榎本 武揚)멕시코개척 계획
1893	1월 하와이 왕국에서 혁명이 돌발하여 2월 왕조 붕괴 2월 일본식민회사 설립 에노모토 타케아키(榎本 武揚) 초대회장 취임 3월 미국 샌프란시스코 교육위원회가 일본인학동격리교육결의를 채택했지만 대일본인회가 항의하여 철회
1894	4월 일본에서 '이민보호규칙'이 제정되어 이민알선업자의 영업활동 공인 6월 '관약(官約)이민'의 하와이 도항이 끝나고 '사약(私約)'이민 도항 시작 7월 일본-영국 수호통상조약이 체결되어 '불평등조약' 개정 8월 일본-청국 전쟁 돌발
1895	11월 일본과 브라질정부 수호통상항해조약 체결
1896	1월 '이민보호조약' 대신 '이민보호법' 시행 8월 일본우선(郵船)회사가 시애틀 항로 개설
1897	5월 에노모토 타케아키(榎本 武揚)가 멕시코 일본인노동자 34명 입식 2~3월 하와이 호놀룰루항에서 1,000명 이상의 일본인 상륙 거부 8월 미국이 하와이 합병하여 일본정부 강력 항의
1898	9월 일본인 계약노동자의 입국을 허가하는 페루대통령령 공포
1899	2월 페루 행 제1회 이민 790명 출발 11월 하와이 호놀룰루의 차이나타운에서 '흑사병소동' 발생
1900	하와이 행 여권을 소지하는 일본인노동자의 미국서해안으로의 전항 시작, 숫자 매년 증가 1월 오키나와에서 최초 이주자 27명이 하와이 호놀룰루항 도착 3월 '위조여권'소지자의 미국 서해안북부로 도항 급증 5월 미국 샌프란시스코시에서 시민대회가 개최되어 배일결의 채택 6월 샌프란시스코시 체류 일본인이 일본인연락협의회 창설 8월 일본정보 미국서해안에서 고조되는 배일기운에 대처하기 위해 미국본토와 영국령 캐나다로 향하는 일본인노동자에 대한 여권발행 일시정지
1902	6월 일본정부 미국 재류 일본인 친족의 가족초청도항 허가
1904	2월 10일 일본-러시아전쟁 돌발
1905	2월 샌프란시스코 '크로니컬'지가 방침을 개정하여 일본인 배척 표명 8월 샌프란시스코에 동양인 배척동맹 설립
1906	4월 18일 샌프란시스코 대지진 발생, 큰 불로 시의 대부분 붕괴, 거주일본인 피해자 1만 명 추정 10월 샌프란시스코시 교육국 일본인학동의 청국인 학동격리학교로의 전학 명령 결의 채택, 즉시 실시를 도모하여 '일본인학동격리소동'진전 11월 '학동격리사건' 및 '일본인하와이전항(轉港)문제'의 해결을 도모하기 위해 일미정부간의 협의 시작

연도	주요내용
1907	2월 일본 외무대신과 주일미국대사가 전년 11월부터 계속된 교섭으로 얻은 합의사항을 확인하는 11개 각서(신사협정) 승인 3월 테오도르 루즈벨트 대통령은 '신사협약'에 의해 대통령행정명령을 공포하여 일본인노동자의 하와이로부터 미국 본토 전항(轉港) 금지 5월 샌프란시스코시 폭도가 일본인 경영 레스토랑 습격 9월 영국령 캐나다 뱅쿠버시에서 청국인 및 일본인에 대한 '폭동사건'발생 11월 황국식민회사사장 미즈노 료(水野龍)가 브라질 상파울로주정부와 일본인이주자 도입계약 체결

〈표 24〉 일본인 미국이민사(1908~1940)

연도	주요내용
1908	1월 미국 샌프란시스코시 거주 일본인, 일본인회 설립 1월 일본과 캐나다정부가 레뮤협정을 체결, 이주 일본인 수 제한 4월 제1회 브라질 행 이민 781명 승선한 '카사토마루' 고베항 출항 당해 연도부터 미국거주 일본인 친족 가족초청과 '사진신부'의 도항 본격화
1909	5월 하와이 오아후섬의 사탕수수경작지에서 일본인노동자 동맹파업 돌입
1913	3월 일본 관민유력자가 브라질 척식회사를 설립 이주촉진 도모 4월 캘리포니아 주 의회 '외국인토지법'제정, '귀화불능외국인'인 일본인농가의 토지구매 및 소유금지
1914	2월 일본에서 브라질로의 이주촉진을 위해 일본이민협회설립
1916	3월 브라질이민조합이 브라질 상파울로주의 안쓰네스 도스 산토스회사와 일본이주자 2만 명 송출계약 체결 7월 일본정부는 국적법을 개정하여 조건부로 2세의 일본국적포기 인정
1917	12월 일본에서 이민회사를 통합하여 해외흥업주식회사(해흥) 설립
1918	11월 제1차 세계대전 휴전
1919	1월 제1차 세계대전 종결 후 미국에서 배일기운 재연 7월 일본어학교 단속 법안이 하와이 준주의회 통과 8월 베르사이유 평화의회는 일본에서 제기한 '인종평등조항' 부결
1920	1월 하와이 오아후섬의 사탕수수경작지에서 제2차 동맹파업 시작 2월 일본정부가 '사진결혼자'에 여권교부 중지 11월 미국 캘리포니아 주에서 일반투표에 의해 일본인의 자치권을 박탈하는 '외국인토지법'이 성립하여 서부 모든 주에서 비슷한 외국인 토지법 제정
1921	7월 미국 하와이 준주에서 외국어학교단속법 시행
1922	1월 일본에서 신농해외협회 설립, 1924년 10월에 브라질 아리안사에 이주지 개설 11월 미국 최고재판소는 오자와 타카오(小澤孝雄) 소송의 심사로 미국거주 일본인이 '귀화불능외국인'이라는 결정 판결
1923	9월 관동대지진
1924	5월 미국연방회의가 '귀화불능외국인'의 이주를 금지하는 조항인 '출신국별 이민할당법'을 제정하여 일본인의 미국입국을 전면 금지 11월 일본국적법 개정으로 2세의 국적포기 및 이탈 인정

연도	주요내용
1925	당해 연도부터 일본정부가 도항비를 보조하는 브라질행 이주 시작
1927	2월 하와이 준주에서 외국어학교 단속법관계 소송으로 연방최고재판소가 일본어학교 측에 승소 판결 3월 일본에서 해외이주조합법이 제정되어 8월에는 해외이주조합연합회 창설 12월 브라질에서 일본인이주자가 코치아 산업조합 창설
1928	3월 고베에 국립이민수용소 설립 8월 남미척식주식회사 설립, 브라질 아마존지역 이주개시 9월 일본인이주 촉진을 위한 아마존흥업주식회사 설립
1929	3월 해외이주조합연합회의 현지조직으로 브라질 척식조합 설립 10월 미국 주식대폭락 시작 '세계대공황'시대 돌입
1930	4월 우에쓰카 쓰카사(上塚 司)가 고등척식학교를 설립하여 이듬해 '고척생'을 브라질 송출 9월 미국에서 2세가 전미일계시민협회(JACL)결성
1931	9월 만주사변 돌발
1934	7월 브라질정부가 '외국이민2분 제한법' 공포
1935	당해 파라과이정부 일본인 이민 100가족 입국 허가
1936	6월 페루정부가 '이민 및 영업제한령' 공포
1937	7월 로코쿄(盧溝橋)사건이 발생하여 중일전쟁 시작 8월 브라질 정부 신이민법 시행, 모든 일본어학교 폐쇄
1939	7월 미국정부가 일미통상조약 6개월 후 실효(失効)를 일본정부에 통고, 이듬해 1월 동 조약 발효
1940	5월 페루 리마시 및 주변경작지에서 일본인에 대한 약탈 시작 9월 일본-독일-이탈리아 삼국군사동맹 조인

〈표 25〉 일본인 미국이민사(1941~1945)

연도	주요내용
1941	12월 일본해군 진주만 공격으로 일본-미국 전쟁시작 7일 일미전쟁 돌발직후 미국 관헌이 일본인 지도자와 연안어업에 종사하는 어부 1,300여 명을 '위험적성외국인'으로 간주 구속 7일 캐나다정부도 일본에 대한 선전포고로 국가의 안전을 위협한다고 판단되는 38명의 일본인 구속
1942	1월 미국 연방의회의 캘리포니아 주 선출의원들이 일본인의 강제이주 요청 29일 브라질 정부 추축국 독일-이탈리아-일본과 국교단절로 일본대사관 및 영사관 폐쇄 2월 11일 브라질 정부 추축국인의 경제활동 및 이적행위를 방지하는 동시에 전시 배상의 담보설치를 목적으로 하는 적성국 자산의 동결령 시행 19일 루스벨트대통령이 행정명령 9066호에 서명하여 강제이주 지역 명시, 그 지역으로부터 일본인 이동권한 육군에 부여 24일 캐나다정부도 내각 령에 의해 법무대신에게 '방위지역'으로부터 일계인 이주권한 부여

연도	주요내용
1942	30일 미국에서의 일본인의 집단이주실시책임을 서부방위지구의 사령관 데이비드장군에 위탁 3월 2일 데이비드장군 캘리포니아 주의 서쪽 절반, 오리건, 워싱턴, 애리조나 주의 남쪽 절반이 제1군사지역 포고 4일 캐나다정부는 방위지역으로부터 일계인 이주실시 결정 18일 루스벨트대통령은 전시전주국(War Relocation Authority)을 설립하여 이주자를 위한 수용자 시설의 건립과 관리 위탁 24일 데이비드장군의 포고에 의해 미국시민의 2세를 포함한 일본인가족전원 오후 8시부터 다음날 오전 6시까지 외출금지 30일 공공장소에 군사지역으로부터의 '민간인이주명령'이 공포되어 11만 명에 이르는 일본인과 가족 강제이주 시작 6월 미드웨이해전으로 일본해군 패전 당해 페루정부 일본과 국교단절, 체류일본인의 미국으로 강제송환 시행 당해 멕시코정부가 일본에 선전포고
1943	1월 14일~24일 미국-영국 수뇌가 카사블랑카 회담으로 주요추축국이 무조건 항복할 때까지 개전의 계속 선언 스팀슨 육군장관이 지원병에 의한 일계인2세 전투부대 편성계획 발표 5월 미국정부가 전시동원국 설치 일본에서 중학생이상의 학생동원(학도동원)시작 7월 브라질 정부 추축국민의 24시간이내 이주명령 발의 8월 하와이에서 편성된 2세 부대 '제100대대'가 유럽전장을 향해 출발, 네덜란드 상륙 후 제5군단 제34사단에 편입 9월 미국-영국군이 이탈리아 본토상륙 제100대대의 일계인2세 병사 네덜란드 출발 이탈리아로 향하여 이듬해 6월까지 9개월간 이탈리아 전장에서 전투에 참가 10월 연합국정부는 모스크바에서 외상회담을 개최하여 모스크바 선언 발표 11월 미국-영국-소련 수뇌가 테헤란 회담 미국 정부 연합국인 중국인의 귀화 인정
1944	6월 연합군이 노르망디 상륙작전 수행 8월 8월 21일부터 10월 7일에 걸쳐 미국 단바톤 옥스에서 회의가 개최되어 유엔 헌장 기초 당해 연도 볼리비아 라파스 시 중심지역에 거주하는 일본인 29명 미국 수용소에 이송
1945	2월 얄타연합국 수뇌 회담 개최 3월 아르헨티나 정부 일본에 선전포고 4월 미군 오키나와 현 상륙 4월 25일~6월 26일 샌프란시스코에서 국제연합설립총회 개최 5월 7일 독일 항복 6월 브라질 일본에 대한 선전포고, 파라과이 일본 선전 포고 연합국정부대표가 국제연합헌장 조인 7월 일본에 무조건항복을 요구하는 포츠담선언 발표 8월 초 히로시마, 나가사키 원폭 투하 8일 소련이 일본에 선전포고 15일 일본정부 포츠담선언 수락

〈표 26〉 일본인 미국이민사(1946~1999)

연도	주요내용
1946	3월 브라질에서 승리조와 패배조 항쟁과 관련하여 승리조에 의한 암살 시작
1947	10월 일본에서 해외이주협회 설립
1951	2월 전후 첫 일본기선 '고베마루' 브라질 산토스항에 도착 9월 미국 샌프란시스코에서 대일평화조약 조인
1952	4월 대일강화조약이 발효하여 일본인의 해외이주 재개 10월 전쟁 전 고베이주교양소를 개수한 고베이주 알선소 개업 12월 전후 일본정부 도항비 대부에 의한 이주자 제1진 '쓰지와쿠(辻枠)'에 의한 아마존 이민이 고베항 출발 미국연방의회가 '미국국적법(워터마카란법)'을 제정하여 '귀화불능외국인' 1세에게 귀화권 인정
1953	브라질 마토그로소주 도우라도스로 향하는 '마쓰하라와쿠' 자영개척농민이 산토스항 도착
1954	1월 일본국내 이주업무공약기관으로서 일본해외협회연합회 발족 3월 파라과이 행 계획이주 제1진 라코르메나 이주지로 출발 8월 류큐정부 계획이민 제1진 볼리비아 입식
1955	3월 볼리비아 행 이민 제1진 '니시카와(西川)이민' 일본출발 7월 외무성에 이주국이 설치되어 '이민'의 호칭이 '이주'로 개정 일본에서 해외이주심의회를 내각 자문기관으로 이주촉진을 위해 설치 8월 브라질 코치아산업조합이 관여하는 청년이민 제1진 일본 출발 9월 일본에서 이주국 현지에서 이주지의 조성과 경작지분양을 목적으로 한 일본해외이주진흥주식회사 설립
1956	3월 요코하마 이주알선소 개소 7월 도미니카행 계획이민 제1진 일본 출발 해외이주진흥주식회사의 브라질 현지법인으로서 자믹(JAMIC) 이식민 유한회사 설립 8월 일본과 볼리비아 이주협정 체결 11월 일본에서 전국농업척식협회조합연합회 창설
1957	5월 볼리비아 산환 이주지를 향해 계획이민 제1진 일본 출발
1959	당해 연도 아르헨티나행 계획이주 제1진 일본 출발 7월 일본과 파라과이 이주협정 체결
1960	3월 일본에서 중앙농업척식기금협회 창설 8월 파라과이 뻬라포이주지에 일본인 입식 시작 11월 일본과 브라질 이주협정 체결
1961	8월 도미니카 일본인 이주자 집단 귀국 파라과이 이구아스이주지로 입식 시작 12월 일본과 아르헨티나가 이주협정 체결
1963	7월 해외이주연합회와 해외이주진흥회사가 통합하여 해외이주사업단 설립
1965	5월 외무성에 중남미이주국 설치 9월 브라질 상파울로에서 제1회 남미일계인대회개최
1968	7월 미국에서 1966년 제정된 '이민국적법' 발효, 1924년 이후 실시되었던 '출신국별 이민할당법' 폐지
1971	고베항에서 최후 이민선 '브라질 마루'가 고베항을 출항하여 고베이주센터 폐쇄

연도	주요내용
1972	5월 오키나와 일본 복귀
1973	2월 이주자수송 최종선 '브라질 마루' 요코하마를 출항하여 이후 이주자 수송에 항공기 활용
1974	8월 해외이주와 해외기술협력의 2개 사업단이 합병하여 국제협력사업단 발족
1980	당해 연도 제1회 범미국인2세 대회를 멕시코의 멕시코시티에서 개최
1981	7월 미국연방의회가 전시민간인 주거이전과 수용에 관한 공청회 각지 개최
1988	8월 미국연방의회 '전시일계인억류보상법'을 제정하여 대통령 서명 9월 캐나다정부가 전시중의 일계인억류부당성 인정
1990	6월 일본정부 출입국관리 및 난민인정법 개정으로 일계인의 일본에서의 취업 완화
1991	8월 동경에 일계인고용서비스센터 개설
1992	10월 일본정부 노동성 브라질 상파울로에 일본-브라질 서비스센터 개설
1999	6월 페루 및 볼리비아 일계인사회가 이주 100주년 축하 행사

2. 하와이 이민과 미국대륙진출

일본인의 해외이주 역사는 1868년 5월 사탕수수농장에 노동수요가 급증하고 임금이 높았던 하와이로 영국 화물선이 153명의 일본인 이민자를 태우고 요코하마항을 출발하면서부터 시작된다. 이들 대부분은 일본 농민출신으로 하와이 사탕수수 농장에 3년간 계약노동자로 일하게 되어 있었다. 그러나 당시 일본정부는 도쿠가와막부에서 메이지유신정부로의 변혁기로 정국이 혼란한 틈을 타 허가도 없이 모집하여 하와이에 이민자를 데리고 갔다는 이유 때문에 일본정부는 '우리국민을 약탈한 해적행위이다.'라고 미국인 기업가를 비난하였다.

〈표 27〉 하와이거주 국가별 인구구성 분포(1890년 말 기준)[1]

인종	1890년				1900년[2]
	남성	여성	합계	남녀비율(%)	
하와이 원주민	18,364	16,072	34,436	46.67	29,799(19.3%)
혼혈인	3,085	3,101	6,186	50.13	7,857(5.1%)
하와이 출생 외국인	3,909	3,586	7,495	47.85	
아메리카인	1,298	630	1,928	-	
영국인	982	362	1,344	-	
독일인	729	305	1,034	-	
프랑스인	46	24	70	-	백인계 28,819(18.7%)
포르투갈인	4,770	3,832	8,602	44.55	
노르웨이인	155	72	227	-	
폴리네시아인	404	184	588	-	
중국인	14,522	779	15,301	5.09	25,767(16.7%)
일본인	10,079	2,281	12,360	17.40	61,115(39.7%)
기타	371	48	419	28.97	648(0.5%)
합계	58,714	31,276	89,990	평균 34.75	154,001(100%)

그러나 하와이에 간 일본 이민자들은 2년도 채 못 되어 39명이 노예취급과 가혹한 학대에 시달려 일본정부의 알선과 조정으로 귀국길에 올랐다. 다음해에는 30명의 이민자가 3년간 계약을 마치고 가혹한 학대에 못 이겨 귀국하는 사태가 빚어졌다. 그러나 메이지 원년 일본이민자 중 나머지 90명은 그대로 하와이에 머물렀으며 하와이에 영주한 최초의 집단이 되었다. 메이지원년에 일본 이민은 메이지신정부의 승인 없이 개인알선에 의해 진행되었기 때문에 실패로 끝났지만 1876년 하와이 미국병합에 대한 기대와 투자 증가로 1884년에는 일본인노동자들이 대량 유입되었다. 1885년 1월에

---

1   家仲茂(1943), 『ハワイの歴史と風土』生活社刊, p.316 참고로 필자작성. 중국인이 하와이 및 미국에서 배척당한 하나의 원인으로는 중국인들이 일반적으로 가족을 동반하지 않기 때문이라고 한다. 하와이에서 각 국가별 여성의 수가 가장 적은 국가는 중국이고, 다음이 일본인이다. 이 자료는 일본의 관약이민 재개직후 조사이며 여성이 적은 이유는 이민자 중 여성이 남성의 4분의 1로 제한되어 있었던 사정으로 풀이된다.
2   앞의 책, p. 315 참조 작성.

는 제1회 '관약이민'으로서 943명(남성 676명, 여성159명, 어린이 108명)이 기선 도쿄시호로 요코하마항을 출항하여 같은 해 2월 호놀룰루에 도착했다.[3]

1885년 메이지정부가 추진한 '관약이민'은 일본농촌의 궁핍화에 따른 타개책의 하나였다. 당시 하와이는 미국자본의 영향으로 제당업이 비약적으로 발전하여 노동력의 수요가 급증하던 시기였고 1871년부터 일본과 통상조약을 맺고 있던 하와이 왕국이 일본인 이민을 거듭 요구하였기 때문에 1884년에 10년간의 도항조약이 체결됨으로서 '관약이민'이 개시되었다. 당시 하와이에는 캐나다인 5만 명을 제외한 체류외국인은 5,000명 정도에 불과하였으며 주로 동양에서는 중국인, 일본인, 조선인, 유럽에서는 포르투갈인, 에스파냐인, 이탈리아인, 러시아인, 중앙아메리카로부터는 푸에르토리코인, 아메리카 속령의 필리핀인 등이 유입되었다.[4]

그러나 〈표 27〉에 나타난 바와 같이 1890년에는 하와이 거주 외국인 출신국가도 다양화되었으며 하와이 원주민을 제외한 약 4만 명에 달하는 외국인이 체류하고 있는 것으로 알려졌다. 또한 당시 이민자들 중 중국인이나 일본인들은 부인이나 자녀를 동반하는 경우가 거의 없었기 때문에 남녀비율이 다른 국가보다 훨씬 낮았다. 1893년에는 하와이에 일본인이 약 22,000명, 1894년까지 29,032명이 체류하고 있는 것으로 나타났다. 그 후 1895년에는 사탕수수밭 농장주들이 조합을 설립하여 1899년 26,000명이라는 일본인 계약노동자를 적극적으로 수용하면서 1884년부터 1900년대 사이에 약 5만 명의 일본인 이민노동자들이 정착하였다.

---

3 일본의 이민정책은 메이지원년 실패에 따른 해외이민금지(1868~1885), 하와이 '관약이민(1885~1894)'으로 재개되었다. 일본의 해외이민은 이 '관약이민'시기에 공식적으로 개화되었으며 '회사이민(1894~1908)', '자유이민(1908~1924)'로 이어졌다.

4 家仲茂(1943), 『ハワイの歷史と風土』, 生活社刊, pp. 201~202.

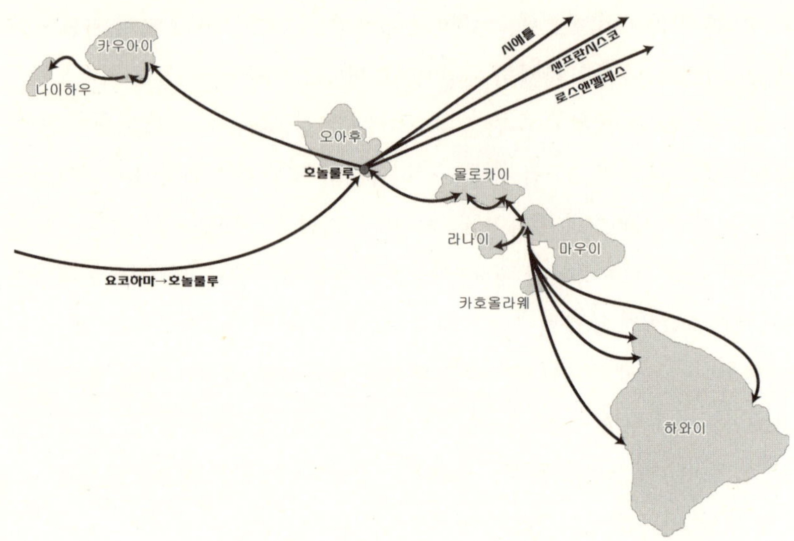

〈그림 7〉 1940년대 하와이를 중심으로 한 일본인 이주루트 지도

이무렵 노동계약이 끝나고 처음으로 자유로운 몸이 된 수 천 명의 일본인 이민자들은 보다 많은 수입을 기대하여 하와이를 떠나 미국대륙으로 들어가기 시작했다. 1902년부터 1907년까지 5년간 약 4만 명의 일본인이 미국대륙으로 이주했다. 이렇게 시작된 일본인노동자의 캘리포니아 대이동은 미국각지에서 중국인 이주자 '황화'에 대하여 일본인 노동자의 진출로 초래되는 미국인 생활수준의 저하와 생활불안을 이유로 대륙이동금지를 목적으로한 '배일'법안이 미국 국회하원에 제출되었다. 일본인 이민자의 맹렬한 반대에도 불구하고 '배일'법안은 예정대로 1907년 미국국회를 통과하여 1908년에 본격적으로 실시되었다.

'배일'이민법의 영향으로 열악한 노동조건과 저임금에 대한 반격으로 1909년 하와이에서 일본인들에 의한 대대적인 대동맹파업이 발생했다.5 파업이후 하와이의 일본인 사회는 다른 사회와의 관계에서 새로운 열망이 유

---

5   1924년 미국은 일본인 이민을 전면금지하는 '배일이민법'을 공식적으로 공포하여 이후 일본의 해외이민은 브라질과 만주로 향하는 '국책이민(1925~1945)'으로 선회하게 되었다.

입되어 일본인은 사탕수수밭을 버리고 떠나려는 자가 점점 증가하였고 새로운 직업을 찾아 미국대륙 호놀룰루나 도시주변에서 자영업을 시작했다. 1920년경에는 오아후섬의 일본인 노동자가 최저임금 인상과 하루 8시간 노동을 요구하며 파업을 일으켜 관철시켰다. 이러한 일로 일본인과 백인과의 거리는 상당히 멀어졌지만 일본사회도 점차 질적 변화를 거듭하면서 최초 하와이에 도착했을 때 단기간 내에 돈을 모아 귀국하는 것이 목적이었지만 점차 하와이에 정착하여 생활하는 사람들이 많아졌다.

일본인과 미국인과의 갈등은 결국 1924년 일본인 이민을 봉쇄하는 '배일 이민법'으로 발전하게 되었다. 또한 중국인과 같이 '귀화 불능 외국인'으로 취급당한 일본인은 그 후 1952까지 미국이민이 전면 금지되었다.

〈표 28〉 하와이 일본인 이주역사[6]

연도	주요 내용
1868	일본인 최초 이민 153명 하와이 도항
1870	하와이산 설탕 9,392톤 생산
1871	일본-하와이 조약체결
1876	하와이와 미국 호혜조약체결, 하와이의 설탕산업 발전
1877	아조르와 마디라 섬으로부터 포르투갈 이민자 하와이 유입
1880	하와이 설탕산업 31,792톤 생산
1882	하와이 경작지 조합노동자 보급회사 설립
1884	일본인 노동자의 하와이 이주협정체결
1887	하와이와 미국 호혜조약 개정, 하와이 신헌법제정
1890	하와이 설탕산업 129,899톤 생산
1893	하와이에 일본인 이민자 22,000명 상회, 하와이 왕조멸망, 체류일본인보호를 위한 순양함 나니와 호놀룰루 급파
1894	청일전쟁
1897	일본인이민의 상륙거절, 순양함나니와호 호놀룰루 급파
1898	8월 12일 미국의 하와이 합병
1899	일본인이민 26,000명 최고기록, 12월 호놀룰루의 페스트유행으로 일본인 거주지 소각, 계약노동자입국금지령
1900	각지에 일본인동맹파업궐기, 일본인의 미국대륙진출 유행

---

6   앞의 책, pp. 218~219 참조하여 필자작성.

연도	주요 내용
1907	'배일이민법' 실시
1909	오아후섬의 일본인 총동맹파업, 일본인 속속 경작지를 버리고 자영업으로 전업 활발
1920	오아후섬의 일본인 총동맹파업

〈표 29〉 하와이 체류 일본인[7]

연도	일본인 체류자 수	하와이 총인구수
1968	146	-
1884	116	80,578
1886	1,949	-
1890	22,360	89,990
1896	23,329	109,220
1900	61,115	154,001
1913	83,100	191,909
1914	91,490	-
1915	97,000	-
1916	102,479	-
1917	106,800	-
1918	110,000	-
1920	112,221	255,912
1921	113,399	-
1922	115,967	-
1923	118,832	-
1924	125,368	-
1925	128,068	-
1926	192,991	328,444
1927	132,242	333,420
1928	134,600	348,767
1929	137,407	357,649
1930	139,631	368,336
1931	143,754	375,211
1932	146,189	380,507
1933	147,507	380,211

---

7   앞의 책, p. 334 참조.

연도	일본인 체류자 수	하와이 총인구수
1934	148,024	378,948
1935	148,972	–
1936	149,886	–
1937	151,141	

〈그림 8〉 일본인 시애틀 경유 미국대륙진출 루트

3. 브라질 이주와 정착

1925년부터 미국에서 일본인 이민이 금지되자 일본정부는 미국 대신 브라질로 이민지를 선택하게 되었다. 미국에서의 교훈으로 일본정부는 이민자들에게 도항비를 지급하고 이민교육을 실시하여 이민에 의한 배일사상을 불식시키기 위한 조치를 강구했다. 구마모토 현, 후쿠오카 현, 오키나와 현, 홋카이도, 히로시마 현을 중심으로 전개된 브라질 이민은 1908년부터 1941년까지 도합 186,000명을 초과하였다.[8]

---

8   サンパウロ人文科学研究所編(1997), 『ブラジル日本移民史年表』, 無明舎出版.

〈그림 9〉 일본인 싱가포르 경유 남미이주루트

그러나 1934년 브라질정부가 중앙집권적 신헌법을 공포하고 '외국인 이주자 2% 제한법'을 제정하자 일본인 이민은 대폭 감소하였다. 1937년에는 브라질정부의 강도 높은 이민정책이 실시되어 일본어교육금지, 일본어 신문과 잡지 단속강화, 일본어 신문정간, 이민사회의 교육문화활동의 제한으로 일본귀국을 선택하는 역이민가 증가하였다. 일본이 1941년 태평양전쟁으로 연합국의 적성국가가 된 이후 브라질의 일본어 신문은 줄줄이 정간되었다. 이렇게 정보가 차단된 상태에서 일계브라질 사회는 세대간 대립이 격화되었고 정체성의 혼란은 1955년까지 계속되었다. 일계브라질 사회의 갈등과 혼란은 1945년 이후 약 10년간 지속되었으며 1980년대 중반이후에는 일본에서 돈 벌기(데카세기) 위한 귀환이민이 시작되면서 정체성문제가 다시 대두되기도 하였다.

일본 내에서 1980년대 중반 이후 주목 받게 된 일계브라질인의 도일은 1990년 입국관리법이 개정되면서 급증하였다. 일반적으로 일본에서 생활하는 일계인이란 남미 브라질로부터 돈 벌러 온 외국인(出稼ぎ: 데카세기)노동자라는 인식이 강했다. 일본정부는 1990년 6월에 실시된 '출입국관리 및 난민인정법(입관법)'의 개정은 불법취로조장 죄의 벌칙이 고용주에게도 부과되어 외국인 불법체류자를 포기하도록 하는 정책을 시행하였다.

〈사진 1〉 남미 브라질 이주 홍보 포스터 및 이주지 생활

〈사진 2〉 일계인 남미 브라질 이민개척 당시 사진

　　1990년대 일본입국관리법 개정은 일계인, 즉 일본인의 배우자(일본인의 배우자, 일본인의 자녀로 출생한 자 및 일본인 특별양자), 정주자(일본인의 자손 등, 일계 2세 및 3세 외국인)들에게 취업을 포함한 일본에서의 제반활동에 제한이 없는 체류자격이 주어졌고 합법적으로 단순노동에도 종사할 수 있게 되었다. 입국관리법 개정 전까지만 해도 일계인의 경우 일본국적을 가지고 있는 이민1세나 이중국적자에게는 입국이나 체류에는 문제가 없었지만 법 개정 후에는 외국적의 2세~3세에게도 합법적인 취업의 문이 열리게 된 것이다. 또한 비일계인이라 하더라도 일계3세까지의 배우자의 경우 일계인과 동등한 특별체류자격이 주어졌다.

〈사진 3〉 남미 브라질 이주지 공장내부

　　1980년대 일계인 1세부터 시작되어 입국관리법 개정을 통해 일계인 2세~3세까지 확대된 남미로부터의 외국인노동자 유입은 당초 일본정부가 '일계인의 돈벌이 노동', '일계인의 U턴 현상'으로 부른 점도 '해외에 이주한 일본인'이 '일계인'의 원점이라고 보았기 때문이다. 이와 같이 일본 출입국관리법의 개정은 일계인 이외의 불법취업외국인의 유입을 막고 일계인을 합법적인 노동력으로 인정함으로서 일본사회의 노동력부족을 해소하려는 의도를 가지고 시행되었다.[9] 이러한 이유 때문에 이 법은 일본 정주자, 일본인 배우자 등이라는 체류자격이 일계인의 합법취업을 직접 보장하는 우대조치법으로 알려지고 있다.

〈사진 4〉 남미 브라질 상파울시 일본어학교(1926)

4. 이주지 정착과 민족공동체 형성

1) 일계아메리카인 민족공동체 형성

일본인의 미국이민은 메이지시대가 시작되기 전인 1861년부터 시작되었

---

9 渡辺雅子(1995), 『共同研究出稼ぎ日系ブラジル人(上)論文編 · 就労と生活』, 明石書店, p. 20.

다. 그 후 미국의 경제발전과 상대적인 일본의 경제빈곤을 배경으로 1880년경부터 이민자가 급증하였다. 처음 도미한 일본인은 어느 국가이민자와 마찬가지로 일본 내 경제적 격차와 불황의 원인으로 미국에서 돈을 벌기 위한 목적으로 미국에 건너갔다. 또한 일본정의 강제 징병으로부터 해방되거나 유학으로 반정부활동의 단속에서 벗어나기 위해 많은 일본인들이 도미하기 시작했다.

1800년 경 일본국내는 불경기, 지세의 중과세, 흉작 등으로 상업경제로 변모하기 시작한 사회경제적 배경 때문에 농촌출신 구직자 가운데 잉여노동력이 해외로 이주하기 시작하였다. 그들은 당시 일본에 체류하고 있던 미국 무역상인의 계약노동자로 고용되어 하와이도 취업하였다. 최초 일본정부로부터 정식 이민으로 인정받은 '하와이 관약이민'은 하와이 이민당국에 의해 일본 각지에서 모집되어 1885년 2,000명으로 시작되어 10년간 약 3만 명이 하와이로 도항하였다.[10]

〈사진 5〉 일본어학교에서 일본전통민속춤을 추는 일계인2세들

---

10   水島瑠美(2005), 『日系アメリカ人のアイデンテイテイ』卒業論文, pp. 4~5.

1900년대에 들어서면 미국대륙으로 이주하는 일본인 이민자들이 증가했지만 이들 역시 당시에는 돈을 벌기 위한 '외국인 노동자'로서 어느 정도 돈을 모으면 그것을 가지고 고향에 돌아가는 것이 목적이었다.[11] 당시 일본인 이민자가 집중된 지역은 미국 서해안 지역이었다. 그 이유는 일본이주가 시작되기 전까지 캘리포니아의 경제발전이 급속도로 성장하여 거의 대부분의 노동력은 중국인들이 차지하였다. 그러나 훨씬 이전부터 미국인의 동양인에 대한 차별이 심했기 때문에 일정 사건을 계기로 중국인의 학살로 이어졌다. 이 사건을 계기로 1880년대는 중국이민단속법이 제정되어 노동력 부족현상을 초래하였으며 이러한 현상을 메우기 위해 외국인노동자들이 일본인으로 대체 되었다. 1890년대에는 이민보호법이 제정되어 해외이민도 조직적으로 시행되었으며 그때까지 일본정부가 담당했던 이주업무를 일본인 이주알선업자가 담당하게 되었다. 당시 일본인이민자들이 종사했던 직종은 가내노동자, 서양요리점 점원, 농업이나 제재소의 노동자, 철도건설노동자 등이었다. 이들 직업은 영어 능력의 차이에 따라 임금의 차이가 있었지만 비교적 높은 임금을 받았다.

1900년대 들어서면 일본으로부터 미국이민자들이 급격히 증가하였다. 이민 초기에는 값싼 노동력으로서 일본인들이 환영받았지만 점차 유럽에서 건너 온 구이민자들이 일본인 신이민자들에 대하여 자신들과는 다른 문화적 배경, 미국개척자의 소멸(토지제한), 직업부족 등으로 혐오감이 증가하고 점차 배척하는 정책을 펼쳤다. 1908년 미국정부는 일본인 이민자의 미국입국을 금지하는 '미일신사협정'을 체결하고 1913년에는 캘리포니아 주에서 귀화불능외국인의 토지소유, 임차, 양도를 제한하는 '외국인토지법'을 제정하였다. 이 협정에 의해 일본인의 미국 이민은 금지되었지만 이미 미국에 노동이민으로 간 일본인은 부인이나 친척을 초청할 수 있었다. 이때부터 본격적인 일계인의 미국 정착이 시작되었다고 볼 수 있다. 일계인들은 정착

---

11 飯野正子(2000),『もう一つの日米関係史』, 有斐閣, pp.10~17.

지에서 학교, 교회, 사원, 부인회 등 일계인 사회의 중심이 되는 단체 등을 조직하였으며 공동체와 마을회를 조직하기 시작했다.

일계인공동체는 과거 배일운동을 교훈삼아 향후 동일사건 발생 시 공동 대처방안으로 샌프란시스코에서 '재미일본인연합협의회'를 결성하였다. 워싱턴 주에서도 일본인회가 결성되어 일본인이민공동체의 단결력과 네트워크를 구축하기 위해 노력하였다. 특히 일본인공동체의 결속에 큰 역할은 담당한 것은 일본어신문발행이었으며 일본정보의 공유와 일본인이민사회의 규범을 정하는 역할을 수행하기도 하였다.

2) 태평양전쟁과 일계인(日系人) 강제이주

일계미국인공동체가 이민사회에서 서서히 정착되어 나갈 무렵 태평양 전쟁의 돌발로 일계인 사회도 큰 전환점을 맞이하게 되었다. 1941년 12월 7일 일본군이 진주만을 공격하자 미국정부는 일계인1세의 은행예금을 동결하고 자산몰수, 강제이주, 국외추방을 시행하여 일계인 사회 지도자 약 1,291명을 강제 구속하였다. 체포된 일본인들은 당시 일계인 단체의 이사 및 교육자, 종교가 등 일계인사회의 리더들이었으며 전미 26개소의 수용시설에 격리 이주되었다. 1942년에는 일계인 1세, 미국시민권자인 일계인 2세 등 약 11만 명의 일계미국인들이 강제이주 또는 강제수용을 당했다. 1942년 2월 19일 루스벨트 미국대통령은 대통령행정명령 9066호를 공포하고 특정지역에서 거주민을 이주하는 권한을 육군장관 및 각 사령관에게 위임하였다. 미국의회는 같은 해 3월 군 명령에 응하지 않는 자에게 벌칙을 부과하는 공법 77-503호를 가결하였다. 당시 약 11만 명의 일계인을 강제 수용하는 것은 대단히 큰 프로젝트로 존 데이비드 서부방위사령부사령관은 당초 일계인을 내륙부에 자진 이주시키려고 했다. 약 1만 명 정도의 일계인들이 이에 응했지만 약 2,000명 정도가 이주하는 수준에 머물렀다. 이에 존 사령관은 1942년 3월 서해안지역으로부터 모든 일계인들을 강제 이주하는 방침을 결정했다. 강제이주 명령은 미국시민권자까지 포함하여 전일계인을 대상으로 취해진 조치였다. 조금이라도 일계인의 피가 섞여있으면 모두 일계인으로 취급받아 10여 곳의 이주수용소에 분리되어 수용되었다.

〈표 30〉 1942년 미국 일계인 강제이주 수용소 및 수용인원[12]

일계인 강제수용지역	수용인원(명)
콜로라도 주 그라나다	7,318
애리조나 주 기라리버	13,348
와이오밍 주 허트마운틴	10,767
아칸소 주 제롬	8,497
캘리포니아 주 맨자나	10,046
아이다호 주 미니도카	9,397
아칸소 주 로와	8,475
캘리포니아 툴 레이크	18,789
유타 주 토파즈	8,130
애리조나 주 포스턴	17,814
합계	112,581

주) 상기 10개 수용소 이외에 수 백 명 규모의 작은 수용시설이 있었음.

상기 〈표 30〉을 보면 당시 약 11만 명의 일본인들은 캘리포니아 주, 아이다호 주, 유타 주, 애리조나 주, 와이오밍 주, 콜로라도 주, 아칸소 주 등지에 있는 10개의 집단수용소에 수감된 것을 알 수 있다. 이들 중 약 1,200명은 미군에 자원입대함으로써 풀려났고 1943년에는 일계인 2세들로 구성된 전투부대가 창설되어 미국에 대한 충성심을 심사 통과조건으로 하는 완화조치를 단행하였다. 일계인 2세들은 획득문서의 번역, 포로 심문 통역 등으로 미군에 협조하면서 충성심을 보여주었다. 그들은 미군에 자원함으로서 일계인 2세의 충성심을 보여줌으로서 전후 일계인들이 미국사회에 정착하는 데 기틀을 마련해주었다.[13]

---

12 岡部一明(1991), 『日系アメリカ人強制収容から戦後補償へ』, 岩波書店, pp. 8~9.
13 Masayo, Duus(1987) *Unlikely Liberators: The Men of the 100th and 442nd*, University

1946년 일계인 강제이주가 종료된 후에도 배일운동에 의해 멸시와 차별을 받았던 일계인 1세들에게도 1952년 미국이민법이 개정되어 시민권취득 시험에 의해 시민권을 정식으로 취득할 수 있게 되었다. 1945년 일본 패전 전 취직차별에 시달려야 했던 일계인들은 태평양전쟁이 끝난 후 미국사회에서 인종차별을 이유로 일계인에 대한 취직난은 거의 사라졌으며 미국사회에 급속히 동화되기 시작하였다. 반대로 일계미국인 사회의 세대간 갈등은 확대되었으며 1930년대 초반 일계인 1세가 주도했던 '모국지원운동'이나 '애국운동'은 급속히 약화되었고 1940년대는 JACL을 중심으로 일계2세의 '미국화' 전략이 본격화 되었다.

그러나 1954년 몽고메리 시영버스 보이콧으로 시작된 흑인 공민권운동이 1963년 워싱턴에서 20만 명의 대행진으로 최고조에 달하면서 1964년에는 흑인해방의 기초인 '공민권법'이 성립되었다. 1960년대 후반에는 미국 각지의 대도시 슬럼가에서 폭동이 빈발하여 '블랙파워'의 흑인 내셔널리즘 운동을 대두시켰다. 이러한 공민권운동의 영향으로 1965년 미국대통령 행정명령 11246호는 연방정부와 관련민간기업과의 적극적인 차별시정조치를 의무화했다. 또한 1968년 이중언어 교육법은 공립학교에서 민족어에 의한 교육을 탄생시켰으며 1965년 이민법은 종래 인종차별적인 이민의 틀을 깨고 아시아, 중남미 등으로부터 대량이민의 유입이 가능하게 했다.

이러한 일계인의 급속한 미국사회로의 동화가 진행되는 추세 속에서 1960년대 흑인들에 의해 주도된 공민권운동은 일계인3세들의 민족의식을 고취시키는 계기를 가져다주었다. 일계인 보상운동의 기원은 1960년대 아프리카계 미국인의 인권운동으로 거슬러 올라간다. 이러한 인권운동이야말로 미국의 인종차별의 역사를 바로잡고 소수민족의 새로운 의식 각성을 촉발시켰다. 이러한 인권각성운동은 다른 소수민족들, 즉 아메리카 원주민, 라티노(중남미인계)는 물론, 아시아인계들에게 점차 확대되어 갔다.

---

of Hawaii Press.

3) JACL의 결성과 일계미국인 강제수용에 대한 보상운동 전개

1970년대 미국대학캠퍼스에서 시작된 아시아계 미국인 인권운동은 각 민족의 지역사회에까지 영향을 미치게 되었다. 당시 미국에는 '차이나타운', '리틀도쿄', '일본마을' 등 아시아계 지역사회공동체가 형성되어 있었다. 이들은 일본인회나 마을회를 중심으로 한 일계인1세의 조직이나 일계미국인시민연맹(JACL: Japanese American Citizen's League)등 일계인2세의 조직과는 달리 진보적인 운동단체였다. 1970년대에는 일계미국인시민연맹(JACL) 전국대회에서 일계인 강제이주에 대한 보상요구를 결의하였다. 제안자는 샌프란시스코 일계인 활동가 에디슨 우노였으며 그는 금전적인 보상이라는 개념을 주장하며 4억 달러의 보상을 공동기금으로 조성하여 모든 소수민족을 위한 커뮤니티센터, 민족교육센터, 민족박물관 등의 건립에 사용하자고 제안하였다.

1970년대 중반 젊은 일계인3세들이 주축이 된 JACL는 일계인 강제이주 문제에 대한 운동을 강화시켜 나갔다. 1976년 클리포드 우에다가 JACL전국보상위원회의 의장에 취임하면서 일계인3세 활동가의 적극적인 참여로 미국정부에 대한 보상요구운동이 본격화 되었다. 그들은 1978년 4월 25,000달러의 개인보상을 골자로 한 운동방침을 내걸고 같은 해 8월 전국대회에서 보상법안성립을 지향하는 결의안을 채택하였다.

당시 JACL은 회원 26,000명, 지부 120개소로 일계인 사회 최대의 정치력을 가진 조직이었다. 1979년 2월에는 본격적인 의회활동에 대한 홍보가 시작되어 JACL의 활동가인 마쓰이 미네타 하원, 이노우에 마쓰나가 상원의원 등 일계미국인 4명의 의원들과 협의하였지만 보상요구가 시기상조라는 의견이 지배적이었다. JACL는 일계인의원들의 충고를 기본적으로 받아들여 먼저 의회에 조사위원회를 설치하여 공청회 및 조사활동을 벌이고 그 보고서에 따라 보상 법안을 만드는 2단계작전의 방침을 정하였다. 1979년에는 '전시시민이전수용에 관한 위원회'를 설치하는 법안이 상정되어 이듬해 7월에 가결되었다.

1980년대에는 소수민족들에 대한 권리의식이 싹트고 헌법적으로 문제가 많았던 미국정부의 일본인 강제이주와 수용정책에 대하여 일계인 2세들이 헌법위반으로 미국정부를 상대로 소송을 제기하게 되었다. 1981년 9월 워싱턴에서 최초의 공청회가 열린 이후 전국 10개 도시에서 열린 공청회에서 550여 명이 강제이주에 대해 증언 하였다. 보상배상실현전미연합(NCCR)은 공청회에 많은 사람들이 참가하여 수용체험자에 대해 증언 하도록 캠페인을 강화했다. 공청회 초기 일계인1세~2세들은 수용소에서의 두려움과 공포, 그리고 미국정부 배신에 불충성에 따른 불이익 우려 등으로 회의적이었지만 점차 공청회가 진행되면서 이러한 두려움들을 불식시키게 되었다.

1983년 2월 보상조사위원회는 '부정된 개인의 권리'라는 보고서를 작성하여 미국의회와 대통령에게 제출함으로서 보상요구의 주장을 인정하도록 했다. 미국정부는 일계인을 강제 수용하는 군사적 조치는 당시 필요하지 않았으며 강제수용은 '인종편견, 전쟁히스테리, 정치적 리더십의 실패'에 의해 발생된 불행한 일로 국가에 의한 사죄, 수용관계의 법률 및 명령으로 기소된 자들의 특사, 실직 공무원의 복권, 강제이주 관련 교육을 위한 기금설립, 생존자 1인당 2만 달러 보상 등을 권고했다.

그러나 NCCR나 일계인 2세를 중심으로 한 일계미국인 보상전미평의회(NCJAR)가 보상운동을 전개했지만 순조롭지만은 않았다. JACL은 1982년 입법화교육위원회를 설립하여 일계인 야스이 의장을 중심으로 전 방위적인 로비활동을 전개하였다.

또한 전미일계인들은 미국 전역에 있는 단체 지부를 통하여 지방선출 의원들을 대상으로 보상운동에 대한 로비활동을 강화시켰다. 그 결과 일계인 사회의 인맥, 지위를 총동원하고 다양한 단체, 시의회, 시장, 직업조합, 노동조합, 인권단체활동 등 일계인 지원네트워크가 크게 확대되었다. 마침내 미국 상원의 법안 1009호가 1988년 4월 20일에 가결되고 8월에는 양원협의에 의한 법안 일원화가 진행되어 8월 10일에 성립된 '시민적 자유법'은 공법

100-383의 제2편에 해당하는 것으로 미국대통령서명을 받게 되었다. 이듬해인 1989년 11월에는 3년 내에 보상을 완수한다는 계획이 입법화되었다. 그리고 마침내 1990년 10월 이후 일계인 강제이주자의 보상은 고령자부터 지불하기 시작하였다.[14]

4) 강제이주 보상운동의 성공과 민족정체성의 회복

일계인 강제이주 보상운동의 가장 큰 성공요인으로서 JACL나 NCCR의 시민운동과 정치적인 파워, 그리고 보상의 논리로서 '이것은 일계인 문제가 아니라 미국정부의 문제이다.'라는 '시민적 자유법'에서 찾을 수 있다. 이로써 1980년대 이후 지속된 일계미국인 사회의 강제이주에 대한 보상운동이 해결되었다.

일계미국인들이 재판에서 승소하게 되면서 미국정부의 사죄와 보상금 지급으로 종래의 패배감에서 벗어나 일계인에 대한 긍정적인 태도와 정체성을 회복하게 되었다. 또한 일계인 보상운동은 미국 내 다른 소수민족운동에도 많은 영향을 미쳤다. 동시에 다른 소수민족 인권운동으로부터 많은 영향을 받았다고 할 수 있다. 일계인 보상운동은 미국 소수민족 전체의 인권운동의 흐름 속에서 발생하였으며 흑인공민권운동과 인디언보상운동으로부터 큰 영향을 받았다. 당시 인디언은 과거 수년간 미국의 침략을 받아 좁은 인디언 집거지에서 살고있었으며 그에 대한 보상운동이 1946년부터 진행되고 있었다. 이러한 보상운동의 성과와 1980년대 이후 글로벌다문화주의 추세에 힘입어 일계인들은 점차 다른 소수민족집단과도 공동체적 연대를 구축하였고 민족차별에 맞서는 '옐로우 파워'를 조직하여 아시아계를 응집시키는 역할에 앞장서기도 하였다.

미국 내 제3세계시민으로서 '일계인'임을 자각하게 된 일계인3세들에게

---

14 앞의 책, pp. 51~52.

강제수용소의 역사는 그들의 정체성과 공동체 형성에 중요한 논리를 제공하였다. 일계인사회에서 일계인3세들의 반란은 과거의 역사와의 단절을 의미했다. 미국사회의 '배일'의 폭풍 속에서 견디어 온 일계인1세는 물론 제2차 세계대전 중 수용소에서 자란 일계인2세들은 미국사회에 대한 반항은 거의 없었다. 그러나 자신들의 정체성을 자각하게 된 일계인3세들의 입장은 강제이주에 대한 공통적인 억압의 역사를 포함하여 미국에 대한 격렬한 저항과 고발을 보여주었고 '순종적이고 조용한 일계인'의 이미지를 탈피한 것이었다. 오늘날 일계미국인 공동체의 위상을 고찰하는 과정에서 강제이주는 이러한 일계인 사회변화의 상징적인 의미를 지니고 있다. 일계인1세~2세의 부모세대들이 강제수용 중에 정체성을 '미국에 충성하는 미국시민이다.' 라고 주장한 것과 반대의 논리로 일계인3세들은 강제이주체험의 회귀에 의한 민족정체성의 회복이라는 정반대의 현상이 발생했던 것이다.

그러나 어떻게 보면 일계인들이 생활하고 있는 공간은 북미이며 타민족과의 문화가 교차하는 지점에서 일본인이라는 민족정체성이 요구되고 있었다. 이런 의미에서 일계미국인 공동체는 일본으로 회귀하려는 민족공동체를 지향했다기보다는 북미에서 그들이 구축하고 재민족화한 또 하나의 미국속의 작은 일본임과 동시에 제3세계의 일본민족공동체를 지향한 것으로 규정할 수 있을 것이다.

5) 일계브라질인 일본 내 민족공동체 형성

일본인의 최초 브라질이민은 1908년 고베항에서 781명의 이주자들이 승선하여 커피농장의 노동자로서 브라질로 향한 이후 계속되었다. 미국이민이 봉쇄된 1925년부터 본격적으로 이민이 시작된 일계브라질인의 이주역사는 플랜테이션 농장에서의 가혹한 노동, 인종차별, 일계인공동체의 형성, 전후 사회적 지위향상과 성공 등 이민정착과정은 다양하고 험난했다.

반대로 일본정부의 입국관리국법이 개정된 1990년대 이전부터 일계브라질인의 외국인 노동자로서 일본국내 유입은 어렵지 않았다. 왜냐하면 브라질로 이민 간 일본인들 상당수가 일본국적을 유지하고 있었으며 그 배우자나 자손들에게 '일본인의 배우자' 라는 체류자격이 주어졌기 때문에 일본에서의 취업도 자유로웠다. 1984년 브라질 경제의 불황과 1985년 '프라자 합의'로 엔화가치가 상승하고 달러가 하락하자 일계브라질인의 외국인노동자로서 일본귀환이 본격적으로 시작되었다. 즉 경제적 이유가 일계브라질인의 브라질로부터 일본으로의 귀환을 선택하게 한 직접적인 배출요인(Push Factor)이었다.

일계브라질인의 일본 흡입요인(Pull Factor)은 1988년 이후 본격화된 일본경제의 '버블경기'가 직접적인 원인으로 작용했다. 더욱이 일계인브라질인의 일본유입이 급격히 증가한 이유는 1990년 일본정부의 '출입국관리 및 난민인정법'의 개정과 시행에 있었다. 일본정부의 출입국관리법의 개정은 일계2세의 배우자나 자녀(일계3세)에게도 '정주자'로서의 체류자격이 주어졌다. 입국관리법 개정 후 비일계 외국인일지라도 배우자가 일계인이면 '정주자'로서 체류자격을 받을 수 있게 된 것이다. 일본에서 '정주자'의 체류자격이란 '영주자'나 '영주자의 배우자'와 마찬가지로 합법적인 취업이 가능했다. 일본에서 입국관리법 개정전후 브라질인의 외국인등록자수를 살펴보면 1989년에는 14,528명이었던 것이 1990년에는 56,429명, 1991년에는 119,333명으로 급증하였다.[15]

다음 〈표 31〉에 나타난 바와 같이 일본에서 국적별 외국인 등록자 수를 보면 아이치 현이 약 8만 명으로 가장 많고 다음이 시즈오카 현이다. 그러나 전체 인구대비 국적별 비율을 살펴보면 시즈오카 현 하마마츠시가 일계브라질인의 비율이 가장 높고, 그 다음이 아이치 현 도요하시시이다.

---

15 近藤敏夫(2005),「日系ブラジル人の就労と生活」,『社会学部論集』, 第40号, pp. 1~2.

〈표 31〉 2008년도 말 일본 도도부현의 국적별 상위 외국인등록자수[16]　　　(단위 :명)

국가(지역)	브라질	미국	합계
도쿄도	4,574	18,925	402,432
오사카 부	4,320	2,605	211,782
아이치 현(도요하시시)	79,156(34.7%)	2,581	228,432
가나가와 현	14,248	5,294	171,889
효고 현	3,697	2,399	102,522
사이타마 현	13,844	1,892	121,515
치바 현	6,354	2,136	111,228
시즈오카 현(하마마츠시)	51,441(49.8%)	825	103,279
교토 부	581	1,220	53,163
이바라키현	11,430	645	56,277
총계	312,582	52,683	2,217,426

주) 상기 표는 기타지역을 제외한 상위 10위권 등록자 수와 합계를 나타냄.

　　당초 일본정부의 입국관리법의 개정 목적이나 이유는 일계인의 일본취업을 가능하게 하기 위한 목적은 없었다. 주요목적은 중국잔류 일본인고아 등의 일본 귀국을 용이하게 하고, 일계인들의 친족방문이 쉽도록 일시 귀국시의 편의를 도모하고, 재일한국인3세들의 '91년 문제'에 대한 대책과 정합성을갖도록 하기 위한 것 이었다.[17] 당시 재일한국인의 협정영주권자의 범위가 첫째, 협정발효 시 일본에 생활하고 있는 자 및 협정발효 후 5년 이내 출생한 자(협정영주 1세대), 둘째 협정영주자의 자녀로서 협정발효 후 5년 경과 후 태어난 자(협정영주 2세대)로 한정되었다. 협정영주 3세대 이하의 세대체류에 관해서는 협정발효일로부터 25년이 경과되는 연도에 한일양국이 재협상한다는 것이 '91년 문제'의 핵심이었다.[18] 그러나 입국관리법 개정이후 도

16　日本法務省(2011), 「在留外国人統計」 参照

17　徐龍達編著(2003), 「法的地位の現状からみた21世紀への展望」, 『21世紀韓朝鮮人の共生ビジョン』日本評論社, p. 270~272 참조. 1991년 문제는 일본입국관리법 개정으로 재일한국인 2세~3세에게 간소한 절차에 의한 영주권 부여, 이주강제사유를 중대범죄에 한정(내란, 외환의 죄, 국교, 외교상의 이익에 관한 죄와 이에 준하는 중대범죄), 재입국기한의 출국기간을 최대 5년 등으로 개정. 1991년 이후 재일한국인은 '특별영주'자격으로 통일되어 영주권을 보장받게 되었다.

일한 최대의 인구는 일계브라질인이었다. 그들은 실질적으로 노동파견업자나 알선업자를 통하여 일본에서 돈을 벌기(데카세기) 위한 목적으로 외국인 노동자로서 일본에 입국하게 되었다.[19]

1990년 일본 입국관리국법의 시행은 일계브라질인의 단순노동을 가능하게 했다는 점에서 큰 전환점이 되었다. 일본의 버블경기는 노동력부족 현상으로 불법취업 외국인노동자들이 건설 현장이나 3D직종에 종사하는 경우가 많았다. 또한 브라질 내의 경기불황과 일본경기의 인플레현상이 일본으로의 외국인노동자들의 유입을 촉진시켰다. 일본의 버블경기 후에도 제조업 중심지역에서는 여전히 노동력 부족이 계속되었으며 인건비 삭감과 노동력 조정의 용이함 때문에 일계브라질인을 외국인노동자로 고용하는 시스템이 구축되었다. 또한 일계브라질인의 입장에서도 입국관리법 개정초기에는 일본에 와서 2~3년간 저축하여 브라질에 귀국하는 사례가 많았기 때문에 고용형태의 대부분이 단기외국인노동자의 취업형태이었다.

그러나 1980년대 후반에 시작된 브라질로부터 도일한 일계브라질인의 이주현상(데카세기)에 대한 연구에서는 최근 일본에서 일계인의 정주화 진행, 브라질 일계인사회의 공동화나 가족붕괴 현상을 지적하고 있다. 일계브라질인의 이주가 가족을 일본에 초청하거나 가족을 동반하여 도일하는 사람들이 많아졌고 전체적으로 일본에 정주하려는 움직임을 보이고 있기 때문이다.[20]

이러한 배경에는 일계브라질인들이 세월이 경과함에 따라 일본생활에 어느 정도 정착하게 되었고 가족을 초청하는 사람들이 증가하였으며 일본 기업에서도 호경기에 힘입어 일본 정부도 노동력 확보를 위해 가족 초청을 장려하였기 때문이다. 특히 일본의 버블경기로 인한 제조업의 생산 확대와

---

18 金敬得(1989), 「在日韓国人の法的地位確立と同胞社会の展望」, 『在日同胞の現状と将来』RAIK(在日韓国人問題研究所), p. 9.

19 梶田孝道(2002), 「日本の外国人労働者政策」, 『国際化する日本社会』梶田孝道·宮島喬 編第1章, 東京大学出版社, p. 21~25.

20 앞의 논문, pp. 267~271 참조.

건축 붐, 그리고 1988년부터 일부 일본대기업이 도요타로 대표되는 '간반방식: just-in time production system'을 수용하여 하청업체의 납품이 세분화되면서 작업량이 대폭 증가하게 되었다. 거기에다 일본청소년 인구감소와 3D직종의 기피 등 일본중소기업의 노동력 부족은 더욱 심각하게 전개되었으며 브라질 경제상황의 불안정과 치안의 악화, 그리고 브라질 생활의 불안으로 1990년 입국관리법의 개정과 더불어 많은 일계브라질인들이 귀환을 선택하는 계기가 되었다.

일본 내 일계인공동체 형성에 관한 사례로서는 일본에서 일계인이 가장 많이 살고 있는 시즈오카 현 하마마츠시(악기산업과 자동차산업)와 아이치 현 도요하시시(자동차 관련산업) 등을 들 수 있다. 하마마츠시와 도요하시시에 일계브라질인이 정착하게 된 요인을 살펴보면 다음과 같다. 먼저 거시적 요인은 하마마츠시나 주변에 있는 기업들이 저임금의 일계인 노동력이 필요했기 때문에 하마마츠시가 일찍부터 일계브라질인 유입정책을 도입하여 이주시스템을 구축했다는 것이다. 미시적 요인으로서는 먼저 하마마츠시에 정착한 일계브라질인들에 의해 상점이나 식당 등 생활환경이 정비하고 가족이나 친척, 친구들의 네트워크를 활용할 수 있게 되었다는 점이다.[21] 그러나 글로벌 다문화시대 1991년 버블경기 이후 일계브라질인의 대량해고, 브라질 귀국여비부족으로 인한 홈리스화 등 일계브라질인의 귀환은 일본사회에서 또 다른 사회문제를 촉발시켰다.

6) 일계인 이민과 이주루트

이 장에서는 현대 일본 생활세계 속에서 일어나고 있는 외국인문제로서 '일계인'이라는 두 가지 형태의 공동체인 일계미국인과 일계브라질인의 공동체 형성을 중심으로 살펴보았다. 1886년 메이지유신이후 시작된 일본인

---

21 松尾友樹(2005), 「日本における外国人の増加—静岡県浜松市の日系ブラジル人を中心に—」, p. 9.

의 하와이 진출과 이주역사, 그리고 1924년 미국의 '배일이민법' 제정에 따른 일본인의 남미, 특히 브라질 이주에 대한 역사를 개괄하였다. 1945년 패전 후 해외로 이주한 일본인의 귀국자 수는 650만 명에 달하며 해외이민이 재개된 것은 샌프란시스코 강화조약에 의해 일본이 주권을 되찾게 된 1952년 이후이다. 그리고 1980년대 중반이후 글로벌화와 더불어 남미에서 일계인들이 대거 유입되면서 일본에서 '일계인'이란 용어가 1990년 입국관리법 개정이후 어떤 법이라는 국가 행위에 의한 이민정책으로 인하여 '일계인'의 의미형성에 어떤 영향을 미쳤는가에 대하여 살펴보았다.

전술한 바와 같이 '일계인'이라는 용어는 언어 사용자의 사용 장면이나 활용방법에 따라 그 단어가 현실적으로 가지고 있는 의미조차 변질될 수 있다는 것을 지적할 수 있을 것이다.

이 장에서는 일계인이란 주로 두 가지 의미에서 살펴보았다. 하나는 일계브라질인으로 1990년대 이후 브라질에서 일본으로 유입된 외국인노동자로 일본 내에 형성된 공동체적인 의미가 강하고, 또 하나는 1868년 메이지 시대 이후 해외에 이주한 일본인 이민자들로 현재 미국에서 거주하고 있는 약 100만 명에 해당하는 일계미국인 공동체이다. 일본 근현대 이민사에서 일본 이민자들이 왜 북미의 미국 서부지역과 남미 브라질에 집중되어 왔으며 이들 이민자들의 송출과 유입요인이라는 쌍방향을 분석하는 작업은 대단히 중요한 연구라고 생각된다.

특히 초국가시대 민족공동체 공간의 형성이라는 관점에서 일계인이라는 용어를 넓은 의미에서는 메이지시대 이후 해외에 진출한 일계인들이 현지에 건설한 민족공동체, 그리고 좁은 의미에서는 1980년대 이후 노동력 부족으로 일본정부의 유입정책 결과 형성된 일본 내 '일계브라질인' 민족공동체를 중심으로 글로벌시대 민족공동체의 존재형태와 의미를 다시 한 번 살펴보는 계기가 될 수 있을 것이다.

V

일계인 이주기억과 디아스포라적 경험

1. 일계인 이주과정[1]

1) 농업 계약노동자로서 이주 개시

일본의 브라질이주는 1908년 4월 28일에 처음 시작되었다. 이주목적은 주로 세계적 커피경기의 부상으로 상파울로주 커피농장이 필요로 하는 계약노동자로서 건너갔다. 제1회 일본인 이주자 781명(기타 브라질정부로부터 도항비를 지급받지 못한 자유 도항자 약 10명)이 이민선 '카사토마루(笠戸丸)'에 승선하여 고베항을 출항하였다. 이 배는 싱가포르, 케이프타운을 거쳐 약 50일간의 오랜 항해 끝에 6월 18일, 브라질 산토스항에 도착하였다.

승선자 대부분은 농업계약이민으로 브라질 도착 후 6개 지역의 커피농장에 배치되었다. 그러나 커피농장에에 배치된 대부분의 일본인 이주자들은 커피의 불황으로 사전에 일본에서 약속한 고임금을 받을 수 없었고 열악한 거주환경으로 불만이 폭증하였다. 그들 대부분이 커피농장을 떠나 브라질 도시부로 이주하여 임시직을 구하거나 공장노동자로서 이산되었다. 일부는 인접국가인 아르헨티나로 이주하는 일본인들도 생겨났다. 브라질 이민은 1941년 태평양전쟁 이전 이주자 약 19만 명, 1952년부터 1973년까지의 이주자 약 6만 명을 합쳐 총 25만 명에 달했다.

〈그림 10〉은 카사토마루의 항해일지로 1908년 4월 28일 일본 고베항으로 출발, 5월 10일 싱가포르, 6월 3일 남아프리카공화국 케이프타운을 거쳐 6월 18일 브라질 산토스항 도착하는 이주루트 과정을 보여 주고 있다.

1908년 당시 브라질은 노동력의 수요가 급증하였지만 1880년대 국제여론이 노예제 폐지를 지지하였기 때문에 급히 유럽으로부터의 이민에 의존할 수밖에 없는 형편이었다. 그러나 브라질 정부가 노예노동 밖에 다룬 적이 없었던 관계로 노동 관리문제로 많은 분쟁이 발생하였다. 당시 최대의

---

1   http://www.jiji.com/jc/v?p=brazilimin-sailroute(2012년 8월 13일 검색)

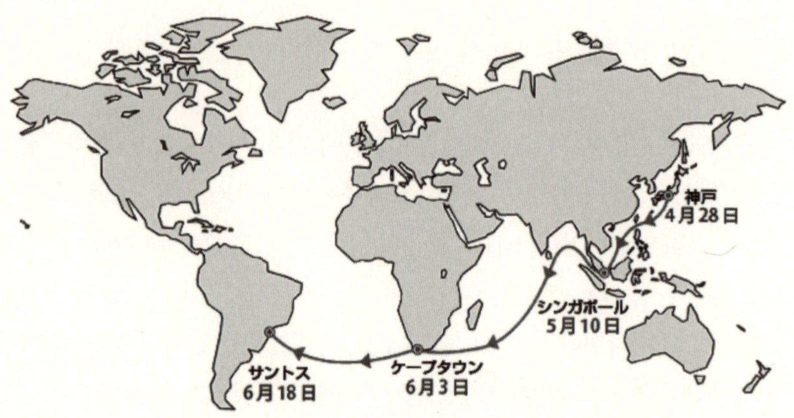

〈그림 10〉 일본인 브라질(고베항-산토스항) 이주루트

이민송출국이었던 이탈리아는 일시적으로 브라질 이주를 금지하였다. 이에 따라 당시 전례가 없었던 동양의 일본인을 수용하게 되었는데 일본 측에서도 미합중국에서 일본인 이민배척운동이 높아지고 있었던 시기였기 때문에 양국의 이해가 일치하여 일본인의 브라질이주가 증가하게 되었다.

일본인의 농업 계약노동자(코로노)는 계약기간이 2년이었다. 일본인 노동자들은 이민회사의 홍보에 의해 2년만 일해도 꽤 큰 돈을 모을 수 있다고 기대했지만 실제로는 기대했던 만큼의 액수에 못 미쳤으며 돈벌이(데카세기) 목적으로 이주한 일본인으로서는 간단히 귀국할 수도 없는 상황이었다. 그러나 계약기간이 끝나고 계약노동자로 현지에 계속 남아있는 일본인은 적었다. 현지 브라질의 음식문화나 생활습관이 다른 일본인으로서 농업노동은 고통이었으며 대개는 자영농의 하청업에 종사하거나 원시림을 사서 개척하는 자영농업의 길을 선택하였다. 이렇게 되자 브라질 농업 측도 새로운 노동력이 필요하게 되어 일본의 이민송출회사에 계속해서 농업노동자를 보내도록 요구하게 되었다.

2) 계약노동이주에서 자영농으로 전환

일본인의 브라질이주지는 대부분이 상파울로주였다. 1940년 4월 시점에서 일본인 이주자는 205,850명 중 상파울로주 거주자는 193,364명이었다. 당시 세계 각국으로부터 브라질 이주자는 브라질 지리학 통계국 기록에 의하면 1884년부터 1958년까지 각국 이주자 480만 명의 그 내역은 다음 〈표 32〉와 같다.

〈표 32〉 브라질 내 각국 이주자 수

출신국가	인원수
이탈리아인	1,514,897
포르투갈인	1,479,545
스페인인	663,512
일본인	214,770
독일인	193,399
러시아인	109,891
기타 스위스, 북미 등	637,938

브라질은 원래 포르투갈 식민지이었기 때문에 포르투갈인 다음으로 이탈리아 반도의 스페인인이 많은 것은 당연하며 노예해방 후 노동력을 보충하기 위한 수단으로 이탈리아인의 돈벌이 노동이주자가 많았다 다음이 일본인 이주자들이다. 독일인의 이주는 1861년부터 유럽으로부터 정책이주였기 때문에 역사가 오래되었다. 그럼에도 불구하고 이주자 수가 적은 것은 돈벌이 노동자가 아니고 식민지경영을 목적으로 한 자영농민이 많았기 때문이다. 독일은 중세 이후 상류 기사단에 의해 식민지 건설의 경험이 풍부하며 일본의 이민사업과 달리 식민사업에 전념해 온 역사가 있다. 독일정부는 이주자를 보내기 전에 미리 이주지의 선정을 중시하였으며 농학자, 지리학자, 생물학자 등에 의한 현지 조사활동을 철저히 시행하였다. 브라질 남부의 산타카타리나 주에는 이렇게 하여 만들어진 독일식 마을이 여러 개 존

재한다. 그러나 일본인 이주자의 경우 돈벌이 노동이주로서 보내진 후 이주자 자신의 노력으로 자영농으로 전환하지 않으면 안 되었다.

3) 브라질 오지개척을 위한 철도 건설

일본인의 이주가 시작된 1908년에는 브라질 북서선이 상파울로 시로부터 약 500㎢ 떨어진 오지인 아라사츠바 시까지 개통되었다. 이 철도는 원래 지역개발보다는 이웃나라 파라과이와의 전쟁에 대비한 군사철도였기 때문에 상파울로로로부터 약 300㎢ 내륙에 위치한 바울시를 기점으로 서북방향으로 향한 대원시림 중앙을 관통하여 건설되었다.

1920년대에 들어서면서 상파울로 주 정부는 오지 진흥정책의 일환으로 철도 연선의 원시림을 25ha 단위로 매각하였다. 농업계약이 끝난 일본인 이주자들은 일제히 북서선 연선에 입식하기 시작하였다. 기록에 의하면 아무도 없는 들판에 일본인 무리들이 쇄도했다는 식으로 역마다 일본인 이주지들이 탄생하기 시작했다. 정확한 숫자는 불명확하지만 1930년대 '삼선연감'(성주신보사 편)에 의하면 북서선 철도연선에는 약 200여 이주지명과 약 85,000명의 일본인들이 거주했다는 기록이 남아있다. 북서선이 마침 일본인에 의해 식민지화 되었다는 느낌이 들 정도로 일본인이 증가하였다. 이 때문에 1924년에는 바울 시에 일본영사관이 개설되기도 하였다.

일본인들은 이 지역에 생활하는 한 포르투갈어(브라질에서 사용되는 포르투갈어)를 배울 필요도 없고 모두 일본어로 생활이 가능했다고 한다. 또한 브라질 최초 일본판신문은 이러한 소규모이주지의 판매광고의 수단으로서 탄생한 '주간남미'라는 등사판 신문이었다. 창간자인 호시나겐이치로(星名健一郎)는 나중에 스스로 분전경지라는 이주지를 개척하였다. 그리고 최초 일본판신문의 기자로서 고용된 사람이 나중에 아리안사이주지를 개척한 와코슌고로(輪湖俊午郎)였다.

4) 식민지 개척

같은 지역에 토지를 매수한 일본인들은 '일본인회'라는 조직을 만들어 그
것을 일본인 식민지 또는 경작지라고 불렀다. 아케보노 식민지나 히노데 식
민지라는 상징적인 명칭을 사용하기도 하였으며 브라질의 지명을 사용한
바로콘 식민지, 마카우바 식민지, 또는 원래 원시림으로 지명이라는 것이
존재하지 않았기 때문에 매각한 토지소유자의 이름을 붙여 산루이스 경작
지 혹은 존 마샤드 경작지라는 이름을 붙이기도 하였다. 경작지 규모는 몇
가족에서부터 수 십 가족들이 모여 사는 것이 일반적이었다.

이렇게 갑작스럽게 철도연선에 일본인 식민지 지역이 건설되었기 때문
에 생활에 필요한 설비는 모두 자신들이 직접 손으로 만들지 않으면 안 되
었다. 생활환경은 매우 힘들었고 영속성과 안정은 보장되지 않았다. 농법
도 화전을 일구어 만든 밭에 의존할 수밖에 없었고 작황이 좋지 않으면 계
속해서 새로운 토지를 찾아 이동했다. 경작지에서 어린이 교육은 전무하고
의료상황도 매우 열악하여 이민은 기민과 다를 바 없었다.

그러나 이민회사는 일본정부로부터 도항보조금이나 브라질 농장주로부
터 알선료를 챙기기 위해 브라질 이주를 홍보하여 계속해서 이주자를 보내
었다. 당시 청일전쟁이나 러일전쟁이라는 양 전쟁으로 피폐된 경제로 인하
여 일본정부로서도 해외이주노동자들에 의한 모국 송금은 큰 매력으로 작
용했다.

5) 정주를 위한 식민지 개척

이주자를 아무런 특별한 계획 없이 이주지로 보내는 것은 당연히 수용자
측으로부터 비난과 국익 상 국제관계를 악화시키지 않을까 하는 우려를 동
반하였다. 이러한 이민방법에 비판을 가지고 노동력 수출로서의 돈벌이 이
민이 아니라 현지정착을 위한 식민을 적극적으로 추진해야 한다고 주장한

사람은 아오야기 이쿠다로(青柳郁太郎)이다. 아오야기는 공무원은 아니었지만 미국유학의 경험도 있었고 일찍이 일본 이민정책에 많은 관심을 가지고 있었다. 그는 자비로 페루, 브라질을 여행하여 유럽의 이민정책에도 정통하고 있었다.

그는 1913년 가쓰라(桂)내각의 지원으로 시부사와 에이이치(渋沢栄一) 등 재계인의 출자를 받아 브라질 척식회사를 설립하였다. 이 회사는 상파울로주정부와 교섭하여 상파울로 남방을 흐르는 리베이라 주변 이구아페에 식민지를 건설하였다. 최초 식민지는 당시 수상 가쓰라 타로우를 기념하여 가쓰라 식민지라고 명명하였다. 계속해서 레지스트로 식민지를 건설하였다. 이주자는 일본을 출발하기 전에 회사로부터 토지를 사서 입식시켰다. 식민지에는 병원, 학교, 매점, 정미공장 등이 설립되고 영농계획도 회사의 전문가에 의해 수립되었다. 이것은 아오야기가 독일계의 식민지 개척사업으로부터 배운 방식으로 브라질 정주를 목표로 하는 최초의 본격적인 일본 식민지였다.

2. 브라질 이민 개척과 이주지 건설

1) 국책이주의 시작

당시 일본정부는 조선반도의 식민지통치를 강화하고 중국, 동남아시아 지역까지 식민사업을 확대하기 위해 동양척식회사법을 개정한 직후였다. 따라서 브라질에서의 식민사업도 동양척식에 준하는 당시 국책회사가 필요하다고 생각하여 아오야기의 브라질 척식회사를 포함하여, 난립하는 이민회사를 해운흥업주식회사로 통합하는 방침을 정하였다. 아오야기는 이에 최후까지 저항했지만 결국 1919년 통합되었다. 그 결과 독자적인 식민지건설을 전개하려던 이구아페식민지도 경영권이 해운흥업으로 넘어감에 따라 아오야기의 꿈은 일단 좌절되었다. 이 무렵 이구아페 식민지는 이미

400가족의 입식을 달성하였다. 이구아페 식민지란 아오야기의 브라질 척식 회사가 건설한 가쓰라, 레지스트로와 더불어 해외흥업에 의해 새로 건설된 세티파라스, 키론포, 쥬키아 등의 식민지를 포함한 지역이었다.

해운흥업주식회사는 국책사업에 의해 생겨났다고 하지만 인재는 종래 이민회사로부터 데려왔기 때문에 반드시 식민사업에 열성이었다고 보기는 어렵다. 모처럼 정주지향의 식민지이면서도 모든 것은 회사의 방침에 따르지 않으면 안 되었으며 입식자의 자유로운 계획에 의한 생산 활동은 존재하지 않았다. 따라서 회사가 추진하려던 작물계획은 대부분 실패하여 소기의 목적을 달성하지는 못했다.

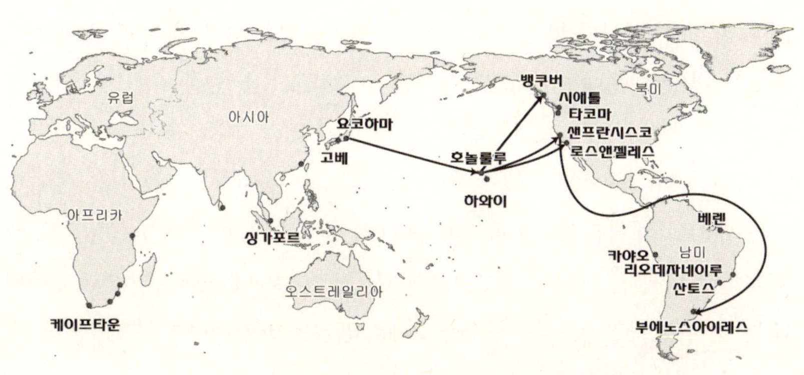

〈그림 11〉 일본인 샌프란시스코 경유 남미이주루트

2) 국책이주의 선구자 – 와코슌고로(輪湖俊午郞)

와코슌고로(輪湖俊午郞)는 1914년 미국으로부터 브라질로 이주한 저널리스트였다. 와코는 1916년 초기에 브라질 일계인사회에서 최초로 창간한 '주간남미'의 기자로서 활약하였으며 같은 해 8월에 가네코 야스사부로(金子保三郞)와 함께 '일본-브라질신문'을 창간하였다. 또한 당시 마쓰우라 총영사의 권유로 최초 일본어활자 신문인 '브라질시보'의 편집장을 맡기도 하였다. 그는 미국에서도 일본어 신문기자를 역임한 경험이 있었기 때문에 당시 한창이었던 일본인 이민배척운동을 직접 목격하여 일본인 이민의 실상에 많은 관심을 가지고 있었다. 그 무렵 아오야기 타로가 브라질에서 정주지향의 식민지건설을 계획하고 있다는 것을 알고 브라질 이주를 결심하게 되었다. 그러나 '브라질시보'는 해외흥업의 기관지적 성격을 가진 신문으로 와코는 아오야기의 꿈이었던 이구아페 식민지가 계속해서 해외흥업의 손에 의해 변질되어 가는 모습을 경험하게 되었다.

와코가 브라질 이주에 기대를 가지고 있었던 것은 아무런 보호도 없이 원주민세계에 들어가지 않으면 안 되는 미국이주자들과 달리 브라질에서는 처녀지를 대상으로 한 개척 농업으로 이주자의 숫자도 많았고 모국의 지원도 기대할 수 없었기 때문이다. 그리고 해외흥업은 국책에 의해 탄생한 회사로서 다양한 문제를 안고 있었지만 장기적으로는 신천지창조의 기관이 될 것으로 기대하고 있었다. 그러나 실제로 부딪힌 현실은 이민자의 힘만으로 이러한 이주문제를 해결할 수 있으리라고는 상상할 수 없었다. 당연히 그의 기사는 해외흥업간부의 기분을 상하게 하여 불평불만의 선동자로 낙인찍히게 되었다. 그리고 와코 자신도 신문에 대한 정열을 잃어버리고 마침내 1920년 '브라질시보'를 사직하고 새로 건설된 세티바라스 식민지에 농민으로서 입식하였다.

3) 일본 역행회와 해외이주

이러한 혼란한 때 일본 역행회(力行会)회장인 나가타 시게시(永田稠)가 일본인의 해외이주 실태조사를 위해 북미, 중미, 남미를 방문하고 있었다. 일본역행회는 1897년 동경 간다(神田)에서 시마누키 효다유(島貫兵太夫) 라는 동북출신의 목사가 가난한 학생들의 생활을 지원하기 위해 만든 조직이었다. 고향을 쫓겨난 이시카와 타쿠보쿠(石川啄木)도 잠시 일본역행회의 기숙사에 머문 적이 있다. 미국 유학 경험이 있었던 시마누키는 일본의 근대화를 위해 청년들을 적극적으로 해외문화에 접촉시킬 필요성을 느끼고 있었다. 그리고 청년들에게 같은 고학이라면 해외로 나가서 국제적인 시야를 넓히도록 권하였다. 당시 미국은 노동력이 부족하였기 때문에 시마누키는 레스토랑의 접시 닦기나 미국인 가정의 청소부 아르바이트로 학비를 충당하는 루트를 개발하여 많은 청년들을 미국으로 보냈다. 또한 일본 동북의 영세농민들에게도 적극적으로 미국이주를 권했다.

나가타 시게시(永田稠)도 역행회 회원으로서 송출된 청년의 한 사람이었다. 나가타는 캘리포니아에서 '북미농보'라는 농업 잡지를 발행하면서 당시 계속 높아지고 있었던 일본인 이민배척의 풍조에 대한 자구책으로 북미일본인농업회라는 조직을 만들고 있었다. 그러나 1914년 지병으로 타계한 시마누키 회장의 유언으로 귀국하여 일본 역행회 제2대회장에 취임하였다.

역행회는 청년들을 미국으로 보내는 조직이었지만 미국의 일본 이민배척을 경험한 나가타는 미국 대신에 새로운 이문화 흡수의 장을 모색하지 않으면 안 되었다.

1920년 나가타는 문부성으로부터 해외이주자 자녀의 교육사정조사의 위탁을 받아 북미로부터 중남미에 걸쳐 8개월에 이르는 조사여행을 시작하였다. 나가타는 미국, 브라질, 우루과이, 아르헨티나, 칠레, 파라과이, 페루, 쿠바, 멕시코 등 9개국을 방문하였는데 특히 브라질에 집착하였다. 당시 브라질은 농업 개발에 힘쓰고 해외로부터 이민을 적극적으로 받아들이고 있었으며 미국과 비교하여 인종차별이 적고 일본인의 근면성이 브라질 농업에 크게 기여할 것으로 생각했기 때문이다.

나가타는 해외흥업의 새로운 식민지에도 관심을 가지고 레지스트로 식민지에 입식한 역행회 회원의 기타하라 치카조(北原地価造)를 방문하여 그곳에서 와코를 만나게 된다. 와코는 일본정부가 이주자를 보내는 것에는 열심이지만 이주에 필요한 생활문화의 확립에는 그다지 관심이 없는 것에 절망하고 있었다.

두 사람은 첫 만남이었지만 와코는 1906년부터 7년간, 나가타는 1908년부터 5년간 함께 미국에서 격렬한 배일운동을 경험했기 때문에 이주문제에 대해서는 서로 공감하는 부분이 많았다. 와코에 의하면 이주지 경영은 이주자 자신에 의한 자치운영이 이상적이며 이주는 단지 노동력의 수출이 아니라 생활수준의 국제화여야 한다고 주장하였다. 나가타는 와코의 주장에 강한 공감을 표시하고 함께 새로운 이주지를 건설하자고 약속하였다. 이때 나가타는 39세, 와코는 29세 였다.

4) 이주협회 활동을 통한 이주지 건설

다음해인 1921년 와코는 나가타의 권유로 단신 귀국하여 나가타와 함께 일본역행회를 거점으로 새로운 이주지 건설운동을 시작하였다. 운동의 슬로건은 "20만엔만 있으면 브라질에 이상적인 이주지를 건설할 수 있다."였다. 이미 10년 전에 아오야기가 동경상공회의소를 대상으로 일으킨 브라질 척식회사의 자본금이 100만엔이었던 것을 감안하면 20만엔이라는 자금은 다이쇼 민주주의 발흥기이기도 하였기 때문에 시민레벨에서도 어떻게든 마련할 수 있는 금액으로 큰 반향을 일으켰다. 나가타와 와코는 해외흥업과 같은 국익에 의거한 지도형의 식민지가 아니라 이주자 자신의 자치운영에 의한 협동조합방식의 이주지를 생각하고 있었다. 와코의 계획은 20만엔만 있으면 1세대 25ha의 토지배분으로 200~300세대 규모의 이주지를 만들 수 있다는 계산이었다.

그러나 현실적으로는 좀처럼 이러한 이민운동이 계획대로 전개되지 못하고 와코와 나가타의 활동자금조차 역행회의 활동자금을 빌리지 않으면 안 되는 상황이었다. 체류기간도 거의 얼마 남지 않을 무렵 와코는 브라질에 남겨둔 아내로부터 막 태어난 장남이 병사한 것을 알게 되었고 이에 이민운동에 대한 의욕을 완전히 상실하게 되었다. 나가타로서는 자신의 권유로 일하게 된 와코를 이대로 브라질로 조용히 돌아가게 할 수 없다고 판단하여 적어도 이주지건설운동을 계속하기 위한 형태의 조직이라도 만들어두어야겠다는생각을 하게 되었다.

그리고 1921년 말 나가타는 신농해외협회(信濃海外協会)라는 조직을 발족하였다. 원래는 전국규모의 협회로 만들 생각이었지만 나가타는 나가노현 지방출신이었던 점도 있어 역행회의 후원자이기도 한 유족원 의원 이마이 고스케(今井伍介)의 조언으로 나가노현지사인 오카다 타다히코(岡田忠彦)를 총재로 하여금 나가노현의 협력을 얻도록 부탁하였다. 사무국장에는 와코로 하여 20만엔으로 가능한 이주지건설계획을 문서화하여 브라질로 보냈다.

5) 일계인 아리안사 이주지 탄생

와코는 브라질로 돌아와 일본영사관의 이주민실태조사의 사업을 인수하여 조사활동 중 비밀리에 후보지를 찾아 나섰다. 이때 조사를 정리한 '노로에스테 연감(のろえすて年鑑)'은 브라질 이주지에 대한 최초 실태조사로 불리고 있다.

한편 신농해외협회는 나가노현 협력을 위해 총재로 취임한 오카다지사가 구마모토로 전임되었기 때문에 나가타는 신임의 혼마지사를 설득하기 위해 힘썼다. 이러한 여러 가지 우여곡절 끝에 나가타는 정치력으로 혼마의 지지를 얻어내고 모금활동을 개시하였다. 그런데 이번에는 관동대지진으로 일본역행회 자체의 재건에 매달리지 않으면 안 되었다. 그리고 다음 해인 1924년, 와코는 당초 20만엔에는 못 미친 7만엔의 자금을 가지고 브라질로 건너갔다.

와코는 나가타를 맞이하자 브라질 상원의원의 알프레도 미란도와 협의하여 상파울로의 오지에 3년간의 지불계약으로 5,500ha의 토지를 매입하는 데 성공하였다. 이전에 레지스트로 식민지에서 나가타와 와코를 소개한 기타하라 치카조(北原地価造)가 스태프들을 데리고 들어와 개척을 시작하였다.

새로운 이주지명은 브라질어로 일치, 협력, 화합을 의미하는 '아리안사'로 명명하여 당시 일반적으로 사용되었던 '식민지'라는 용어를 버리고 '아리안사 이주지'라고 하였다. '이민'을 대신하는 새로운 개념으로 '이주'를 최초로 사용하기도 하였다. 개척책임자인 기타하라는 이미 1년 전부터 이주지 건설에 대비하여 꼼꼼히 준비를 하고 있었기 때문에 개척스태프는 브라질 거주 역행회의 청년들이 담당하였다.

아리안사는 이주자 자신들이 계획하고 스스로 건설에 착수한 최초의 대규모 이주지였으며 그 후 정치적 이유로 마지막이 된 유일한 이주지가 되었다. 이주지의 토지분양은 1925년 2월부터 개시되었다. 같은 해 여름에는 제1차 입식자가 들어왔으며 다음 해인 1926년에는 200구획을 전부 판매하였다. 운영은 조합방식으로 와코와 기타하라가 담당하였다.

또한 브라질 이주는 가족이주가 원칙이었지만 나가타는 영사관과 협의하여 가족초청의 형태로 50명의 청년 단독이주를 실현하고, 일본 역행회의 남미농업연습소를 설치하였다. 이후 이주문제를 지원하는 각 이주지의 활동가, 저널리스트들 중에는 이 곳 출신자들이 많았다.

6) 해외이주조합법의 공포

아리안사 이주지의 성공은 일본국내에서 큰 파문을 일으켰다. 1926년에는 바로 도토리 현(鳥取県)에 해외협회가 설립되어 신농(信濃)과 협동으로 제2아리안사 이주지를 개척하였다. 도야마 현(富山県)에서도 해외협회가 설립되어 신농과 협력으로 제2아리안사 이주지를 개척하였다. 또한 구마모토 해외협회도 아리안사의 인접지구에 빌라노바(새로운 마을) 이주지를 개척하였다. 와코는 이들 모든 이주지 구입에서부터 설립까지의 사무를 도맡았다. 당시 아리안사는 상파울로 주의 최고 오지에 있었지만 이주운동의 메카로서 브라질이나 일본으로부터 시찰단이 속속 방문하기에 이르렀다.

이러한 이주붐을 배경으로 1927년, 일본 제국회의에서 해외이주조합법이 성립되자마자 모든 현으로 해외협회가 확대되어 해외이주조합연합회가 조직되었다. 그리고 이 연합회는 조선의 식민지지배의 중핵이었던 동양척식회사와 똑같은 권한이 주어지고 브라질 현지조직으로서 브라질 척식조합을 설립하였다. 이렇게하여 일본도 제2기의 본격적인 국책이주 시대를 맞이하게 되었다.

해외이주조합연합회의 전무이사에는 아리안사 건설을 지원한 전 나가노 현지사 우메타니 미쓰사다(梅谷光貞)가 취임하였다. 우메타니는 곧바로 브라질로 건너가 와코를 참모로 하여 치에테이주지(현재 상파울로주 페레이라 바레토시), 바스토스이주지(현재 상파울로주 바스토스시), 토레스 바라스이주지(현재 파라나주 아사이시)를 설립해 나갔다.

해외이주연합회는 당초 매년 각 이주조합의 이주지를 8개씩 개척하여 200가족 단위로 각 현별로 이주지를 만들 계획이었다. 그러나 이주지의 현지사정을 전혀 알지 못하는 이민자들이 들어오면서 현별로 특색 있는 마을을 조성하는 일은 불가능했다. 와코는 우메타니에게 브라질 측에서 통일된 관리 기구를 만들어 출신 현별로 구속되지 않은 전국적인 이주지를 만들어야 한다고 주장하였다. 우메타니도 여기에 동의하여 통일된 이주지를 만들기로 방향을 전환하였지만 일본 측의 각 해외협회는 납득하지 못했고 연합회의 활동은 출발단계에서부터 분쟁이 끊이지 않았다. 해외에 일본마을을 만든다는 구상은 브라질에서 와코 등의 반대로 실현되지 못했지만 1932년부터 개시된 만주개척에서는 강행되었다.

7) 브라질 척식조합과 이주협회 갈등

이민을 둘러싼 송출 측과 수용 측의 생각의 차이는 연합회 내부의 다양한 인맥들의 분쟁을 유발하게 되었는데 그 배경에는 해외진출을 계획되고 있던 가타구라계(片倉製糸)와 미쓰비시계(三菱系)의 주도권 대립이었다. 1930년 우익의 총격으로 하마구치 수상이 동경 역에서 부상당하였기 때문에 미쓰비시계의 시데하라 기주로(幣原喜重郎)가 대리수상에 취임하자 가타구라계의 우메타니는 사임에 직면하게 되었고 연합회는 미쓰비시계의 히라오 하치사부로(平生釟三郎)이사장과 미야사카 구니토(宮坂国人)전무의 체제로 전환되었다. 우메타니와 협력하여 브라질 척식조합 이주지 건설에 분주하고 있던 와코는 현지이사를 사임하고 이를 계기로 아리안사로 돌아와 경영에 전념하였지만 산업정책본위의 이주정책을 실행하려는 연합회의 브라질척식회사와 대립하게 되었다.

그러나 브라질척식회사와의 대립은 일본정부로부터 보조금 교부에서 매우 불리하게 작용했으며 아리안사 내부에 다양한 대립을 초래하게 되었다. 경영자금의 부족으로 고민하고 있던 도토리 현, 도야마 현, 구마모토 현 등의 이주조합은 점차 경영권을 브라질척식회사에 양도하였으며 이에 따라 브라질척식회사는 아리안사의 대부분을 장악하게 되었다. 또한 브라질척식회사는 아리안사와 인접한 지역에 노바 아리안사이주지, 폴모자 이주지를 개설하여 신농이주조합의 제1아리안사와 완전히 독립하게 되었다.

이러한 갈등을 극복하고 최종적으로 신농이주조합은 브라질척식회사와 제휴하면서 아리안사의 경영을 계속 확대해 나갔다. 1934년 2월 와코는 아리안사의 미래를 전망하고 이사직을 사임하였다. 아리안사를 떠나 예전에 자기가 건설하였던 치에테이주지로 옮긴 후 이주운동에 전혀 참여하지 않았다. 그 후 브라질척식회사를 비롯한 다양한 이민기관으로부터 협력을 권유받았지만 응하지 않았고 상파울로시로의 전거를 권유 받았지만 이에도 응하지 않았다.

아리안사의 성공이 도화선이 되어 성립된 해외이주조합법이 결과적으로 나가타와 와코가 가장 두려워했던 관료와 대자본에 의한 일본국책이주를 결정짓게 된 계기가 된 것은 아이러니컬하다. 그리고 제1아리안사도 1938년 마침내 브라질척식주식회사 산하의 이주지로 전환되었다.

8) 아리안사 이주지 개척 성공과 대규모 국책이주지 건설

아리안사는 상파울로로부터 서북쪽으로 약 600km 떨어진 곳에 위치하고 있다. 상파울로주의 거의 서북단에 가까우며 거기에서 조금 더 가면 마트구로소주와의 경계를 흐르는 파라나 강이 나온다. 파라나 강은 남미대륙의 한가운데를 남쪽으로 향하여 흐르는 큰 강으로 거기에서 조금 밑으로 내려오면 파라과이 국경과 접하고 있으며 아르헨티나의 부에노스아이레스를 거쳐 대서양으로 흘러나온다.

노로에스테(브라질어로 서북을 의미한다.)지방은 일본인의 이주가 시작된 1906년에 이미 바울시를 기점으로 한 노로에스테 철도가 아라사츠바까지 개통되어 있었다. 이 철도는 연선을 따라 마을과 마을을 연결하기 위한 것이 아니고 원래는 이웃나라 파라과이와의 전쟁에 대비한 군사철도였기 때문에 원시림의 한가운데를 일직선으로 서북쪽으로 향하여 건설되어 있었다. 1920년대 들어서 브라질 정부는 오지 진흥책을 위해 철도연선의 원시림을 25ha 단위로 저렴하게 이주자들에게 분양하였다.

원래 커피농장의 계약노동자로서 돈벌이 목적으로 이주한 일본인들은 아무도 살지 않는 노로에스테 연선에 입식하기 시작했다. 이 때문에 노로에스테 연선은 어디를 가더라도 일본인들이 살고 있는 일본인 마을을 형성하게 되었다. 바울 시는 일본이민의 중심지가 되었으며 영사관이 설치되고 일본어신문이 발행되기도 하였다.

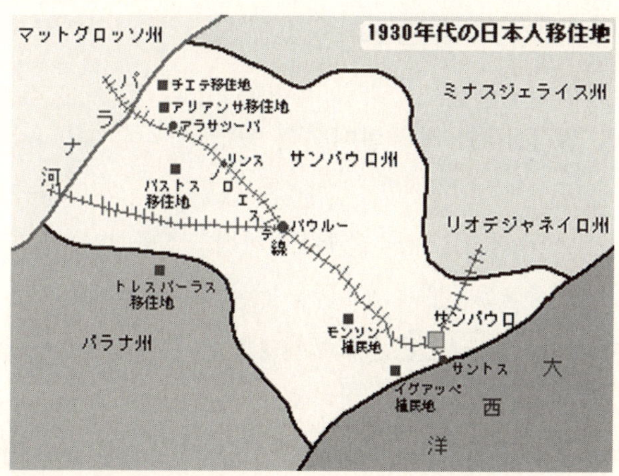

〈그림 12〉 1930년대 일계인 이주지 개척지도

상파울로에서 바울 시까지는 철도로 370㎞나 되었기 때문에 도쿄에서 나고야 정도의 거리이다. 바울에서 아라사츠바 시는 200km로 나고야에서 교토까지의 거리이다. 또한 아리안사이주지까지는 80km로 교토에서 고베까지의 거리이다. 당시 아리안사에서 상파울로시까지 나오기 위해서는 기차로 이틀정도 걸렸다고 한다. 현재 노로에스테선은 화물전용으로 여객은 주로 버스를 이용한다. 특급 버스로 10시간 정도 걸린다. 비행기로 아라사츠바 시까지 가서 거기에서 버스를 이용할 수도 있다. 1924년 브라질에서 아리안사 이주지가 생겨나면서 일본국내에서도 이주붐이 일어났다. 더욱이 일본국내 경제불황이 계속되자 1927년에 해외이주조합법이 공포되었다. 일본 국책회사로서 브라질척식조합이 설립되어 치에테이주지, 바스토스이주지, 토레스바라스이주지 등 계속해서 대규모 이주지가 건설되어 대량의 일본인 이주자가 송출되기 시작하였다. 그리고 1941년 태평양전쟁의 개시와 더불어 이주자들은 일본정부의 보호로부터 벗어나 일계인 디아스포라로서 역경의 길을 걷게 되었다.

1906년부터 태평양전쟁이 개시된 1941년까지 일본인 이주자는 약 20만 명, 1945년 이후 이주자가 약 5만 명 정도로 파악되고 있다. 현재 이들 이민자의 후예들이 1990년대 이후 데카세기(돈벌이) 외국인노동자로서 일본에 귀환하였으며 그 수가 30만 명을 초과하였다.

9) 해방 전(1945) 브라질이주의 종언

아리안사가 필사적으로 브라질 척식회사에 저항한 1931년부터 1934년에 걸쳐 일본은 중국동북부에 만주국을 건설하고 있었으며 유럽에서는 히틀러정권이 수립되었다. 일본은 국제연맹을 탈퇴하여 미국과의 군사대결 노선을 선택하였다. 이후 만몽개척지에 이주민을 송출시키는 것이 급선무로 브라질 이주지에 대해서는 이민자의 보호보다는 면화 등의 전략물자조달을 보다 중시하게 되었다.

한편 브라질에서도 국내 내셔널리즘이 대두되어 일본, 독일, 이탈리아 출신 이주민을 대상으로 한 외국어교육, 외국어 신문 발행이 금지되었다. 그리고 태평양전쟁 개전의 해인 6월에 고베항을 출항한 브에노스아이레스마루를 끝으로 일본인의 브라질 이주는 막을 내리게 되었다. 브라질 재주의 일본대사관, 영사관, 브라질척식회사 관계자는 모두 일본으로 귀환하였고 20만 명 이상의 일본인 이민자는 사실상 버려진 상태가 되었다.

1945년 이전 개설된 브라질 상파울로주의 일본인 북브라질(아마존) 이주지로서는 1927년에 남미척식주식회사에 의해 아마존강 입구의 파라주에 개설된 아카라식민지(현재의 토메아스 이주지), 아마존흥업주식회사가 아마존 중류지역 파린친스에 개설한 황마재배지가 있다.

파라과이에는 1936년 브라질척식회사가 개설한 라코르메나 이주지가 있으며 이것이 1945년 이후 파라과이 이주의 기지가 되었다. 1945년 이후 일본인의 브라질 이주는 1952년 아마존 이주부터 재개되어 5만 명 이상이 도항하였지만 이것은 1945년 이전 이주지로의 입식이 아니고 상파울로주 이외의 아마존, 마트그로소주 등에 독립되어 배치되었다. 그러나 이들 이주지의 대부분은 독자적인 발전을 이룩하지 못하고 사라진 것이 많았다.

10) 21세기 다민족, 다인종, 다언어 국가 브라질

1945년 이후 브라질경제의 발전에 힘입어 일본인 이주자는 농업에서 탈피하여 상파울로시로 집중되었다. 예전의 대규모이주지는 일계인의 유출과는 반대로 브라질인구가 증가하여 이주지는 대도시로 변모해갔다. 현재 이구아페 식민지는 레지스트로 시, 치에테 이주지는 페레이라 바레토시, 바스토스 이주지는 바스토스시, 토레스 바라스 이주지는 아사이 시로 성장했다. 예전의 대규모이주지였던 일계인이주지의 흔적을 현재에도 그대로 유지하고 있는 것은 아리안사 이주지밖에 없다. 일계인이주지의 몰락은 산업경제적인 측면과 역사적 관점에서 살펴보면 당연한 귀결이라고 생각할 수 있지만 이것은 동시에 일본인 이주민을 지탱해온 일본문화의 쇠퇴를 반영하고 있기도 하다.

21세기 글로벌시대 인간의 이동과 활동은 지구적 규모로 전환되고 있다. 각국 이민자로 구성된 브라질에서는 예전과 같은 주류 문화로의 동화정책을 완화하고 각 이주민의 문화를 존중하는 문화적 다원주의를 지향하고 있다. 일계인이 현지에서 형성된 일계인 문화가 어떤 형태로 보존되고 유지될 것인가는 향후 큰 과제로 남아있다.

11) 일계인과 타민족 디아스포라와의 관계

일본인이주자들이 기록한 문헌에는 유럽계 이주자들과의 관계를 기술한 문헌은 매우 드물다. 그 이유는 이주지에서 일본만의 독특한 사회문화를 형성하고 있었기 때문에 이주민수준에서는 언어문제도 있어 거의 관심을 가질 수 없었을 것으로 짐작된다.

그러나 당시 이주지 개척을 둘러싼 브라질척식회사가 건설한 바스토스 이주지는 현재 파우리스타선이라는 철도와 간선도로가 관통하고 있지만, 1929년 건설 당시는 50km 정도 떨어진 소로카바나 철도의 구와타역으로부터 자재를 운반해야하는 밀림의 한가운데였다. 이 장소를 선정한 것은 이미 당시 제1차 세계대전의 전란을 피해온 레토니아아인(라트비아인)들이 바르파식민지를 건설하였으며 그들이 건설한 도로에서 자재의 대량운송이 가능했기 때문이다. 이 도로는 레토니아아인들이 여자들까지 총동원하여 만든 것으로 다리 하나를 건설하는데 많은 희생을 치렀다. 이 도로의 건설로 그 후 러시아인, 독일인, 프랑스인, 우크라이나인, 불가리아인 등에 의한 식민지가 건설되었고 마지막으로 일본인의 대규모이주지가 건설되었다.

레토니아아인은 외국으로부터 침략을 많이 받아온 나라 출신의 이민자들로 구성되어 약자의 입장에서 이문화공존에 강한 문화를 가지고 있었다. 그들은 타국 이주민들을 위해 목재, 기와, 석재 등 건설자재의 제공, 양계, 목축 등의 기술전수에도 협력하였다. 또한 1931년 커피묘목의 이식금지로 면화농업으로 전환할 때에도 일본인은 레토니아인으로부터 재배방법을 전수받았다. 특히 바스토스이주지 건설에 레토니아인의 협력은 절대적이었다. 일본계 브라질척식회사의 기술자들도 이주지 경영을 위한 시찰에 여러 번 나섰으며 의료시설도 바스토스 병원이 설립되기까지 레토니아인의 병원에 의존할 수밖에 없었다.

유럽계 이주지에서 생활한 일계인 이주민의 디아스포라적 경험에 대해서는 고야마로쿠로(香山六郎)의 '고야마로쿠로 회상록(香山六郎回想錄)', 와코　고로(輪湖俊午郎)의 '유전의 흔적(流転の跡)'이라는 몬손식민지에서의 이주생활기록이 남아있다. 몬손식민지는 1909년 브라질 정부가 외국이민자들을 위해 개설한 이주지로 학교, 병원을 완비한 이주지였다. 일본인에게도 문호가 개방되어 있었으며 고야마는 1915년부터 수년간, 와코는 미국으로부터 재이주한 1915년부터 1년 정도 고야마 집에 기숙한 적이 있다. 당시 몬손지역에는 20가구 정도의 일본인이 생활하고 있었는데 생활습관의 차이로 일본집거지에 거주하였으며 유럽계 이주민들에게 관심을 가진 사람은 드물었다. 그러나 독일인, 프랑스인, 이탈리아인, 스페인 등으로 구성된 이곳 이주지는 세계 인종과 민족의 전시장과도 같은 분위기가 흐르고 있었기 때문에 자연적으로 와코(輪湖)도 타 이주민의 생활환경에도 관심을 갖게 되는 계기가 되었다.

〈표 33〉 일본-브라질 이민사

연도	주요 내용
1888	노예제 폐지령에 의해서 커피농장의 일손부족이 심각하게 되었고 다수의 외국인 이주자 도입이 시작되었음.
1895	일본-브라질 수호통상항해조약 조인.
1897	페트로폴리스에 일본제국공사관 개설.
1902	이탈리아 정부 브라질행 계약이민의 도항 금지, 일본이민 도입 계기.
1906	일본정부 칙령에 의해 남만주철도주식회사 설립. 미국 샌프란시스코 학무국이 일본인 학동 격리명령. 일본인 이민 배척운동 강화.
1907	황국식민회사와 상파울로주 농무국이 3개년 3,000명의 일본이민 수송계약 조인. 일본정부 북미이민자숙을 서약하는 '일미신사협약' 체결.

연도	주요 내용
1908	흥국식민회사 제1회 브라질 이민자 781명이 카사토마루(笠戶丸)로 고베항 출항, 산토스항에 도착, 6개 농장에 분산. 일본정부 한국 강제병합 전에 조선반도의 개발을 진행하기 위해 동양척식주식회사법 제정.
1910	제2회 이민자 909명이 료준마루(旅順丸)로 산토스항에 입항.
1911	몬손 제1식민지에 5가구 입식, 일본이민 최초 토지소유자가 됨.
1912	제3회 이민 1,432명이 이츠쿠시마마루(嚴島丸)로 산토스항 입항. 제4회 이민 1,412명이 가나가와마루(神奈川丸)로 산토스항 입항.
1913	제5회 이민자 1,506명이 제2운카이(雲海丸)마루로 산토스항 입항. 제6회 이민자 1,588명이 와카사마루(若狹丸)로 산토스항 입항. 미나스제라이스 주 금광상노동자로서 광산이민 107명이 리우데자네이루에 도착. 제7회 이민자 1,946명이 산토스항 입항. 제8회 이민자 1,808명이 와카사마루(若狹丸)로 산토스항 입항. 캘리포니아 주정부 외국인 토지소유 금지. 일계농민에 대한 압력 강화. 시부사와 에이이치 등이 브라질척식주식회사를 설립하여 상파울로주에 이구아페식민지 개설.
1914	상파울로주 정부, 일본이민자 도항비보조 중지 선언.
1915	상파울로시 콘데거리에 다이쇼소학교 개설, 아동 수 3명. 상파울로주로의 일본이민자 증가로 상파울로 총영사관 개설.
1916	'일본-브라질신문'창간
1917	일본정부 브라질이주를 권유하기 위해 동양이민, 남미식민, 일본식민, 일동식민의 이민회사를 통합하여 국책회사인 해외흥업주식회사 설립.
1919	해외흥업주식회사와 브라질 척식주식회사 병합, 이주사업 독점회사가 됨.
1920	미국 캘리포니아 주정부 외국인의 토지차용 금지. 이로 인해 브라질 이주 관심 증폭.
1923	연방하원에 "흑인의 이민금지, 황색인종의 이민제한"을 목적으로 한 레이스법안 제출.
1924	미국 배일 이민법 제정, 일본인 이민 전면금지. 신농해외협회, 첫 번째 민간비영리단체에 의한 이주지로 아리안사이주지 건설.
1925	일본정부, 브라질 도항 이민자 전원에 선박요금 지불.
1926	가네보방적(鐘淵紡績) 조사단 아마존 파견 일본 최초 일본-브라질 우호단체 '일본-브라질협회 설립'
1927	제52회 제국회의에서 해외이주조합법 성립, 전국 각 현에 해외이주조합 설립. 그 연합기관으로서 해외이주조합연합회 설립(회장 내무대신), 브라질에 1현 1촌의 이주지건설 계획. 이후 이민자 수가 연간 1만 명 초과
1928	남미척식주식회사 설립, 아마존에 아카라식민지 개설. 가네보(鐘紡)자본에 의한 파라 주 토메아스 개척을 목적으로 한 남미개척주식회사 설립.
1929	척무성 설치. 해외이주조합연합회, 외무성의 비협력으로 1현 1촌 이주지 건설 포기. 바스토스 이주지, 치에테 이주지, 토레스 바라스 등의 대이주지 건설로 전환.

연도	주요 내용
1931	해외이주조합연합회, 브라질이주지 건설 중지, 기존 개설이주지의 관리와 전략자원확보사업으로 전환. 이민자입국 제한령 실시, 일본이민 1,200명의 입국 허가. 오사카상선 남미항로 독점.
1932	만주국 건국 선언. 일본정부 브라질 이민에 도항보조 및 만12세이상 2인당 50엔 도항준비금.
1933	만주시험이민(무장이민) 개시. 당해 이민자 수 연간 2만 명 초과.
1934	당해 이민자 수 2만 명 초과. 브라질 정부 헌법개정 '이민2분 제한법' 공포. 이후 일본이민자는 연간 3천명 이하로 제한. 목화 면 처음 일본 수출.
1935	이시카와 다쓰조(石川達三) '창맹(蒼氓)'발표, 제1회 아쿠타가와상 수상.
1937	일본-중국전쟁 개시. 제70회제국회의, 법률 43호에 의해 해외이주조합연합회를 일남(日南)산업주식회사로 개조. 히로타 내각 만주(중국동북부)에 20년간 100만호 이민정책 국책화. 외국인 입국법에 의해 14세미만 아동에 외국어 교육금지.
1938	브라질 정부, 외국어학교 폐쇄.
1941	만몽개척청소년의용군 모집 개시. 태평양전쟁 개시, 브라질이민 중지 1908년 이래 이민자 수 179,321명. 태평양전쟁 전 최후 이민선인 '브에노스아이레스마루' 고베항 출항.
1942	일본외교관, 일남산업직원 일본 귀환. 척무성이 대동아성에 병합. 브라질, 일본과 국교단절. 상파울로시 콘데거리 일본인 이전명령.
1943	상파울로주 해안지대로부터 적성국민 이전명령.
1945	태평양전쟁 종전, 점령군 지시로 대동아성 해체. 종전 후 일본의 승패를 둘러싼 '승리조', '패배조'의 대립 격화.
1946	'상파울로 신문'창간
1947	'파우리스타신문'창간. 후추의 매출 급성장.
1949	'일본-브라질매일신문'창간
1950	일본정부 '해외이주조합법' 폐안. 용어 '이민'에서 '이주'로 대체. 일계인의 자산동결해제
1951	일본정부 농림성이 이민모집 개시.
1952	남미이주 재개. 전후 제1회 이민 54명이 '산토스마루'로 고베항 출항(다음해 2월 도착)
1953	최초 가족초청이민으로 독신청년 51명 산토스항 도착.
1962	오사카상선 아루젠치마루로 71명 산토스항 도착.
1963	해외이주사업단발족
1964	일계인이 처음으로 상파울로주 노동장관이 됨.
1969	일계인 2세 상공대신 취임.
1971	고베이주센터 폐쇄. 태평양전쟁 전후 남미이주자 수 53,555명.
1973	최후 이민선 일본마루가 산토스항 입항. 이민자 285명과 일반승객 46명 승선.

3. 일계인의 디아스포라적 경험

일계인의 이민과 디아스포라적 경험(고야마로쿠로 회상록(香山六郎 回想録))[2]

고야마 로쿠로(香山六郎)는 1886년 구마모토에서 태어났다. 일본에서 자유이민으로 카사토마루에 승선하여 브라질로 건너갔다. 제2회 이민선이 도착한 후 분쟁이 발생한 자타이 개척지의 통역을 담당하기도 했다. 이후 마트그로소주에서 철도기술자, 제3회 이민 산타올림피아 개척지 통역, 몬손 식민지 입식, 오사카 아사히신문 브라질 통신원, 1918년 시타코로미 식민지 건설 참가, 1921년 내륙부 바울(나중에 상파울로시로 이전)시에서 '성주신보'을 발행하기도 하였다. 편저서에는 '이민40년사'(상파울로, 1949)가 있다.

고야마의 회상록은 당시 이주한 일본인들의 디아스포라적 경험을 잘 묘사하고 있기 때문에 여기에 소개한다.

〈그림 13〉 일본인 로스앤젤레스 경유 남미이주루트

2　http://www.ndl.go.jp/brasil/text/t020.html.
　香山六郎著(1976), 『香山六郎回想録』サンパウロ人文科学研究所.

1) 일본에서 배를 타고 브라질 산토스항 도착 여정

대서양을 서쪽에서 남쪽으로 항해를 계속하던 6월 16일의 오후, "남미의 산들이 보인다." 라는 소리가 어디에선가 들려왔다. 이민 대리인 우에츠카 씨는 사무장으로부터 다음과 같은 지령을 받았다.

"18일 아침, 산토스항에 입항할 테니까 이민자들의 수하물 및 하선준비를 하라." 배의 우현에 모여 바다 건너편에 보이는 커다란 산 같은 모습을 보고 있던 이민자들의 얼굴에 핏기가 흐르기 시작했다. 뱃멀미로 창백한 얼굴을 하고 있던 남자도 여자도 생기가 살아났다. 선실에서는 흐트러진 각각의 수하물 정리로 북적거렸다. 항구 도시에서 사들인 냄비와 칼이 보이지 않는다고 크게 떠드는 사람, 빗이나 거울을 찾아 돌아다니는 사람들도분주하기 시작했다. 특실 3층에는 특별히 분실물은 없었다.

아르헨티나에 가서 현지에서 잡화점을 개업하겠다는 야스다씨와 두 청년, 몬테비데오에서 잡화점을 개업하겠다는 다키나미씨도 카사토마루가 더 이상 남쪽으로 항해하지 않는다고 하여 산토스에서 하선하여 떠나는 배를 기다리게 되었다. 그들은 이번이 두 번째 도항자들이었다. 다키나미씨는 나를 "바람둥이 불량청년"이라고 부른 적이 있었다.

야스다씨는 그 때 내 얼굴을 보고 미소를 지었다. 그의 눈에는 따뜻함이 배어 있었다. 나는 입을 다물었다. 그날 밤은 마음이 어수선했을 뿐만 아니라 사랑의 상처에 대한 마음의 혼란으로 잠을 이룰 수 없었지만, 뼈를 묻을 땅에서 남자답게 싸워보겠다고 자신 속의 또 다른 자신에게 격려했다. 문득 눈을 떠보니, 야자키, 다카쿠와, 니시씨 등은 이미 잠에서 깨어 있었다. 갑판으로부터 새어 들어오는 불빛은 분명 여명의 빛이었다. 올라가 보니 배는 수평선과 일직선을 긋는 것처럼 남미대륙으로 직항하고 있었다. 갑판에는 사람들의 자취가 뜸했다. "저것이 우리들 무덤의 산들이다."

산토스항 밖에서 카사토마루가 엔진을 멈춘 것은 그날 오전 10시 경이었다. 거기에 항구 같은 모습은 없었고, 거무스름한 녹색의 나무로 가려진 낮은 산이 보였다. 기대했던 야자수 같은 것은 보이지 않았고 해안 주변에 하얀 등대가 덩그러니 하나 서있었다. 배가 어디를 어떻게 통과해서 입항을 해야 하는지 아무도 알 수 없는 상황이었다. 첫 항해였기 때문에 선장과 1등 항해사가 해도 상에서만 알고 있었던 것인지도 모른다. 싱가포르나 케이프타운의 항구 밖에서 바라본 휘황찬란한 풍경을 여기에서도 예상했던 이민자들에게는 선박 하나 보이지 않는 풍경이 산토스의 첫 인상이었다.

배 안에서 식사를 거의 마칠 무렵, 다시 카사토마루의 배가 서서히 움직이기 시작했다. 배가 등대를 향해 전진하자 승선자들이 활기를 띠기 시작했다. 등대 앞을 지나 좁은 골짜기 입구에서 바닷물이 흐려지고, 2마일이나 떨어진 곳에는 큰 늪과 같은 항구의 조망이 펼쳐졌다. 짧은 부두에 소형기선이 2~3척 정박하여 좌측에 그 시가지가 펼쳐져 있었다. 우리들은 갑자기 기분이 좋아졌다.

카사토마루는 항구 앞바다에 일단 정박하여 항무국의 검열을 받았다. 양현에 정렬해 있는 이민자들의 건강상태를 조사하였지만, 전염병의 검사도 없이 지극히 관대하게 일장기를 내건 제1회 가족이민자들, 즉 멀리 이역에서 도착한 이민노동자들을 반갑게 맞이하였다. "자, 일하자", "돈을 벌자"라고 의기양양하게 상륙한 이민자들은 그날 저녁이 되어도 아무런 통고도 없었다. 붉은 석양이 건너편에 솟은 첩첩산중의 산봉우리로 들어가 늪과 같은 항구의 물을 흐리고 있었다. 항구도시의 전기가 밤의 어두움 속에서 비추어 오기 시작하여 조금 높은 언덕 위에 있는 등대가 어두운 바다를 며칠 밤 동안 항해 해 온 이민자들의 마음을 따뜻하게 맞이해 주고 있었다.

밤 9시 경, 한 척의 증기선이 뱃머리에 도착했다. 미즈노 사장, 가미쓰카 대리인을 기다리고 있었던 이민자들의 선구자인 스즈키 사다지로씨 일행이었다. 스즈키씨 일행은 네 명으로, 그 중 세 명이 일본인이었다. 매우 뚱뚱하고 콧수염을 조금 기른 덩치가 큰 남자는 언뜻 보기에는 외국인으로 보이는 주브라질 일본공사관의 일등통역관인 미우라 고우지로씨였고, 흑인으로 오해할 정도로 검붉은 눈을 부릅뜨고 몸이 다부지게 보이는 덩치가 큰 남자가 이민자들의 선구자인 스즈키 사다지로씨였다. 갑판에서 타카구와 군과 손을 잡으며, "매우 기다렸습니다."라고 이야기하였다. 뻐드렁니가 보이는 몸이 작고 상냥한 얼굴의 청년이 상파울로시의 일본잡화점 후지사키 상점의 부지배인 고토 다케오씨였고, 상냥한 얼굴의 약간 비만인 브라질인은 황국식민회사 사무대리인 몬테이로씨였다. 그들 네 명의 모습을 갑판 위에서 맞이한 이민자들의 마음은 밝고 든든해졌다. 무슨 사건이 일어나면 우리 공사관의 직원이 있으니까 안심해도 된다고 속삭이는 이민자들도 있었다. 이 사람들을 맞이하여 배의 응접실에서 선 채로 이야기하고 있던 미즈노씨의 그 날 밤의 유쾌한 눈꼬리가 처진 얼굴은 지금도 나의 뇌리 속에 남아 잊을 수가 없다.

산토스항의 첫날 밤이 깊어지고 네 명의 손님도 배에 묵게 되었다. 선미의 갑판에 들러 나는 브라질에서의 첫 하늘을 쳐다보았다. 지금 당장에라도 별이 우수수 쏟아질 것 같이 밝은 별이 온 하늘에 가득 뒤덮인 하늘이었다. 나는 어머니가 돌아가신 어느 날 저녁, 누나 등에 업혀 집의 정문에서 바라본 별을 회상했다. 그때 누나는 별 하나를 가리키며 "저것이 어머니다." 라고 가르쳐 주었다. "어머님, 저는 지금 브라질에 와 있습니다." 라고 하늘의 별에게 알리자 돌아가신 누나 생각이 났다. 빌어먹을 일본! 이라고 말하고 떠나온 나의 브라질 첫날 밤에 느낀 향수였다. 카사토마루와도 오늘밤이 이별이라고 생각하고 별 빛에 비춘 조용한 배의 모습을 둘러보았다. 2개의 돛대, 검고 큰 하나의 굴뚝이 묵묵히 솟아 있었다.

2) 브라질 산토스항 상륙

다음날 산토스항 부두에 도착한 카사토마루의 뱃전에 아침 9시 경부터 텅 빈 열차가 우리를 기다리고 있었다. 이민자들은 수하물을 들거나 메고 배에서 내렸다. 작별을 아쉬워하는 선원들이 작은 아이의 손을 잡아 주거나, 안아 주면서 하선을 도왔다. 무사히 도착한 것을 서로 울먹이는 목소리로 환호성을 외치는 사람들도 있었다. 이민자들의 손에는 작은 종이로 만든 브라질 국기를 들도록 했다. 기차의 창문에서 우리는 텅 빈 카사토마루와 선원들과의 작별을 아쉬워했다. 모국의 모든 것과 헤어지는 순간, 부두에는 슬픈 기운이 감돌았다.

6월 18일 어느 날 아침, 하늘은 구름 한 점 없이 맑게 개어 있었다. 기차는 10시 경 항구를 떠났다. 나는 가미쓰카씨의 가방을 들고, 타카구와군, 스즈키 이민선구자 그룹에 끼여 자리에 앉았다. 기차는 늪지의 해안을 천천히 달려, 이윽고 바나나 밭이 끝없이 펼쳐진 어느 역에 정차했다. 그 곳은 쿠바톤이라는 곳 이었던 것 같았다. 지금부터 열차는 가파른 산을 올라가야 하는데 이민열차는 6개 차량을 2부로 나누어 톱니바퀴식 철도의 견인 열차와 연결되어 가파른 경사를 서서히 올라간다고 한다. 역의 건너편에는 산 넘어 산이 자연림에 뒤덮여 우뚝 솟아 있었다. 저 산봉우리 건너편 고원에 상파울로시가 있다고 이민선구자는 가르쳐주었다.

앞의 열차가 출발한지 20분 정도 흐른 뒤에 우리가 타고 있던 후속 열차가 올라가지 시작했다. 한눈에 바라보니 10만 그루쯤 될 것 같은 바나나 밭이 깊은 계곡의 바닥에 가라앉아있고, 험준한 산 표면의 차창에 하얀 천과 같은 큰 폭포가 나타나는가 하면, 곳곳에서 도랑물이 흐르고, 자주색의 비단과 하얀 꽃을 만개한 나무가 산골짜기 여기저기에서 이민자들의 눈을 즐겁게 했다. 낯선 이방인의 시름을 달래는 창밖의 경치에 정신없이 바라보고 있는 우리들에게, "자네, 브라질에는 부구레라고 불리는 원주민이 살고 있네. 그런데 그 사람들은 일본인과 비슷하게 코가 낮은 모습을 하고 있어." 라고 스즈키씨가 이야기해 주었다. 나는 그 이야기에 정신이 팔렸다. 도대체 얼마나 닮은 것일까? 빨리 그 원주민들을 만나봐야 되겠다고 마음이 조급해졌다. "그 원주민의 언어도 일본어와 비슷합니까?"라고 나는 스즈키씨에게 물어봤지만 그는 나를 업신여기듯이 쳐다보고 나서 한 마디 대꾸도 없었다. 나는 외로운 마음에 창 밖으로 시선을 돌렸다. 거기에 맨 몸의 원주민들의 모습을 산기슭이나 골짜기에서 보는 듯한 환상을 그리고 있었다. 나는 일본인을 많이 닮은 원주민들이 말하는 언어를 브라질에서 평생의 연구과제로 삼아 보겠다고 결심했다. 브라질 상륙 후 내가 한 첫 번째 맹세와 소망이 바로 이것이었다.

가파른 경사를 거의 다 올라가서 산꼭대기 도착한 기차는 파라나피아카바역에 정차했다. 벽에 써진 그 역명의 의미를 알고 싶었지만 스즈키씨의 모습은 가까운 곳에 없었다. 설령 있었다하더라도 물어볼 용기가 없었는지도 모른다. 앞 열차와 후속열차가 다시 연결된 후 기차는 광야를 빠른 속도로 내리 달리기 시작했다. 얼마나 시간이 흘렀는지 꽤 오래 달린 후 오른쪽 창문의 언덕 위에 훌륭한 궁전 하나가 나타났다. 스즈키씨가 가미즈카씨에게 "자네 저것이 이피랑가의 궁전이네. 저 언덕 위에서 브라질이 포르투갈로부터 독립 선언을 높이 외쳤어."라고 설명했다. 우리 이민자들도 그것을 듣고 "역시 이민 선구자들이 여러 가지 지식을 많이 알고 있구나."고 감탄했다.

이민열차는 상파울로시의 입구처럼 보이는 곳에 정차하여 우리들 모두는 각자 수하물을 들고 차례차례 내리기 시작했다. 나는 내 자신의 수하물과 가미즈카씨의 가방을 조심스럽게 들고 내렸다. 가미즈카씨와 스즈키씨는 마중 나온 이민국, 식민국 직원들에게 인사를 하기 위해 먼저 내렸고 나는 이민자들이 다 내리고 난 후 분실물이 없는지 다시 한 번 객차를 둘러보았다. 이것은 사실 가미즈카씨로부터 부탁받은 일이었다. 마중 나온 사람들 중에는 일본인도 3~4명 보였다. 이민자들을 위한 통역사들일 것으로 생각했다.

정오가 되기 10분 전이었다. 거기에는 이민자들을 위한 수용소가 있었다. 내가 식당처럼 보이는 홀의 큰 방에 있는 괘종시계를 창가에 기대며 봤을 때의 시간이었다. 이민자들 대부분은 이미 수하물을 내려놓고 휴식을 취하고 있었다. 스즈키씨가 복도 쪽에서 내 곁으로 오더니 퉁명스러운 말투로 "자네가 이민자 명단을 가지고 있다던데 건네주게"라고 했다. 나는 "이것이 가미즈카씨의 가방입니다."라고 검은 가방을 내밀자 그것을 받자마자 "이런 가방, 자네가 가지고 있어서는 안 되네." 라고 일방적인 독설을 내뱉고 서둘러 가버렸다. 나도 모르게 불끈 화가 났다. "가미즈카씨가 부탁해서 가지고 왔는데, 뭐가 잘못되었습니까?"라고 목구멍까지 치솟아온 말을 삼키고, "이민의 선구자라고 잘난 체 하지 마."라고 중얼거렸다.

그곳에 있는 5명의 통역사 중에서 가장 체격이 우람하고 금테 안경에 검은 옷을 입고 손에는 중절모자를 든 사람이 기둥에 기대어 생글생글 웃고 있었다. 이 사람이 오노 모토히사씨로 스기코씨의 남편이었다. 가장 덩치가 작고 딱딱한 표정을 한 사람, 줄무늬 양복에 빨강 넥타이를 말쑥하게 매고, 밀짚모자를 쓰고 어깨에 힘을 주어 양어깨를 벌리고 위대한 사람처럼 걷는 남자가 가토 준노스케씨였다. 니히라 통역사는 밀짚모자를 비스듬하게 쓰고 보통 체격으로 피부색이 하얀 어깨에 힘을 주고 줄무늬 양복을 입었으며 납작한 얼굴에 약간의 콧수염을 기르고 눈이 시원스러운 사람이라는 것을 알아차리고 왠지 마음이 놓였다. 뚱뚱하고 콧수염을 길러 혈색이 좋은 얼굴로 생글생글 웃으면 아래쪽으로 내려가는 눈썹을 한 중간 키의 남자가 히라노 통역사였다. 머리숱이 적고 안경을 썼으며 콧수염을 기르고 피부색이 하얀 남자, 모든 것이 작고 말할 때도 입을 우물거리는 사람이 미네 통역사였다. 그들은 식당의 기둥에 몸을 기대거나 혹은 복도를 걸어다니며 이민자들의 도착에 안도하는 모습으로 느긋한 태도를 보이고 있었다.

3) 이민수용소 생활

스즈키씨가 혼자서 서류를 들고 사무실을 들락날락하며 매우 분주하게 움직였다. 피부색이 검은 그는 지저분해 보이기도 했다. 스즈키씨나 통역사들의 지시로 이민자들은 2층의 각각 정해진 침실로 수하물을 옮겼다. 그것이 끝나자 종이 딸랑딸랑 울렸다. 처음에는 모두 무슨 영문인지 몰랐으나 나중에 식사시간을 알리는 신호였다는 것을 알았다.

2층 침실에는 수세식 변소가 4개 정도 있었다. 처음에 용무를 끝낸 여자도 남자도 물을 내리는 방법을 몰랐다. 식당은 넓었다. 폭 1m, 길이 0.5m 가량의 식탁에 벤치가 4개씩 질서 정연하게 간격을 두고 30여 개 정도 늘어서 있었다. 주방은 식당과 창고를 사이에 둔 식당 구석 방에 있었다. 동그란 부뚜막 위에 큰 구리 냄비가 네 개 정도 걸려있었다. 카드를 가지고 갔더니 파수꾼이 인원수를 소리 내어 읽고 난 다음 숟가락과 접시를 건네주고 접시에는 바로 오른쪽부터 왼쪽으로 음식물을 가득 담아주어 가족끼리 식탁에 앉아서 식사를 했다. 오후 2시였다.

브라질에서의 첫 식사는 즐거웠다. 참기름 죽 같은 것 안에 마른 북어 엄지손가락 크기와 새끼손가락 크기 두서너 개, 감자가 통째로 혹은 자른 상태로 삶아 있었다. 모두들 배가 고파서 그랬는지 다들 맛있게 먹어 파수꾼을 기쁘게 하였다. 스즈키씨의 말로는 일본이민자들이니까 소고기보다는 생선이 좋겠다고 이민국 사람이 신경을 써서 준비했다고 하는데 맛은 있었지만 만찬이라고 생각할 정도는 아니었다.

점심식사를 마치고 이민자들이 줄줄이 위층으로서 올라가 쉬고 있는데 곧바로 종이 울리기 시작했다. 다들 또 무슨 일인가 하고 망설이던 찰나 통역사가 "커피를 마시러 내려오시오."라고 알리러 왔다. 2층의 이민자들은 다시 줄줄이 식당으로 모였다. 조금 전 먹은 절반의 빵부스러기와 커피가 식탁에 앉아있는 한 사람 한 사람에게 돌아갔다. 그것을 티스푼으로 마시면서 남자도 여자도 모두 얼굴을 찌푸리고 있었다. "브라질 커피란 왜 이리 쓸까? 이렇게 쓴 커피를 마셔야 하다니. 난 마시기 싫다."라고 구마모토 출신인 아주머니는 비명을 지르고 있었다.

"맛은 쓰지만, 나중에 익숙해지면 맛있어지겠지." 라고 한 노인이 말했다. 여기저기에서 서로 속닥거리며 이국인의 향수가 식당에 감돌았다. 일본이민자들은 브라질 커피의 쓴 세례를 받은 것이었다. 수용소의 커피는 브라질인이 상용하는 커피가 아니라 지금 생각하면 아주 싱거운 커피였다. 일본에서 두 세번 정도 마셔본 경험이 있었던 나도 굉장히 쓰게 느껴졌다. 그래도 맛은 있었다.

자유이민자들인 우리들은 식당 뒤에 세워진 별 동의 2층 큰 홀, 수용소의 병실이 침실로 제공되었다. 가타오카, 쿠라야의 두 가족, 다카쿠와, 야사키,

그리고 나에게는 한 사람당 한 개의 침대가 주어졌다. 그날 밤 처음으로 1인용 침대에서 잔 우리들 중 다카쿠와군과 쿠라야 가족의 이타 청년이 잠결에 마룻바닥에 떨어졌다. 다음 날부터 그것이 이민자들 사이에 소문이 퍼져 재미있는 이야기 꺼리가 되기도 했다.

병실에는 병자의 모습은 없었고 우리들이 도착한 2~3일 동안은 다른 외국이민자들의 모습도 없었다. 상파울로시의 첫날 밤은 아직 뱃멀미 기분에서 깨어나지 못한 사람들이 많았다. 밤하늘에는 곳곳에 열기구가 날아올라 불꽃을 쏘아 올린다는 이야기도 들었지만, 불꽃의 모습은 어디에도 보이지 않았다. 무슨 축제날인가? 혹은 우리 일본이민자들을 축복해 주는 것일지도 모른다는 기분 좋은 이야기도 들렸다.

둘째 날의 추억은 2층의 화장실에서 일어난 소동이 있었다. 모두 처음 경험하는 수세식변소에서 한 여성이 용변을 보는 중에 옆에 드리워진 줄을 당겼더니 변기 안에 물이 폭포처럼 쏟아지기 시작하여 놀란 여성이 비명을 지르며 화장실에서 뛰쳐나왔다. 이런 일이 계속해서 일어났다. 여성뿐만이 아니라 성인 남성도 도망쳐 나오는 사태가 발생했다. 줄을 당기는 방법이 나빴는지, 물의 흐름이 멈추지 않아 통역사에게 신고했다. 마침내 흑인 청소부가 화장실 물의 흐름을 멈추기 위해 달려왔다. 여자아이들은 위대한 괴물과 같은 자가 빗자루를 들고 옆을 지나갈 때 괴성을 지르며 재빨리 물러서는 등 겁이 많은 척 했다. 나도 흑인에게 겁먹은 여성으로부터 1~2번 안긴 추억이 있었다.

둘째 날 밤 나는 다카쿠와씨와 둘이서 스즈키씨에게 인사하러 갔다. 수용소 내의 침실에 그는 잠옷차림으로 누운 상태에서 일어나지 않은 채 우리를 맞이하였다. 다카쿠와씨는 미즈노 사장의 불꽃가게 일행과 가타오카 일가의 일원이 되어 일단 리우데자네이루 수도로 간 다음 마카에의 미즈노식민지에 입식하게 될 것이라며 자신이 어떻게 처신해야 할 것인가를 스즈키씨에게 말했다. 스즈키씨는 가만히 듣기만 하였다. 무슨 좋은 일이 있었으면 좋겠다고 다카쿠와군이 유도했더니 스즈키씨는 "자네들한테 맡길 수 있는 일은 아무것도 없다네."라고 짧게 대답했다. 나는 가미쓰카씨가 회사의 사무소를 상파울로시에 설립하니, 거기서 심부름 겸 서기를 하게 되어 있었는데 스즈키씨에게는 그것을 말하지 않았다. 스즈키씨에게 나는 친근감을 느끼기 어렵다고 생각했기 때문이었다. 다카쿠와씨와 나는 허전함을 달래며 이민선구자의 방을 나섰다.

이민자들의 수하물이 수용소에 도착한 것은 다섯째 날이었다. 가족이민이라서 그랬는지 수하물이 많은 가족은 14~15개부터서 20개, 적어도 6개는 되었다. 면이 들어간 요나 이불은 크기에서도 가족들이 들고 온 것 중에서 가장 큰 것이었다. 거기에다 구리 가마솥부터 찻잔 접시류나 의류를 포함하면 상당한 분량이었다. 옻칠한 그릇이나 견직물 의류는 세관원도 눈을 부릅뜨고 주임세관원에게 보여주기도 했다. 여성용 허리띠, 속치마 등을 하나하나 펼쳐서 눈으로 살펴보았지만 기생모습이 수놓아져 있는 손수건 등은 세관원의 주머니 속으로 사라지기도 했다. 언어도 통하지 않는 바람에 이민자들은 단지 입을 꾹 다물고 가만히 바라보고 있을 수밖에 없었다. 도쿄 출신 이민자인 이바라기씨의 누에 채반을 얹은 시렁에 대해 설명할 때 통역사들은 곤욕을 치렀다. 납득이 가지 않는 표정으로 세금도 부과되지 않고 그냥 통관되었지만, 자유이민자인 쿠라야 일가의 20여 개나 되는 수하물도 상품 같은 물건이 그 가운데 보였지만, 자유이민자라서 그런지 세금 없이 통관되었다. 별실의 탁상에 눈이 번쩍 뜨일 정도의 견직물을 펼쳐 놓고 세관원의 수석, 미즈노 사장, 스즈키씨가 뭔가 상담하고 있는 것 같았다. 견직물은 황국신민회사로부터 주 고관당국에 주는 증정품이었다.

스즈키씨의 말로는 남미 이민자들 거의 대부분이 옷뿐이며 그것도 입고 있는 옷 그대로 왔기 때문에 수하물다운 수하물도 없었다고 했다. 따라서 세관원의 출장 검역도 거의 불필요했지만 이번 일본이민자들은 가난한 사람들이라기보다는 대지주들보다 좋은 것을 가지고 있었으며 게다가 모두들 청결하다고 좋아하고 있다는 것이었다. 이민자들 중에는 하얀 천으로 제대로 잘 만들어진 일장기를 가지고 있는 사람도 있어서 세관원들을 놀라게

하기도 했다. 러일전쟁이 종결된 지 3년째 쯤 되는 시기여서 민족의식이 강한 이민자들이 많았다. 일본 고치현의 나가노 보병 상사 등은 기차를 내릴 때, 가슴에 훈장을 달고 내릴 정도였다.

4) 저축생활

이민수용소 건물의 좌측 구석진 곳에 우체국과 환전상이 있었다. 일본행 편지는 한 통에 10g까지가 500레이스였다. 일본 돈 1엔당 1밀 600레이스 주었다. 이민자들 중에는 현금을 휴대하고 있는 자는 별로 없었다. 고베 땅에서 출항 시 분실의 우려가 있다고 해서 이민회사에 예금하도록 권했다. 회사 쪽에서는 상파울로주에 도착하면 수용소에서 돌려 줄 것을 약속했다. 그 선전선동에 의해 이민자들은 이민회사에 대부분의 지참금을 예금했기 때문에 수용소 내의 환전상은 한산했다.

예금자들은 가미쓰카 대리인에게 환불을 요청하기 시작했다. 그는 처음에는 미즈노 사장에게 상담해 보겠다고 대답했지만, 미즈노 사장은 도쿄 본사로부터 송금이 늦어지고 있어서 때문에 변명에 고민하고 있었다. 예금은 이민자들의 커피경작지 배정 때까지 도착하지 않았다. 오키나와 현 출신의 이민자 대표인 시로마씨는 참다못해 미즈노씨의 출근을 기다려 그의 멱살을 잡은 사건이 발생했다. 미즈노 사장이 시로마씨를 밀치고 사무실로 뛰어들어갔으며 나중에 가미쓰카씨가 시로마씨를 위로하러 왔을 때, 시로마씨는 힘없이 고개를 숙이며 묵묵히 자기 사무실로 들어갔다. 가미쓰카는 그의 뒤를 쫓아가 도쿄본사에서 돈이 도착할 때까지 기다려 달라고 간청했다. 이민자와 이민회사와의 분쟁은 이것이 브라질에서의 첫 사건이었다. 예금이 도착한 것은 6~7개월이 지난 후였다. 예금은 이민자들이 고베 출항이 정해지고 나서 외무성 쪽에서 갑자기 이민회사 측에 10만 엔의 적립금을 명령한 것에 대해, 회사 측은 그런 돈은 없다고 하여 절박한 상황에서 하나의 해결책으로 이민자들의 지참금을 회사에 예금시켜 그것을 잠시 부정한 방법으로 유출 했던 것이었다. 10만 엔을 그것도 황국식민의 중역이었던 정우회의 대의원이며 효고 현 출신인 도이 겐타씨와 구마모토 정우회 대의원인 에토 신페이씨와의 교섭으로 8만엔까지 할인받아 일단 이민자들은 출발하게 되었고, 회사의 대표가 50일 기간 중에 그 예금을 조달하게 되어 있었는데, 계획대로 되지 않았던 것이다. 당시 외무성 이민과장은 이시이 키쿠지로씨였으며 미즈노 사장이 나중에 나에게 예금에 대한 비화를 들려주었을 때, 이민과장이 무언가를 알고 있는 똑똑한 사람이라고 칭찬했다. 우리들의 여권에는 일본외무대신 하야시 가오루의 도장이 찍혀 있었다. 이민자를 착취하는 것은 이민회사, 이민회사를 착취하는 것은 외무성이었던 것이다.

5) 남미이민

일본이민자들이 2~3일 후에 도착한다고 해서 상파울로 이민(식민)국은 먼저 도착해 있던 약간의 남미이민가족을 급히 커피 경작지와 계약하여 파견했기 때문에 우리들이 수용소에 도착했을 때 다른 외국이민자들의 모습은 보이지 않았다. 그로부터 3~4일 지난 후 우리들은 같은 수용소의 복도에서 너무 피곤해 보이고 아주 추잡하고 기력도 다 빠진 듯한 모습으로 배를 깔고 누워있는 이방인 아줌마와 딸, 그리고 남자 한 사람을 보았다. 시궁창에 빠진 쥐와 같이 손발이나 얼굴이 지저분하고, 의복도 다 찢어져서 보기만 해도 불쌍한 모습이었다. 일본이민자들은 이와 같은 몰골의 이방인과 같은 이민가족의 처참한 모습에 가슴을 쓸어내리고 각자의 앞길에 가로놓인 운명에 불안을 느끼기 시작했다. 통역사의 말로는 그들은 남미 이민 배정지의 대지주의 노동을 견디지 못하고 수용소로 다시 돌아왔다고 했다. 커피농장의 작업은 그렇게 힘들고 사람들도 더러워지는가? 라고 이민자들의 마음은 약간 우울해졌다. 온몸에 먼지투성이로 완전히 지쳐버린 남미이민자의 여성이었지만, 일본여성과 다른 잘 다듬어진 얼굴 생김새, 윤곽의 아름다움에 아시아에서 온 청년들은 매력을 느꼈다.

6) 문화 충격(Culture Shock)

수용소 생활을 하고 있던 어느 날, 자유이민자들의 침실에 스즈키씨가 포장된 것을 가져와서 모두들 앞에서 풀었다. 그것은 다양한 색깔의 브라질 떡 과자였다.

"이것이 브라질의 떡 과자이다. 모두들 먹어봐라. 일본 떡 과자와는 맛이 다르다. 자네, 이것이 하나에 10전 정도 한다고 10전"라고 스즈키씨가 말하면서 권하고 나갔다. 가타오카씨가 인원수대로 분배하여 1인당 3개반을 배정받았다. 우리들은 스즈키씨의 호의에 감사하면서 그 과자를 아이들처럼 아껴 먹었다.

"확실히 일본 떡 과자와 맛이 다르다. 이방인의 과자다. 하나에 10전이야, 10전"라고 다카쿠와군이 스즈키씨의 흉내를 내며 야마가타현의 지방 사투리로 말하자 모두들 웃었다.

이민자들의 수하물이 속속 도착하여 세관의 작업도 끝나고 이민국에서는 여권과 대조하여 이민자들의 가족들에 대한 조사가 수용소의 큰 홀에서 시작되었다. 수용소 측의 임원 자리에 스즈키씨가 합류하여 황국식민회사 측에 가미쓰카 대리인과 니히라 통역사, 가토 통역사, 방청석에 미우라 코우지로 통역관이 앉아 있었다. 가족 구성원 한 사람 한 사람에 대한 심문, 혈연관계, 직업등에 대해서 조사하였다. 모두들 직업은 농업이라고 대답하도록 주의를 받았다. 가족관계에서는 양자나 양녀가 많은 것이 이민국 측의 불신을 초래하였다. 가족관계의 설명에서는 스즈키씨나 통역사의 어학능력의 불충분으로 미우라 통역관의 조언이나 변론의 덕에 가족구성의 사정을 상세히 설명할 수 있었다.

가족조사가 끝난 후에 커피경작지 노동계약서에 각 가장의 서명이 이루어졌다. 그때 이민국 직원도 식민국 직원도 일본인 중에는 불교도 밖에 없는데, 모두 글씨를 쓰고 읽을 줄 알아 문맹이 없다는 것에 놀랐다. 일본인은 교양 있는 문명인이라고 인정했던 것이다. 구마모토 현 출신 이민자나 오키나와 현 이민자들 중에는 글을 쓸 줄 모르는 사람이 2~3명 있었으나 남미이민자의 문맹 수는 그것에 비해 아주 많았다. 호출을 할 때, 오키나와 현 출신 이민자들의 성명이 가네시로(金城)라고 쓰고 긴죠라고 부르거나 가나구스쿠라고 부르기도 하여 본인들을 당황하게 만들기도 했다.

이민자들의 가족조사가 이루어질 때 미우라 통역관이 없었다면 향후 일본이민자의 브라질 도항이 실패하지 않았을까? 라고 생각했을 정도로 이민국과 식민국 직원들의 태도는 거만했다.

상파울로시는 6월 하순에 한겨울이었지만 우리들에게는 초가을과 같은 느낌이었다. 수용소에서 일본이민자들을 위해 특별히 뜨거운 물의 입욕이 제공되었다. 두 명 정도 들어갈 수 있는 욕조가 약 6개 설치된 목욕탕에 여성부터 먼저 들어가게 했다. 커다란 수도관의 나사를 돌리면 직접 뜨거운 물이 욕조로 흘러나오는 구조로 되어 있었다. 대부분의 사람들은 그 나사를 돌리는 것조차 몰랐기 때문에 하나하나 통역사가 설명하여 직접 시범을 보여주기도 했다. 처음 욕탕에 들어간 10명 정도가 입욕 후 알몸으로 복도로 나와 물기를 닦았기 때문에 수용소의 직원이나 경비원이 놀라서 통역사들에게 주의를 주었다. 그들은 현장에 달려가 알몸의 사람들을 욕실로 밀쳐 넣고 훈계했지만 나중에 들어간 사람들도 계속해서 나체로 복도에 나오자 파수꾼 한사람이 달라붙어 주의를 주게 되었다. 남성들은 입욕 전에 다 같이 주의를 단단히 받아서 그러한 일이 발생하지 않았지만, 그래도 그들 중에는 성격이 삐딱한 중년 남성이 복도에서 잘 난 척하면서 나체를 일부러 보여주기 위해 걸어 나오기도 했다.

통역사는 계단을 오르는 여성의 매너 등도 가르쳐야 할 정도로 바빴다. 수용소의 복도에서 마주치는 외국인 임원 등에 대해서 그녀들이 일본식으로 정중하게 머리를 숙이는 것도 습관의 차이로 불필요하다는 것을 설명해야 했다. 그들은 "외국에서는 여자가 남자 앞에서 잘 난 척해도 된다."라고 자주 말하곤 했다. 슬프고도 아름다운 일본 여성들의 문화적 습관을 파괴하는 것에 애태우기도 했다.

약 3~4일이 지나 1주일이 거의 다 되었을 무렵 일본이민자들 중 젊은이들은 수용소의 직원, 청소원, 경비원들과도 친하게 되어 양쪽에서 서로 모르는 말을 지껄이면서도 바디랭귀지로 커뮤니케이션을 시작했다. 어느 날 이민자의 장난꾸러기 소녀들이 소장님의 근엄한 얼굴에 미소를 지으며 "본지아"라고 인사한 것까지는 좋았는데 그 후에 그들 중 한 명이 자신의 코를 검지로 누르고 "카라료"라고 외쳐, 다른 한 명이 자기 입을 가리키며 "부세타"라고 외쳤다. 코와 입을 각각 포르투갈어로 말하려고 시도한 것인데 소장은 얼굴이 벌개져서 실내로 사라졌다고 한다. 그 후 스즈키씨는 소장으로부터 질책을 받았고 소원 일행도 회의실로 소집되어 "순수한 일본 소녀에게 이런 천한 브라질어를 가르친 불순한 자에 대하여 소장의 권한으로 그 직원을 바로 해고하겠다." 라고 나무랐다고 한다. 스즈키씨는 당시 그것을 몰랐지만, 나중에 수용소의 청소부로 몸이 뚱뚱한 흑인이 그 선생이었다는 것을 알았다고 한다.

7) 외출허가와 시내구경

자유이민자들의 직업은 식민국에 부탁하면 찾아주었지만, 가능하면 이민자 자신들의 자유로운 행동에 맡기고 어떠한 계약도 하지 않았다. 하루라도 빨리 수용소를 나가주기만 하면 좋은 것이었다. 특별히 서두르게 하는 것도 아니었고, 또한 간섭하지 않는 태도를 이민국은 취했다. 우리들 동료 중에는 가타오카씨 일가와 다카쿠와 씨가 합류해서 미즈노 사장과 수도 리우데자네이루로 향한 것은 다른 이민경작지를 배정받기 전이었다. 쿠라야 한자브로 일가는 스즈키씨 일행의 커피경작지가 있는 치피리사역의 농업자로서 출발했다. 그의 아버지는 상파울로시에 혼자 남아 채소원을 경영하겠다고 아들 가족들과 헤어졌다. 한사브로씨는 나에게 같이 시골로 간다면 자기 아내를 공동의 아내로 해도 된다고 이상한 말로 나를 꼬드겼다. 아버지와는 일본에 있을 때부터 별거해서 마음이 통하지 않는다고 씁쓸해했다. 나는 수용소에서 헤어진 이후로 가타오카 부부나 쿠라야 부부와 재회하지 못했다.

이민자들은 배정된 경작지로 출발하기 전에 카사토마루 통역사인 가나자와 이치로씨가 2~3명의 선원과 함께 배를 이탈한 선원 2~3명을 찾아 수용소로 왔다. 가나자와씨는 스페인어로 소장에게 수용소에 숨어 있을 것으로 생각되는 선원들을 넘겨주도록 요청했지만 의미가 잘 전달되지 않자 스즈키씨가 중간에 개입되어있는 것이 분명하다고 하여 가나자와씨 일행은 수용소 내부를 찾아보았지만 아무런 보람도 없이 돌아갔다. 탈출한 선원 한 사람은 목수인 야기씨로 알려졌지만, 기타 두 명은 알지 못했다. 그 후에도 그들의 행방은 묘연했다.

일본이민자들이 수용소에 도착했을 때부터 매일 브라질인의 커피 경작주, 신문기자, 농림부대신, 주통령(주의 톱)등이 일본이민자들을 구경하러 왔기 때문에 손짓 발짓의 보디랭귀지로 대화하는 모습이 수용소의 복도 등에서 펼쳐지고 있었다. 남편에게 팔을 붙들려, 꽃으로 장식한 모자에 베일을 붙이고, 장갑을 끼고, 긴 기모노의 옷자락을 땅에 질질 끌면서 아장아장 미소를 지으며 지나가는 금발의 눈이 파란색 부인도 2~3명 보였다. 이민자들은 찢어진 코가 너무 높고, 머리가 너무 빨갛다는 등 서로 속삭였다. 결국 멋있어 보이지만 우리에게는 어울리지 않는 여자라며 안심하는 것 같았다. 여자들도 쓴 커피를 마시기 때문에 머리 색깔이나 눈 색깔이 저렇게 변하는 것이라고 말하거나 쓴 커피에는 자양분이 많기 때문이라고 익살스러운 설명으로 마음을 흔들었다. 이와 관련하여 닭이나 개는 일본과 같은 울음소리를 내는데, 왜 인간의 언어만이 서로 다른 것일까? 하고 의아해하는 사람도 있었다.

이민자들의 수하물도 무사히 세관을 무관세로 통과하여 커피경작지로 전달되고, 2년간의 노동계약도 서명이 완료되어 일본으로부터 찌든 때도 상파울로시의 수돗물에 씻겨나가고, 52일간의 긴 항로, 뱃멀미의 기분도 사라져 이제는 경작지로의 출발만을 기다리는 상태에서 이민자들은 도시구경, 쇼핑 등의 외출이 허락되었다. 아침 커피를 마시면 가족과 함께 각자 외출했다. 포르투갈어 한마디도 알지 못한 상태에서 길을 잃거나 싸움이 일어나면 곤란할 것이라는 걱정 때문에 각 그룹에는 통역사가 붙었다.

나는 3~4일 전부터 북미에서 온 자유이민자의 서양청년과 친해졌기 때문에 함께 외출했다. 내 영어는 반쪽이었지만 이 방랑청년과 통하는 무엇이 있었다. 수용소의 문을 나서 철도 건널목을 건너 선로에 따라 난 길을 우회전하고 큰 거리로 나섰다. 지금의 큰 도로 브라질 페스타나로 비쭈기나무와 같은 호리호리한 가로수가 길의 양쪽에 펼쳐져 있었다. 상파울로시 중심지는 언덕 위에 있다고 들었기 때문에 서쪽의 언덕을 향하여 활보하고 다녔다. 길의 폭이 아주 넓어서 꽤 많은 사람들이 걸어가고 있었지만 혼잡스러운 일은 없었다. 마주치는 남자들 누구나가 크고 두터운 코 아래에 콧수염을 기르고 있어서 이국적인 정서를 느끼게 했다. 소달구지도 처음 보았다. 뿔이 큰 소가 끌고 있었다. 마차를 끌고 있는 남자도 수염을 기르고 있어 신기하게 보였다.

나는 문득 그때 가로수 그늘에 서서 언덕 저편의 하늘을 멍한 듯이 바라보고 있는 일본여성을 보고 깜짝 놀랐다. 쿠니코씨였다. 힘이 빠진 듯한 그녀의 표정을 보고 나는 말을 걸어볼까 망설였지만, 말없이 그녀 앞을 지나갔다. 그녀가 나중에 내 모습을 알아차렸는지 어떤지는 모른다. 나의 두근거림은 계속해서 진정되지 않았다.

브라스구의 아랫마을과 윗마을을 연결하는 간선도로는 자갈을 깔아 놓은 전차의 궤도가 있는 언덕길이었지만 그 양쪽에는 초원과 물이 흐르는 습지가 길게 펼쳐져 있었다. 그 언덕길을 끝까지 올라간 곳의 좌측에 아주 큰 카르모사원이 있었다. 막다른 골목에는 베란다가 달린 오래된 이층으로 된 민가가 들어서 있었고 도랑과 같은 내리막길을 거친 좌측에도 오래된 낡은 단층집 민가가 늘어서 있었다. 언덕길은 전철이 겨우 한 대정도 지나갈 정도의 좁은 길이었다. 언덕 꼭대기까지 오른쪽에서 왼쪽으로 돌면서 올라가자 거기에는 200m 사방의 광장이 펼쳐 있고, 오래된 사원이 세워져 있었다. 지붕 위에 큰 괘종시계가 걸려 있고 끝 쪽에는 한 아름도 정도 되는 절의 종이 걸려 있었다. 광장에는 회색의 흰색글씨로 "Largo da Se" 라고 쓰여 있는 표찰이 걸려 있었다. 광장을 접하여 3층의 고층건물이 2동인가 3동이 세워져 있었다. 당시 상파울로시에서는 이것이 최고층 건물이었다.

나와 서양청년은 지금의 노벤브로 거리에서 산벤트 광장으로 나와 우회전하여 수용소로 돌아왔다. 도중에 서양청년은 이미 상파울로시에도 애증이 생겼다고 했지만 자신은 역시 북미로 돌아갈 것이라고 풀이 죽어 있었다. 나는 여기서 일할 수밖에 없다고 말하고 기죽지 않았다. 이민수용소에서 만나 헤어진 이후 그 청년과는 다시는 재회하지 못했다.

회색과 같은 하얀 벽, 높은 곳에 3~4개의 채광창, 입구에서 안쪽 구석진 곳을 들여다보면 촛불을 켠 어둠과 같은 세계에 사원은 마침 감옥과 같은 인상을 받았다. 구마모토 현 출신의 재도항 그룹은 잘 익은 바나나의 묶음을 2~3개 사가지고 돌아와 친구들끼리 실컷 먹고 있었다. 큰 원형의 한아름 될 것 같은 빵을 사서 가족들끼리 먹고 있는 그룹도 있었다. 이민자들 사이에 빵은 신기하고 맛있는 것으로 수용소에서 나오는 빵만은 항상 부족했을 정도였다.

그들 중에는 "태어나서 처음으로 빵을 배부르게 먹었다. 설탕에 찍어 먹으면 더욱 맛있겠지만, 브라질어로 설탕은 어떻게 말하면 좋은지 몰라 사지 못했다."라고 투덜거렸다. 큰 밀감을 산 부부도 있었다. 이들 부부는 아내가 임신하여 남산만한 배를 하고 있었다.

미네 통역사가 따라간 오키나와 현 출신 이민그룹은 브라스역 부근에서 호기심 많은 군중에 둘러싸여 한때 어떻게 해야 될지 몰라 당황했다고 한다. "이렇게 왜소한 체격의 일본인이 몸이 대단히 큰 러시아인을 전쟁에서 이겼다니 믿어지지 않아"라고 하거나 대포를 쏘는 시늉을 하면서 "일본, 강야, 루소, 봉봉"이라고 칭찬하거나 자신의 코를 누르고 모두들 앞에서 보여주면서 "일본인 논 텐"이라고 조롱하는 남자도 있어 미네씨는 모두 앞으로 걸어가도록 요청해도 군중의 무리가 길을 비켜주지 않아 싸움이라도 발생하면 어쩌나 하고 매우 걱정했다고 한다. 그는 돌아와서 가미쓰카 대리인에게 더 이상 이민자들을 외출시키지 않는 것이 좋겠다고 말했다.

어떤 부부는 내리막길 밑에서 아침 시장을 보았다. 일본에서는 본 적도 없는 아침에 서는 큰 시장에는 과일이 산처럼 높이 쌓여 있었다. 임신한 아내가 밀감이 먹고 싶어서 참지 못하고 남편에게 사달라고 해서 시장 옆의 벽 쪽에 앉아서 먹고 있을 때 이국인 여성이 다가와서 "수박, 수박"이라고 하면서 또한 밀감을 2개 주었다. "정말로 외국에서도 사람사는 세상은 다 똑같구나" 이라고 친절한 이국의 여성에게 감사했다. 수박, 수박이라고 들린 것은 슈파(피우세요)를 잘못 들어서 일 것이다. "외국의 시가지는 좋네요. 마음에 들었습니다. 인도와 차도가 확실하게 나눠져 있고 먼지도 일지 않고, 가로수가 심어져 있고"라고 기뻐한 사람은 다카쿠와군이었다.

"일본에도 도쿄, 혹은 오사카에는 있을 것 같은데 브라질에 와서 전철 같은 것을 처음으로 보았다." 라고 신기해한 사람은 후쿠시마 이민자출신 사에키 쿠니지로 노인이었다.

"브라질에는 훌륭한 말도 있지만, 당나귀가 많은 곳이다. 그리고 브라질의 개는 꼬리가 잘려져 있다. 고치 현 지방에서 저런 개는 본 적이 없군. 브라질인은 나처럼 대부분이 훌륭한 수염을 기르고 있다." 라고 자랑스러워한 사람은 고치런 토사출신의 예비포병상사이었다. 외출할 때 그는 훈장을 달고 나가고 싶어 했지만 통역사에게 저지당해 불평을 토로하였다. 어떤 가족 3명은 '라르고 다 세에'에서 1시간 이상 군중에게 둘러싸여 움직이지 못하고 서있었다고 했다. 그의 아내는 고베항의 외국상품판매점에서 산 비단 양복을 입었고 머리는 멋진 차양으로(앞머리를 모자 차양처럼 내밀게 한 머리)묶고, 파란 리본으로 장식했다. 다섯 살 정도의 남자 아이는 해군수병복을 입고, 모자에는 횡문자로 KATORI라고 자수되어 있었다. 이러한 것들이 군중의 이목을 집중시킨 것 같았다. 러일전쟁의 일본 대승리의 열기가 아직 식지 않은 시기였다. 이 가족도 내리막길 시장을 보고 아내가 귤을 먹고 싶어 했는데 사줄 수 없었다고 한다. 그녀도 임산부였다. 카사토마루 이민자들은 가족이민이었는데, 이러한 임산부들을 나중에 조사해보니, 가고시마 현 부인 4명, 구마모토 현 4명, 히로시마 현 2명, 후쿠시마 현 1명, 오키나와 현 출신이 5~6명 되었던 것으로 나타났다.

이민자들의 외출은 이후 허락되지 않았는데도 불구하고 그들은 시내에서 발생한 일을 잘 알고 있었다. 수용소의 뒷밭에 소가 있다거나 앞거리에 빵집이나 바나나집이 생겼다거나 이러한 마을의 정보가 속속 모두들 사이에 전해졌다. 이민자의 경작지 출발 전에 우리들은 이미 알고 있었지만, 수용소의 병원 별동과 준비원들의 침실 건물 사이에 안 쪽 벽을 따라 한그루의 큰 나무가 무성하게 자라고 있었다. 이 나무를 타고 담벽으로 이동하여 이민자들의 청년, 가장들은 밤에 시내구경을 나간 것이었다. 나와 가미쓰카씨는 그 말을 듣고 현장으로 가서 보고 그것이 실제로 가능한 것인지를 알고 쓴웃음을 지었다. 족제비나 쥐와 같은 일본이민자들이 많았던 것이다.

8) 경작지 배치

수용소에서 1주일간의 휴식으로 긴 여행을 마친 이민자들의 건강도 회복되어 얼굴에는 명랑하고 밝은 미소가 돌아왔다. 6월 27일 이른 아침, 아직 깜깜한 가운데 오키나와 현 출신 이민자들 24 가족은 미네 마사시 통역사와 함께 모지아나선의 카난 커피 경작지로 출발했다. 같은 날 오전 10시 경에는 같은 오키나와 현 출신 이민자 26 가족이 오노 통역사와 함께 파우리스타선 이츠역의 프로레스타 경작지로 출발했다.

그 날 정오가 되어 주방 쪽에서 접시나 숟가락이 많이 부족하다고 스즈키씨가 가미쓰카씨를 통해 항의했다.

28일 이른 아침, 구마모토 현, 히로시마 현, 후쿠시마 현, 도쿄도, 니이가타 현 출신 이민자 50 가족은 가토 준노스케 통역사의 인솔로 모지아나선의 영국인이 경영하는 지몬드 커피 경작지로 출발했다. 출발에 앞서 가미쓰카씨의 명령에 따라 그들의 수하물을 파수꾼에 의해 검사를 받도록 했다. 접시나 숟가락은 발견되지 않았지만 출발 후 담 옆쪽에 그것들이 몇 개 세워져 있는 것을 발견하였다.

구와타파라 경작지로는 히라노 운페이씨가, 산 말치뇨 경작지로는 이민의 창시자 인 스즈키 타쿠지로씨가 가고시마 현 출신 이민자들을 두 팀으로 나누어 데리고 갔다. 가고시마 현 이민자의 대표인 니시 히토시씨는 구와타 파라로, 부대표 하라 겐노스케 씨는 산 말치뇨로 입식했다. 마지막으로 남은 에히메와 야마구치 현 출신 이민자들은 7월 6일 아침, 소로카바나선 산 마노에르역의 소프라도 경작지로 니히라 타카시씨와 함께 출발했다. 나와 배 안에서 사랑의 염문을 퍼뜨린 오츠나씨도 남편과 사이좋게 경작지로 들어갔다는 소리를 듣고 비로소 마음이 놓였다.

9) 식민회사지점 사무소 개업

이민자들은 경작지로의 배정이 끝나자 나와 가미쓰카씨는 이민회사의 사무소를 열기 위해서 우선 임대를 찾기로 했다. 당시 상파울로시에 거주하고 있던 일본인은 후지사키상점의 사토 도쿠지, 고토 다케오 씨 외에도 로치세리호텔의 요리장 밑에서 일하는 사람으로서 감자의 껍질 벗기기 작업을 하고 있던 3~4명의 독신 청년들이었다. 그들 중 가고시마 현 출신자 마쓰시타씨의 도움으로 당시 상파울로 주의회 뒷골목, 로드리고 실바거리 40번지, 포르투갈인 집의 앞쪽 방을 한 달에 20밀에 임대하기로 했다. 나는 식민국장을 만나 영어로 수용소의 퇴소 수속을 요청했다. 그는 싱글벙글 웃으며 허가 해주었다. 국장과는 그 후에도 자주 만나서 이민과 관련된 문제로 신세를 지게 되었다. 이민국장 후라가씨보다 친해지게 되었고 그는 살짝 동글동글하고 덩치가 작은 50대 신사였다.

수용소에서 추억에 남는 것은 현장감독인 이르쿠라노씨로 그는 백인과 남미원주민 사이의 혼혈아였다. 그는 큰 덩치에 검붉은 얼굴로 늘 미소를 짓고 있었다. 또 한사람은 파수꾼의 죠제씨로 그는 덩치가 크고 이탈리아계답게 피부가 하얗고 밝은 사람이었다. 이르쿠라노씨도 죠제씨도 일본인에 대한 인사방법이 거의 비슷했기 때문에 인상이 깊었다. 이민자들의 얼굴을 보고 둘 다 웃으면서 총을 쏘는 흉내를 내며 "저팬가뇨룻소"라고 하였다.

내가 수용소를 떠날 때, 남아 있는 사람은 야자키 세츠오씨와 쿠라야 세이치씨 두 사람이었다. 두 사람은 거의 한 달 가까이 수용소에 머물렀지만, 나중에 브라스와 모카의 경계에 있던 상파울로시 경마장 앞의 개척지 약 4,000m²를 빌려서 채소밭을 시작했다고 한다.

황국식민회사의 상파울로시 사무소는 5m 사방이 방이며 창문이 덜렁 하나 밖에 없었다. 그곳에서 나는 철망이 달린 1인용 침대 2개, 쿠션이 붙은 것으로 한 개 25밀, 15밀의 작은 책상 하나, 알코올 7병, 에스마르타드의 작은 냄비 하나, 샤레이라, 접시 3장, 숟가락 3개, 컵 3개를 구입하여 천으로 만든 자루와 주크 가방으로 옮기고 자취생활이 시작되었다. 맞은편의 아르마젠에서 설탕, 쌀, 소금, 링구이사, 버터 등도 구입했다. 월급은 가미쓰카씨로부터 50밀 레이스(이하 밀로 통일)를 받았다. 가미쓰카씨는 보아비스타 거리의 펜손 보아아 비스타에 정착했다. 프론톤 앞의 2층집이었다. 이 무렵 백설탕 1kg 500레이스, 바나나 1다스 100레이스, 동화 20레이스(빈텐)나 50레이스로 유통되고 있었다. 나는 사무소로 자리를 옮기자 경작지 배치별로 이민명부를 작성하기 시작했다. 한문을 정성스럽게 쓰기는 했지만 평소에도 쓰는 것에 익숙해져 있었기 때문에 멋진 글씨는 아니었다. 도쿄에서 중국인 유학생의 노트쓰기 일을 하고 있었기 때문에 오탈자나 속임수를 쓰지 않는 습관에 길들여져 있었다.

10) 카사토마루 이전에 정착한 일본이주민

사무실에서 일하게 되면서부터 나는 카사토마루 이전에 브라질로 이주한 일본인과도 점차 권하게 되었다. 사무실 5~6채 앞에 방을 임대하고 있던 한 쌍에게 교토경극의 사쿠라목욕탕의 아들 미야케씨 (34~5세), 코타니씨(약 40세정도), 육군예비역중위로서 칠레에서 남미남단으로 도보여행을 마치고 파타고니아평야를 지나, 아르헨티나의 부에노스아이레스 항에서 배로 산토스항에 상륙, 바울로에 거주한지 6개월 된 엔도씨는 25~6세 정도로 보였다. 마쓰시타씨는 런던 경유로 브라질로 건너왔고, 후지사키상점의 물건, 특히 완구류의 시내 행상으로 생활하고 있었다. 약 50세 정도의 건강하게 보이는 분이었다. 사무소 개설 10일 후에 "야아"라고 하면서 나타난 사람이 금테안경, 콧수염을 말아 올린 아코 우메키치씨였다. 이탈리아계 밀짚모자 제조공장에서 일한 적이 있는 도토리 현 사람이라고 했다. 가미쓰카씨는 마침 경작지 순찰에 나가고 없었다.

아코씨들보다 먼저 런던을 경유하여 브라질에 입국, 상파울로에서 담배를 만드는 부업으로 살고 있었던 가족 7명(딸 4명, 아들 1명)인 구마베 사브로씨는 구마모토 현 사람으로 구마모토사범대학 출신이며, 나의 본가 도요요시 삼촌과는 동갑이었다. 구마베씨는 도쿄로 상경하여 판사가 되어 가고시마 현의 판사로 재임 중에 큰 뜻을 품고 가족과 같이 이주해 온 사람이었다. 나는 도요요시 삼촌으로부터 그의 앞으로 소개장을 가지고 있었지만, 카사토마루 이민자들이 도착하기 1년 전에 구마베 일가가 리우데자네이루 교외의 마카에 식민지로 떠났기 때문에 만날 수 없었다. 구마베가의 상파울로에서의 담배 만들기 생활은 이르만 신프리시아나 거리에서 시작되었다고 한다. 스즈키 사다지로씨는 구마베 가족을 가끔 방문하여 20년의 요염한 두 명의 딸 모습을 꿈꾸며 그때는 재미있었다고 종종 이야기하곤 했다고 한다.

11) 시내취업과 일계인 채소원의 시초

카사토마루 이민자들 중에서 직업이민으로 상파울로시에 취직한 것은 대장장이로 가고시마 현 출신인 이케가미 닌지로 일가, 동현 출신의 목수 사메지마 나오야, 야마구치 현의 목수 오키가와 유키치, 가고시마 현의 양재사 하라구치 테이조 등 4명과 기타 어떤 커피경작지 주인의 간절한 부탁으로 가정부와 잡부로 고용되어 간 구마모토 현 출신의 시마무라 타주, 시치조 형제가 있었다. 이케가미의 아들도 한사람으로서 역시 커피경작지 주인의 잡부로 고용되어 떠나갔다.

이케가미 일가에 독신 사메지마가 합류하여 구리 세리오가의 단층집을 빌렸다. 시멘트 바닥 위에 일본전통의 이불을 깔아놓고, 방값이 한 달에 5밀이었지만, 장마철에 큰비가 내리기만 하면 지대가 낮아 인하여 방이 물바다가 되어 밤에 잠을 잘 수 없었다. 일대는 당시 온통 늪지였다.

이케가미씨의 일당은 5밀 500(레이스)라고 들었다. 사메지마가 5밀이고, 지금의 시립극장 건축의 목공부에서 일했다. 오키가와가 4밀 500(레이스), 하라구치가 식사까지 포함해서 4밀, 시마무라 씨는 누나가 월급 20밀, 동생이 15밀이었다. 호텔 로치세리의 허드렛일꾼들은 식사까지 포함해서 일당 2밀이었다고 한다. 커피 경작지의 이민통역사는 미즈노 사장과 상파울로정부의 계약조항에 일률적으로 규정되어 월급 200밀로 일정했다. 가미쓰카씨의 월급이 400밀, 사무비가 100밀, 스즈키씨는 수용소의 서기로 임명되어 월급은 다른 통역사와 같이 200밀이었다고 한다.

수용소를 나와 상파울로시 교외 가까운 이뽀도로모 앞에 임대료로 한 달에 15밀 정도를 지불하고 일본 종자의 채소원을 시작한 쿠라야 세이치옹과 야자키 세츠오씨는 그 밭 부근의 방을 하나 빌려서 생활을 시작했다. 재배 생산물을 거둘 때까지 적자를 각오하고 시작했지만, 야자키씨는 영양불량에 빠져, 심어놓은 무우의 초록 잎이 성장하기도 전에 구라야옹과 이별하고 상파울로시의 한 경작지 주인 댁의 잡부로 들어갔다. 혼자 남은 구라야옹은 괭이질을 하고, 잡초도 뽑고, 뿌린 씨앗의 성장을 기대하여 열심히 일했다. 이것이 재브라질방인의 채소원의 시작이었다. 구라야채소원의 운명은 나중에 자세히 언급하도록 하겠다.

상파울로시의 거리에서 거리로 돌아다니며 어깨에 걸친 막대기를 앞뒤 판매대에 매달고 완구류를 팔고 있었던 마쓰시타씨는 무언가 음식물로 한 탕 벌어 보겠다는 계획을 세워 단팥죽 장사를 시작했다. 후지사키상점에서 불그스름한 주발 5개를 구입하고, 팥이 없었기 때문에 대신 훼정(팥과 닮은 콩)을 달콤하게 끓여 보릿가루로 반죽하여 만든 작은 경단을 띄워 큰 냄비에 넣고 포장마차로 거리를 나섰다. 정 멘데스광장에서 라르고 상파울로 주변까지 '일본 팥죽'이라고 외치며 걸었다. 브라질 손님이 2~3명 다가와 주발에 부어 숟가락과 함께 내밀면, 누구도 한 번 먹어보고, '카칭가' 라고 말하고 마지막까지 다 먹어주지는 않았다고 한다. 한 그릇에 1토스톤으로 그가 이 장사를 2~3일 정도 계속했을 때였을까? 어느 날 악동들이 포장마차에 모래를 뿌렸기 때문에 노려보면서 뒤쫓아 갔더니 다른 사람이 포장마차를 쓰러뜨려 놓았다. 그들은 거미 새끼를 흩뜨려놓은 것처럼 도망쳐서 범인이 누구인지도 모르게 했다. 단팥죽은 길바닥에 내팽개쳐지고 경단도 여기저기에 흩어졌다. 아주 건장하고 사무라이 같은 얼굴의 마쓰시타씨도 힘이 쭉 빠지고 말았다. '브라질의 어린이들은 일본 아이들과 달리 방심할 수 없다.' 라고 분개한 그는 그길로 팥죽장사를 그만두었다. 가고시마 현 사투리로 이 사건의 경위를 당당히 들려 준 그의 목소리는 아직도 귀에 생생하게 남아 있다.

12) 시내산책

이민회사 사무소가 개설되어 첫 일요일이었다. 아침 일찍, 문을 두드리는 소리에 잠을 깼다. 문을 열어보니 후지사키상점의 직원인 고토 다케오씨가 히죽히죽 웃으며 서 있었다.

"안녕하세요."라고 이쪽에서 먼저 말을 걸었더니

'본 지아' 라고 대꾸하여 조금 당황했다. 그는

'고야마군, 지금부터 페냐의 언덕으로 산책이나 가시죠.'

라고 나에게 요청했다. 나는 매우 기뻤다. 킨제 거리의 모퉁이에 있는 커피숍에서 고토씨가 가르쳐주면서 메지아와 폰콘 만티가를 사주었다. 라르고 테조우로에서 페냐행 전철을 탔다. 처음 보는 상파울로시 교외로 가는 거리 모습은 나에게 모두 재미있고 신기한 것 들이었다. 거리에서 조금 떨어진 들판으로 나가도 종점의 언덕 위까지는 상당히 멀어 1시간가량 걸렸다. 일본에서라면 성과 같은 느낌의 건물들이 전철 길옆의 곳곳에서 보였지만, 그것이 가톨릭의 성당이라는 것을 고토씨로부터 나중에 들어 알게 되었다. 종점에서 좌측으로 이어진 내리막길을 내려가, 둘이서 여기저기에 남아 있는 차밭 흔적이 있는 것을 보고, "브라질에도 차밭이 존재하고 있구나."라고 의외로 놀라기도 했다.

들판을 내려오자 약 70~80미터 정도의 흐린 강물이 보였다. 강가에는 6~7명의 어른과 아이들이 장난을 치고 있었다. 우리들은 상의를 벗고 강가의 바윗돌에 앉아서 땀을 닦았다. 이것이 바로 치에테 강이었다. 브라질에서 처음 보는 강이었다. 나는 그 폭이 좁은 강과 마주하면서 갑자기 헤엄치고 싶어졌다. 수영은 자신이 있었다. 일본에서는 후쿠오카의 나카츠강, 오구라의 무라사키강, 구마모토에서는 쓰보이강, 시라강, 3대 급류의 하나인 쿠마강에서도 수영을 한 적이 있었다. 강가에서 놀고 있는 무리들에게 일본 남자의 수영 솜씨를 보여주고 싶다는 생각이 들었다. 수영에는 무관심한 표정으로 쉬고 있는 고토군에게 "내가 수영한번 해볼게요." 라고 말을 걸었다. 그는 깜짝 놀랐다. 가까운 덤불로 들어가 원숭이와 같은 모습으로 강가로 내려간 나는 수영의 법칙대로 얼굴을 씻고 양 귀에다 침을 바른 다음 바로 물속으로 뛰어들었다.

땀으로 뒤범벅이 된 몸에 위쪽의 물은 따뜻하고, 바닥의 물은 급류로 자르는 것처럼 매우 차갑게 다가왔다. 4~5미터 정도 수영을 갈랐지만 자칫하면 양다리가 흘러가게 될 것 같아 유단해서는 안 된다는 초조감이 엄습해왔다. 70~80미터 강폭의 맞은편 강가에 헤엄쳐 다다랐을 무렵 몹시 피곤했다. 얕은 여울의 바위에 앉았지만 머리가 흔들거려 풀 위에 반듯이 누웠다. 피로감은 바로 멈추었지만, 따뜻한 태양의 직사광선을 받아도 허리와 다리의 냉기는 가시지 않았다. 나는 엎드리거나 눕거나하면서 10분 정도 햇볕을 쬐고 나서 돌아가려고 하였다. 돌아갈 때는 속도를 줄이고 최대한 강바닥 쪽에 다리가 가라앉지 않도록 떠오른 상태에서 헤엄쳐 강가에 닿았다. 그럼에도 불구하고 수면과 저류의 온도차는 내 신경을 혼란시키고, 심장의 고동이 높아지면서 나는 옷을 벗은 덤불 속으로 기어 들어가 반듯하게 누웠다. 처음부터 끝까지 내 수영을 걱정하듯, 아니면 감탄하듯 웃는 얼굴로 보고 있던 고토씨에게 나는 겨우 떨리는 목소리로 "잠깐 쉬겠습니다."라고 말했던 것으로 기억하고 있다. 쨍쨍 내리쬐는 태양에 30분 동안 몸을 녹인 후 양복으로 갈아입었다. 지금까지 경험하지 못했던 강물의 모습에 나는 자랑은커녕 겨우 수영을 한 것에 불과했다. 브라질의 강가에서 이것이 나의 첫 번째 수영이었으며 마지막 수영이기도 하였다.

그로부터 며칠이 안 된 어느 날 밤, 고토씨는 다시 나를 꼬드겨 브라스구의 콜롬보극장의 영화관에 데리고 갔다. 당시 상파울로시에서는 글로리아가와 갈본 부에노가에 천막으로 된 영화관, 킨제이가에 작은 영화관이 있었을 정도였다. 콜롬보극장은 천정이 높고, 넓고, 당시 일류 영화관이었다. 가미쓰카씨가 킨제가의 영화관 앞에서 시네마클럽이라고 가로로 써져 있는 것을 보고 "세토모 가라스"라고 고토씨를 웃게 만들기도 하였다. 고토씨와 나의 교우 관계는 이때부터 시작되었다. 그는 나보다 2살 어렸으나, 브라질에는 2년 정도 먼저 왔다.

일본이민자들이 상파울로 이민수용소에 들어가자마자 바로 미즈노사장에게 사업의 기회가 찾아왔다. 상파울로 주정부가 커피를 일본에서 선전하기 위해 농업국이 매년 향후 5년간 커피 300부대를 무상으로 미즈노씨에게 제공할 테니, 미즈노씨가 도쿄, 오사카, 고베, 교토 등의 4개 도시에 파우리스타식 커피 점을 개설하여 선전을 하도록 계약하게 된 것이었다. 미즈노씨는 매우 기뻐했다. 그는 아들인 미하라 만지로씨와 함께 브라질 100년 축제 때, 리우데자네이루수도에서 일본 타마야의 우수한 불꽃을 쏘아올리고 한탕 벌기를 생각하고 와 있었다. 미하라씨는 그 일을 나에게 말하고 마치 3천석을 얻은것과 같은 얼굴을 하고 있었다. 나도 "그것 참 좋겠네."라고 말했는데, 그것이 "나였더라면 더욱 좋았을 텐데" 라고 생각했다. 이것이 일본 도쿄에서의 카페 파우리스타의 시작이었다.

13) 이주경작지에서 소동

미우라 코지로 통역관과 가미쓰카 슈헤이씨는 이민자들의 배정지를 돌아보고 왔다. 사무소에 공허한 표정으로 들어온 가미쓰카씨는 나의 인사도 아랑곳 하지 않고 책상 앞의 의자에 비틀거리며 앉아 실망한 듯이 턱을 괴고 침묵했다. 단순히 여행의 피로라고 하기에는 표정이 어두워 보였다.

"경작지의 모습은 어땠어요?"라고 물어보자 그는

"이민자들이 모두 시끄럽게 소란을 피우고 있네."라고 비통한 표정으로 나를 쳐다봤다. 그때 그의 표정이 내 마음에 아직도 생생히 떠오른다. 한창 지나서 그는 계속했다.

"커피가 열매를 맺지 않아 일을 해도 돈이 안 된다. 한 가족 3명으로 하루에 한 부대, 전혀 먹고 살 수 없는 상태이다. 그들이 소란을 피우는 것도 무리가 아니다."

그는 그 말을 끝내자마자 덜컥 의자에 앉아 양어깨를 축 늘어뜨리고 허탈한 듯 뭔가를 골몰히 생각했다. 나는 어떻게 할 수 없었다. 위로할 수도 없었고, 가만히 그를 바라보고 있었다. 가미쓰카씨가 이윽고 몸을 일으키자

"점점 힘들어지면 코야마씨, 당신과 둘이서 북미로라도 떠납시다. 여행경비는 내 영어사전을 팔면 어떻게 할 수 있으니 당신도 각오하고 있어요."

북미 로스앤젤러스 시에는 그의 학우가 4~5명 있었기 때문에 브라질처럼 외롭지는 않을 것이라고 말하면서 얼굴에 약간의 생기를 되찾았다. 나는 가미쓰카씨가 돌아오면 얼마정도 돈을 빌리려고 생각했는데 그의 얼굴을 보고 돈 이야기는 꺼내지도 못하고 말았다.

그로부터 4~5일이 지난 어느 날, 브라스역의 창고 부근에 4명의 일본인 노숙자가 있다는 정보가 후지사키상점을 통해 들어왔다. 가미쓰카씨가 집을 비우고 있었기 때문에 어쨌든 그들을 사무소로 데리고 오려고 혼자서 찾아 나섰다. 하얀 벽으로 된 창고의 약간 들어간 곳에 짐을 쌓아놓고 힘없이 앉아있는 청년의 모습이 바로 눈에 들어왔다.

"어찌된 일이냐."라고 나는 일본어로 말을 걸었다.

그들은 갑작스러운 일에 놀랐지만 약간 괴로운 미소를 머금고 일어섰다. 나는 4명을 사무소로 데리고 돌아와 그날 밤 커피농장의 이야기를 들었다. 이들 4명은 영국인이 경영하는 지몬트경작지에 구성가족의 일원으로서 입식했지만, 힘든 노동을 견디지 못해 상파울로시에서 일자리를 구하려고 경작지로부터 도주한 선구자가 된 것이었다.

다음날 아침, 가미쓰카씨가 이들을 위로하고, 달래고, 설득하여 4명은 다시 원래 경작지로 돌아갔다. 내가 역까지 데리고 가서 가미쓰카씨가 자비로 보태준 돈으로 기차표를 사서 기차에 태워주었다. 그러나 안내를 제대로 안 해 지몬트경작지 역까지 가는 기차표를 사지 않고 리베론 플랫폼까지의 표를 샀기 때문에 그들은 갈아타지 않으면 안 되었다고 한다. 4명 중의 한 명이 현재 노로에스테지방의 두목이라고 불리는 간자키 사사이치군 이었다. 다른 3명은 오후지 에이타로, 쓰야마 간이치, 야마노 세이치 군이며, 야마노군은 16세의 소년으로 경작지로 돌아간 후 열이 발생하여 8월 5일 이질로 진단되어 제1회 이민자의 첫 사망자가 되었다.

이후 커피경작지 도망자는 계속 발생했다. 구마모토 현 이민자의 대표인 덩치가 큰 나카무라 한지로도 그와 매우 닮은 친동생과 구성가족의 아내로서 온 덩치 큰 여자들이 이민사무소에서 3~4일 동안 머물고 있었지만, 가미쓰카 대리인의 부재 중 "저희는 아르헨티나로 갑니다."라고 말하고 떠나갔다. 소부라도 경작지의 야마구치이민자인 후지모토 히데오도 상파울로시에 일자리를 찾으러 왔지만 포기하고 경작지로 돌아간 청년이었다.

지몬트경작지의 52가족 이민자들이 미우라 통역관과의 협의안도 실패하고 가미쓰카씨의 머리를 숙이고 몸을 낮추는 눈물의 애원도 효과 없이"커피의 열매도 맺지 않는 곳에서 커피채취를 한다면 밥을 먹을 수가 없다."라고 말하고 상파울로시의 이민수용소를 철수하고 돌아온 것은 8월 하순경이었다.

당시 리우데자네이루수도로부터 가까운 페트로폴리스 피서지에 있던 공사관에 의해 미야자키 신조씨가 상파울로시의 이민회사 측의 통역사로서 들어왔기 때문에 가미쓰카씨도 안도의 모습을 보였다. 미야자키씨는 후쿠오카 현 출신, 중학교 영어교원의 면허를 가진 정직한 30대 남자였다. 지몬트경작지의 가토 통역사는 이민자로부터 배신을 당해 면직되어 가미쓰카씨의 하숙으로 들어와 가미쓰카씨를 괴롭혔다.

수용소에서 철수한 52가족은 커피의 결실이 많은 다른 경작지로 노동계약을 하여 재출발했다. 15가족은 소로카바나선 아그도스역 구석의 비아드 경작지로, 9가족은 노로에스테선 산조아킨 경작지로 철도기술자가 되어 떠나는 등 각각 경작지를 바꾸었다. 계약을 하지 않은 사람들은 수용소를 떠나야 한다고 위협을 받아 떠나가는 자도 있었다. 구마모토 현 이민자로 구성된 2~3가족은 짐을 싸들고 센트럴철도선을 따라 도보로 메스키다역에 이르러 거기서 페루에서 흘러온 일본인들이 경영하는 벽돌공장에 취업했다. 그 중 한 가장은 여행의 피로로 발병하여 마침내 그 땅에 묻히는 사람이 되었다.   그 후 과부인 오토요씨는 나카지마 페루이민자와 결합하였다. 수용소를 나온 인텔리청년 가장인 우스이씨는 젊은 부부끼리 상파울로시에 가정노동의 일자리를 찾아 정착했다. 이러한 케이스의 사람들이 수 십 명이나 되었다. 아르헨티나로 향한 6~7가족도 있었다.

산말치뇨 경작지에서는 분쟁을 일으킨 주모자인 하라 겐파치씨외 20 여 명을 추방했으나 이것을 모방하여 구아타바라 경작지에서도 가고시마 현 출신의 니시 히토시와 카미이 타다시 등을 무통고로 즉시 경작지에서 추방당했다. 그 후 그들은 모두 아르헨티나로 향했다. 브라질로 향하는 갑판 위에서 아르헨티나가 더 유망하다고 그쪽으로 향하는 2~3명의 사람에게 그들은 세뇌당했다고 들었다. 추방을 당하여 일시적으로 상파울로시에 머물던 자들도 선발대가 아르헨티나에 정착했다는 소식을 접하고 남쪽으로 향했다. 그곳에 도착하여 보니 먼저 도착한 여자들은 부에노스 시내에서 일을 찾았지만 남자들은 일이 없어 여자들이 먹여 살리고 있는 상태였다. 가고시마 현 이민자의 인텔리 마루노 마사요시는 카사토마루 이민자들 중 가장 활달한 딸인 오나츠쨩과 결혼하여 아르헨티나로 건너갔지만 다시 상파울로로 돌아왔다. 이렇게 해서 일단 아르헨티나로 건너가 다시 상파울로로 돌아오는 사람들이 많았기 때문에 제2회 이민부터는 아르헨티나행도 줄어들었다.

당시 브라질에서는 노로에스테 철도선 신설을 서두르고 있어 마트 그로소주 포르트 에스페란사로부터 부설을 시작하여 철도기술자를 아르헨티나 방면에서 모집하기도 했다. 라푸라다강을 거슬러 올라가는 배를 타고 포르트 에스페란사로 사람을 보내는 것이 상파울로 방면에서 인부를 보내는 것보다 편리했기 때문이다. 여기에는 아르헨티나에서 일자리를 찾지 못한 제1회 이민자들 중 남자들이 응모했다. 캄포 그란데 고원지까지 부설된 철도는 거기서 상파울로 방면으로부터 연장되어 온 철도와 연결되자 직업도 일단 안정되고 오키나와 현, 가고시마 현 출신자가 대부분인 노동자들은 캄포 그란데를 중심으로 주변에 정착하기 시작했다.

이와 같이 1868년 메이지전후 시작된 일본인의 해외이주는 하와이로부터 시작되어 1908년에 미국에서 배일이민법이 공포되자 남미브라질로 이주지를 선회하였다. 그리고 제1회 브라질행 이민자 781명이 고베항에서 '카사토마루'호를 타고 도항함으로서 1945년 패전이후까지 브라질들의 일본인 이민송출은 계속되었다.

VI

일계인 귀환과 글로벌 네트워크

1. 1990년대 이후 일계인 귀환[1]

일본 출입국 관리국에 의하면 1986년 해외거주 일계인은 49만 7981명이었다. 이 숫자는 2003년까지 거의 두 배에 가까운 수치이다.[2] 1970년~1980년대 해외거주 일계인의 수가 매년 증가함에 따라 새로운 형태의 일계인들이 출현하기 시작했다.

〈표 34〉에 나타난 바와 같이 해외거주 일계인의 수는 변화를 거듭하고 있었다. 이에 따르면 해외에 거주하는 일본인의 수는 1999년 약 80만 명 정도였으나 2003년에는 90만 명을 초과하는 것으로 나타났다. 북아메리카 지

〈사진 6〉 군마 현 오이즈미마치 일계인타운 입구

---

1   渡辺雅子編著(1995), 『共同研究出稼ぎ日系ブラジル人上論文編 [就労と生活]』 明石書店, p.26. 1990년 입관법 개정에 의해 일계인에게는 '일본인의 배우자 등', '정주자'라는 자격이 주어졌다. 일반적으로 당시 일계인들에게는 2세는 3년, 3세는 1년 비자가 발급되었음.

2   외무성 홈페이지 http://www.mofa.go.jp/mofaj/toko/tokei/hojin/09/pdfs/1.pdf, p. 11 참조하여 작성.

〈표 34〉 해외거주 일계인 수의 변화[3]

국가별	1999년		2003년	
	거주자 수	비율(%)	거주자 수	비율(%)
전세계	795,852	100.0	911,062	100.0
아시아	159,114	20.0	206,521	22.7
오세아니아	45,137	5.7	63,018	6.9
북아메리카	324,295	40.7	369,639	40.6
중앙아메리카	6,950	0.9	7,584	0.8
남아메리카	103,796	13.0	94,310	10.4
서유럽	139,667	17.5	152,833	16.8
동·중앙유럽	4,413	0.6	5,715	0.6
중동	6,054	0.8	5,857	0.6
아프리카	6,386	0.8	5,541	0.6

역에 거주하는 사람이 40.7%로 가장 많고 다음이 아시아 20%, 서유럽이 17.5%, 남아메리카 13% 순으로 나타났다. 다음은 국가별 거주 일계인의 숫자를 살펴보도록 하자.

다음 〈표 35〉는 해외 거주국별 일계인의 숫자를 나타내고 있다. 전술한 바와 같이 19세기 말부터 20세기 초두에 걸쳐 수많은 일본인들이 해외에 이주하게 되었다. 그리고 글로벌시대 세계각지에 일계인과 그 자손들이 거주하게 되었다. 일본인의 이주는 글로벌시대 지금도 계속되고 있는 현상 중의 하나이며 다수의 일본인들이 해외에서 생활하고 있다는 것을 단적으로 보여주고 있다. 거주국가별 일계인 수를 살펴보면 미국이 35.5%로 가장 높은 비율을 차지하고 있으며 다음이 브라질 24.5%, 캐나다, 오스트레일리아 순으로 나타나고 있다. 그 가운데 미국의 경우 1996년과 2002년 사이에 일계인 수는 거의 변함이 없지만 브라질의 경우 약 6% 정도 감소하고 있다. 이러한 현상은 일계브라질인들의 일본 귀환, 혹은 재이주를 선택한 것으로 설명할 수 있을 것이다.

3 　足立伸子編著(2008), ジャパニーズ・ディアスポラ』新泉社, p. 40.

　글로벌시대가 급속도로 진행된 가운데 일본으로 귀환하거나 아니면 일본에서 전세계로 이주하는 국제적 이동에 관한 논의는 일본에서도 매우 활발히 진행되어 왔다. 이러한 가운데 일본으로의 귀환, 혹은 재이주에 관한 연구는 대단히 중요한 분야로 자리매김 되고 있다. 일본의 경제성장과 더불어 일본 내에서 1980년대 중반 이후 주목 받게 된 일계브라질인의 일본 귀환(재이주)현상은 입국관리법이 개정되면서 급증하게 되었다. 일반적으로 일본에서 생활하는 일계인이란 의미는 남미 브라질로부터 유입된 외국인(出稼ぎ: 데카세기)노동자라는 의미로 자리잡아 왔다.

〈사진 7〉 일계인타운 내 일계인 집합장소(결절점)

　일본정부는 1990년 6월에 실시된 '출입국관리 및 난민인정법(입관법)'의 개정으로 불법취업조장죄의 벌칙을 사업주에게도 부과하여 외국인 불법체류자를 포기하도록 하는 방책을 시행하였다. 이 법으로 일계인, 즉 일본인의 배우자(일본인의 배우자, 일본인의 자녀로 출생한 자 및 일본인 특별양자), 정주자(일본인의 자손 등, 일계 2세 및 3세 외국인)들은 취업을 포함한 일본에서의 제반활동에 제한이 없는 체류자격이 주어지고 합법적으로 단순노동에도 종사할 수 있게 되었다.[4] 특히 이 법은 입국관리법 개정 전까지만 해도 일계인의 경우 일본 국적을 가지고 있는 이민1세나 이중국적자에게 입국이나 체류에는 문제가 없었지만 입국관리법 개정 후에는 외국적의 일계인2세~3세에게도 합법적인 취업의 문이 열리게 되었다. 또한 비일계인이라 하더라도 일계인3세까지 배우자의 경우 일계인과 동등한 특별체류자격을 가질 수 있게 되었다는 점에서 획기적인 법안이었다. 이러한 일본의 입국관리법의 개정과 일계인의 귀환에 의해 탄생한 것이 군마 현 오이즈미마치 일계인타운이라 할 수 있다.

〈표 35〉 해외 거주국가별 일계인 수[5]

국가별	1996		2002	
	거주자 수	비율(%)	거주자 수	비율(%)
미국	98,777	36.3	101,395	35.5
브라질	85,896	31.6	69,978	24.5
영국	6,034	2.2	9,457	3.3
캐나다	16,403	6.0	22,878	8.0
오스트레일리아	12,111	4.4	20,041	7.0
싱가포르	813	0.2	1,037	0.4
홍콩	1,017	0.3	불명	불명
독일	3,221	1.1	4,285	1.5
태국	2,655	0.98	583	0.2
프랑스	3,008	1.1	5,331	1.9
중국	454	0.1	992	0.3
대만	747	0.27	598	0.2
프랑스한국	389	0.1	24	0.01
아르헨티나	10,858	4.0	10,798	3.8

4　渡辺雅子編著(1995), 『共同研究出稼ぎ日系ブラジル人上論文編 [就労と生活]』 明石書店, p. 26. 1990년 입관법 개정에 의해 일계인에게는 '일본인의 배우자 등', '정주자'라는 자격이 주어졌다. 일반적으로 당시 일계인들에게는 2세는 3년, 3세는 1년 비자가 발급되었음.
5　足立伸子編著(2008), ジャパニーズ・ディアスポラ』新泉社, p. 87.

국가별	1996		2002	
	거주자 수	비율(%)	거주자 수	비율(%)
인도네시아	443	0.1	1,311	0.4
말레이시아	437	0.1	714	0.2
인도	불명	불명	154	0.05
기타	28,672	10.5	36,129	12.6
합계	271,935	100.0	285,705	100.0

2. 일계인 귀환 실태와 현황

군마 현 오이즈미마치(群馬県邑楽郡大泉町)는 사이타마 현과 인접한 동남쪽
에 위치하며 1990년 일본출입국관리 및 난민인정법(입관법)의 일부 개정에
의해 남미일계인의 일본기업 취업자가 급증하게 되었다.

오이즈미마치는 원래 공업도시로 많은 중소기업들이 진출한 곳으로 입
관법 개정 전까지만 해도 공업제조 출하액은 순조롭게 증가하였지만 중소
기업에서는 만성적인 '노동력부족'이라는 심각한 사태를 맞이하고 있었다.
일본대기업에서는 자동화시스템이 진행되는 한편 중소기업에서는 자동화
시스템을 할 수 없는 3D직종 부문에서는 일본인 노동자가 급격히 감소했기
때문이다.

이러한 노동력부족으로 도산하는 중소기업이 속출하는 가운데 당초 중
소기업들은 아시아계 불법취업자들을 상당히 고용하고 있었다. 일본 내 불
법취업자의 급격한 증가와 활동의 다양화가 문제되는 가운데 1990년 2월 6
일 '정주자'의 재류자격 정비라는 입관법(출입국관리 및 난민인정법)의 개정이 진
행되었다. 개정된 입관법에서는 '불법취업자 본인을 처벌하는 것은 물론이
고 그들의 고용주에 대해서도 벌칙규정을 신설한다.'라는 내용을 포함하고
있었으며 노동력부족이 심각한 중소영세 기업들은 커다란 타격을 받았다.
따라서 '일본사회와의 혈연관계'를 고려한 외국인의 틀 안에서 '일계인 2~3

세에 대하여 활동과 취업을 제한하지 않는다.'라는 개정입관법의 주요 내용에 많은 기업들이 관심을 가지게 되었다.

〈사진 8〉 일계인타운 일계인노동자 대상 잡화점

이와 더불어 당시 브라질에서는 수출부진과 경제사정이 악화되어 개발도상국 중에서도 최대채무국이 된 상태였다. 브라질 국내에서 급격한 인플레가 발생하고 실업자도 급격히 증가하였다. 만성적인 노동력부족이라는 문제를 안고 있었던 일본과 불안정한 경제 상태를 유지하고 있었던 브라질, 양국의 경제적 배경이 일계인의 일본으로의 데카세기(出稼ぎ : 돈벌이 노동)가 증가하게 된 직접적인 원인이 되었다.

1989년 12월 오이즈미마치의 중소기업이 중심이 되어 '동모지구고용안정촉진협의회'를 조직하고 합법적이면서도 안정고용을 실현할 수 있는 일계브라질인의 수용을 시작하였다. 1991년에는 타운 내 소학교에 '일본어학급'을 설치하였고 각종 수속이나 제도를 설명하기 위한 통역을 채용하여 필요한 서류 등의 번역을 시작하였다. 〈표 36〉에 나타난 바와 같이 1990년 이전만 해도 오이즈미마치는 외국인을 거의 볼 수 없었던 곳이었지만 1989년 브라질 국적자가 277명, 1990년 821명, 그리고 2009년에는 4,676명으로 증가하였다. 그러나 2009년 리먼쇼크와 2011년 3월 11일 일본 동북지방 대지진의 영향으로 감소하였다. 군마 현 오이즈미마치는 총인구 대비 외국인 비율이 15.3%로 일본 전국에서 외국인 비율이 가장 높게 나타났다.

〈표 37〉에 제시한 바와 같이 2011년도 오이즈미마치에 거주하는 외국인 비율은 여전히 중남미지역 출신 일계브라질인이 71.6%, 페루인이 13.6%로 가장 높다는 것을 알 수 있다.

〈표 36〉 군마 현 오이즈미마치 외국인 등록자 수 (단위: 명)

국적	1986	1988	1989	1990	1991	1996	2000	2001	2004	2006	2008	2009	2010
브라질	0	36	277	821	1,382	3,273	4,454	4,865	4,864	4,926	5,140	4,676	4,547
페루	0	0	51	175	289	521	644	728	787	839	857	844	850
재일코리안	160	161	151	149	153	147	123	113	119	108	106	106	104
필리핀	25	35	49	62	64	113	134	185	212	145	157	170	174
중국	6	14	26	46									
볼리비아	0	1	0	0	31	21	65	88	94	92	119	112	122
칠레	0	0	0	0	0	14	33	33	31	33	34	31	33
기타	31	65	69	62	117	146	196	223	266	313	321	291	296
합계	222	312	623	1,315	2,166	4,303	5,716	6,307	6,472	6,796	7,082	6,424	6,327
오이즈미초 총인구	37,222	37,788	38,379	39,351	40,470	41,746	42,628	42,833	42,378	42,096	42,295	41,469	41,216
외국인비율	0.6	0.8	1.6	3.3	5.4	10.3	13.4	14.7	15.3	16.1	16.74	15.49	15.35

1990년대 들어서 본격적인 이주가 시작된 일계브라질인은 그들의 체류동기나 목적이 크게 바뀌었다. 1991년 일계브라질인 대상 설문조사에서 '향후 어느 정도 일본에 체류할 예정인가'라는 항목에 대하여 약 70%가 '3년 미만'으로 응답하였다. 그러나 10년 후인 2001년도 체류기간에 대한 설문조사에서는 '3년 미만'이 18.6%, '미정'이 66%로 크게 증가한 것으로 나타났다.

이러한 이유로서는 일계인의 일본체류의 '장기화'에 있다고 추정된다. 오랫동안 지속된 브라질 경기불황으로 귀국하더라도 취업이 어렵고 일본에서와 같은 고수입이 보장되지 않기 때문이다. 또한 당초 데카세기(돈벌이)로 단신으로 건너온 일계인들이 결혼으로 가정을 꾸리게 되면서 일본에서의 생활기간이 모국에서 지낸 기간보다 많아지게 되었다.

〈사진 9〉 군마 현 오이즈미마치 일계인타운 다문화공생 커뮤니티센터

일본에서 영주권을 취득하고 주택을 구입하는 브라질인들이 증가하는 가운데 2008년 가을 리먼쇼크라는 글로벌 경제위기가 발생하여 일본경제는 예상외로 급격히 악화되었다. 이것은 일본인들의 경제생활에도 큰 영향을 미쳤지만 무엇보다도 간접고용의 불안정한 취업형태로 일하던 일계인 노동자들의 생활에 큰 타격을 입혔다. 이러한 영향으로 브라질로 귀국하는 노동자가 증가하였고 생활기반이 붕괴된 상태에서 일본 체류를 선택한 이들을 위한 새로운 지원정책이 필요하게 되었다.

〈표 37〉 군마 현 오이즈미마치 외국인비율(2011년 6월 기준)

순위	국가명	외국인등록자수(명)	외국인비율(%)
제1위	브라질	4,450	71.6
제2위	페루	847	13.6
제3위	필리핀	168	2.7
제4위	중국	137	2.2
제5위	볼리비아	131	2.1
제6위	재일코리안	104	1.7
기타		376	6.1
합계(전체 48개국)		6,213	100.0

〈사진 10〉 일계인 타운 내 브라질계 유니버셜 기독교회

3. 일계인타운 형성과 다문화공생 커뮤니티센터

일계인타운은 니시코이즈미역 주변을 중심으로 형성돼 있다. 다문화공생커뮤니티센터에서 일하는 이토이 마사노부씨에 의하면 2009년 리먼쇼크 이전까지만 해도 100여 개 이상의 일계인 상점들이 영업 하고 있었는데 경

제위기의 영향으로 2012년 현재 약 69여 개의 상점들이 영업을 계속하고 있는 것으로 나타났다. 일계브라질숍은 일계인들의 생활필수품을 취급하는 식료품점에서부터 피부미용, 중고자동차, 알선업, 학교 등 다양하게 분포되어 있다.

〈사진 11〉 일계인 고객대상 중고차 회사

게다가 최근에는 브라질인이 운영하는 프로테스탄트교회가 10여 개나 생겨나게 되면서 일계인들의 거점(결절점)지역 역할을 하고 있는 것으로 나타났다. 브라질은 전통적인 가톨릭국가이지만 일계인타운을 중심으로 브라질 특유의 개신교계통의 교회가 최근 집중적으로 생겨난 것으로 알려졌다. 리먼쇼크 이후 일계인타운의 중심지도 이전에는 알파인인텔남미교류센터에 일계인들이 집중되었는데 최근에는 대형 슈퍼마켓(TAKARA)이 자리 잡고 있는 로데오그릴로 옮겨지는 변화를 겪고 있었다.

〈사진 12〉 일계인 고객대상 문신 시술소

특히 일본정부가 브라질타운에 설치한 다문화공생커뮤니티센터의 역할은 한국다문화사회에도 많은 시사점을 줄 것으로 생각된다. 여기에서 일하는 세이라씨(50대 초반, 일계인 2세 여성)에 의하면 "2007년 오이즈미마치 다문화공생커뮤니티센터가 일계인타운에 설치되어 일계인들에게 정확한 정보제공을 위한 포르투갈어 통역의 배치(통역, 번역 업무 및 외국인등록업무), 포르투갈어 홍보지(GARAPA) 월 1회 발행(방재, 쓰레기, 수도 등의 사용방법을 게재한 특집호 연4회 발행), 포르투갈어로 된 '오이즈미생활가이드', '쓰레기 달력' 등 일제 생할 관련 다양한 정보를 일본어와 포르투갈어로 소개하고 있다"고 했다.

〈사진 13〉 군마 현 오이즈미마치 일계인타운 내 일본–브라질 노동자센터

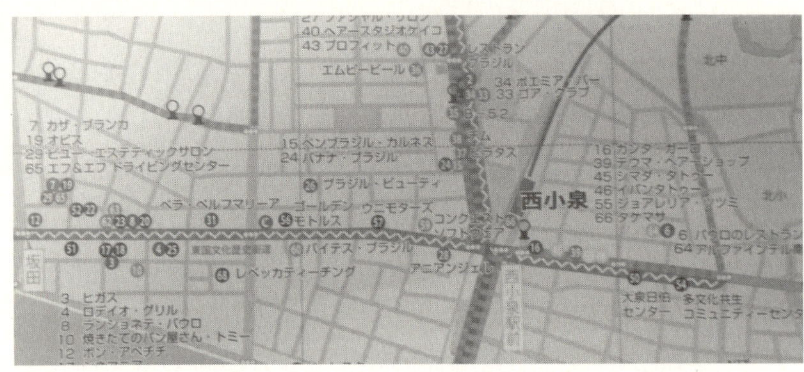

〈그림 14〉 군마 현 오이즈미마치 니시코이즈미역 주변 일계인타운 지도

다문화공생커뮤니티센터에서는 '고용안전촉진협의회'를 구성하여 일본
계 브라질인을 수용하는가 하면 다문화공생간담회를 수시로 개최하여 오
이즈미마치 내 외국인점포와 외국인학교, 각종제도와 생활예절 등에 대해
설명하거나 외국인 주민으로부터 질문이나 의견 등에 대응하고 있는 것으

로 나타났다. 또 일계인들을 위한 브라질영사관, 관계국 영사관과의 정보교환 및 연계, 일본어강좌 개설, 일본문화청의 '생활자로서의 외국인을 위한 일본어 교실' 설치에 대한 지원, 대학과 연계한 다문화공생사업 전개, 외국인과 협동으로 방재훈련(방범 및 교통예절홍보)등을 실시하고 있다.

〈표 38〉 군마 현 오이즈미마치 브라질타운 상점분포[6]

업종	점포수
레스토랑/식당	9
제과점	2
도시락	3
식육점	1
잡화점	6
양복점	4
뷰티미용	7
댄스클럽/바	6
미용실	2
풋살코트	2
스포츠클럽	2
타투(브라질문신)	2
광고·디자인	3
서비스·알선업(직업)	5
보석상	1
중고자동차	3
인터넷·전기	5
여행대리점	1
교습소	2
학교	3
합계	69

---

6   오이즈미초 브라질숍 가이드 맵을 참고로 필자 작성.

〈사진 14〉 일계인 현지거주 일본인과의 다문화공생활동

　　다음 〈표 39〉에 나타난 바와 같이 오이즈미마치 다문화공생커뮤니티센터의 주요 사업내용을 살펴보면 다음과 같다. 일계인들을 위한 '문화통역' 등록사업은 타운의 알림판이나 생활예절 등을 포르투갈어인 모국어로 정확히 전달될 수 있도록 '문화통역사'를 육성하고 있다. 어린이 건전 육성을 위한 사업으로는 오이즈미마치 내 브라질인 소학교와의 각종사업(방재훈련, 방법교실, 교통교실, 신형인플루엔자 예방교실 및 각종 체험사업), 타 지방자치단체 및 외국인 집거도시와 공동 회의(하마마츠시(浜松市), 오타시(太田市)등 28개 도시 참가), 일본정부 및 현 관계기관에 대한 제언, 공통과제의 연구 및 검토 등 외국인이 처한 현재 상황을 파악하고 직면한 문제점을 해결하기 위해 적극적으로 노력하고 있다.

〈표 39〉 군마 현 오이즈미마치 다문화공생커뮤니티센터 주요 사업내용[7]

주요 업무	구체적인 내용
정보제공 및 상담	포르투갈어 통역을 배치하여 전입외국인 및 문화나 습관 등이 다른 외국적 주민에게 생활상의 규칙이나 제도 등 정확한 정보전달
일본어 학습 등의 기회, 정보제공	국제교류협회 등 일본어강좌를 비롯하여 일본어학습 정보나 기회제공
문화통역의 보급, 육성	일본의 습관이나 문화 등을 바르게 이해하고 그것을 주위에 전달하는 '문화통역' 육성보급

〈사진 15〉 일계인 제2의 집합장소(결절점) 다카라 수퍼마케트

이상과 같이 군마 현 오이즈미마치는 1980년대 이후 글로벌시대의 도래와 함께 국제교류를 추진해왔고 1987년 군마 현 청사 내에 국제교류과를 설치하였다. 전술한 바와 같이 1990년대에는 입국관리법 개정으로 일계브라질인에 대하여 일본에서 취업 시 외국인으로서의 제한이 크게 완화된 시

---

7 http://www.soumu.go.jp/menu_news/s-news/2008/pdf/080929_1_11_03.pdf#search=
大泉町多文化共生.

기였다. 이를 계기로 오이즈미마치에 많은 외국인 노동자들이 대량 유입되면서 일계브라질인을 중심으로 외국인 전체 인구비율이 약 16%에 달해 외국인의 밀도가 일본 내에서 가장 높은 집거지가 형성되었다. 이에 따라 군마 현은 2005년 다문화공생지원을 신정책과제의 하나로 설치하여 외국인들에 대한 지원을 개시하였다.

〈사진 16〉 일계인커뮤니티 내에서 발행되고 있는 포르투갈어 잡지

2006년도에는 군마 현 외국인실태조사를 통하여 외국인주민과 지역사회와의 관계가 친밀하지 못하다는 점을 발견하였고 지역사회와의 교류와 관계를 발전시킬만한 기회나 정보가 한정되어 있다는 결론에 도달하였다. 일본주민 또한 외국인과의 교류와 만날 기회가 제한되어 있다는 결론에 따라 정확한 정보제공이나 학습기회를 제공할 장소로서 다문화공생커뮤니티센터를 설치하게 되었다. 그 밖에도 공생센터는 일본인에 대한 다문화공생의식의 함양과 외국인노동자의 자립 및 사회참가를 촉진시키기 위해 노력하고 있다.

일계브라질타운은 19세기 초 브라질로 이민 간 일본인 후손들(일본계 브라질인)이 1980년대 후반 일본으로 들어와 자동차나 전자제품의 조립 공장 등 제조업체 단순노동자로 모여들면서 형성되었다. 2009년 리먼쇼크와 2011년 3월 동북지방 대지진으로 일계브라질인은 한때 11만 명에 이를 정도로 급속히 유입되었다가 최근엔 5만 명 수준으로 감소하였다. 일본정부는 이곳에 다문화공생센터를 설치해 국제협력이나 문화간 이해를 바탕으로 한 공생사회발전에 노력하고 있다. 일본정부에서 실시하고 있는 이러한 다문화공생센터의 설치와 활용실태는 한국의 조선족정책과 다문화정책 수립에 많은 시사점을 제공해 줄 것으로 생각된다.

4. 일계인 이주와 글로벌 네트워크

다음 〈표 40〉은 해외일계인의 국가별 숫자를 나타내고 있다. 공익재단 해외일계인협회(2012)가 제공하고 있는 자료에 의하면 기존자료와는 약간의 차이는 있지만 전 세계에 분포되어 있는 해외일계인은 약 320만 명으로 나타났다.[8] 정확한 숫자는 확인할 수 없지만 국가별 일계인이 가장 많이 거주하고 있는 지역으로는 브라질, 미국, 하와이, 페루, 캐나다, 오스트레일리아 순으로 나타나고 있으며 1990년대 전후 귀환한 일본거주 일계인은 약 35만 명에 달한다.

---

8 일계인의 정의는 일본이외의 외국에 이주하여 해당국의 국적 또는 영주권을 취득한 일본 인 및 그 자손을 지칭함.

〈표 40〉 세계 각국 거주 해외일계인[9]

국가별	일계인 수
브라질	1,400,000
미국	1,000,000
하와이	240,000
페루	80,000
캐나다	68,000
오스트레일리아	36,000
아르헨티나	32,000
멕시코	17,000
파라과이	7,700
볼리비아	6,700
칠레	1,600
콜롬비아	900
쿠바	800
도미니카공화국	800
베네수엘라	800
우루과이	500
에콰도르	300
재일일계인	350,000
합계	3,243,100

1) 일계인 글로벌네트워크: 해외일계인대회(1957~2012)

　1941년 제2차 세계대전이 발발하자 미국 각지에 거주하던 재외방인, 일계인2세 등 약 12만 명이 미국의 강제이주 집단수용소에 수용되었다. 일본에서는 이들을 위해 된장, 간장, 일본어서적 등 위문품을 적십자사를 통해 일계인 강제이주 수용소에 보냈다. 1945년 9월 재미일계인은 패전의 혼란, 식량, 생활필수품조차 없는 일본의 비참한 상황을 보고 1946년부터 1952년까지 우유가루, 식료품, 의료지원품 등을 "라라물자에 포함시켜 일본으로

9　공익재단 해외일계인협회 홈페이지
　　http://www.jadesas.or.jp/aboutnikkei/index.html(2012년 5월 21일 검색) 참고 필자 작성.

보냈다. 당시 '라라물자'는 미국기독교단체, 노동조합을 중심으로 결성된 아시아 지원조직의 명칭으로 'Licensed Agencies for Relief in Asia'의 머리 글자를 따서 '라라물자'라고 불렀다.

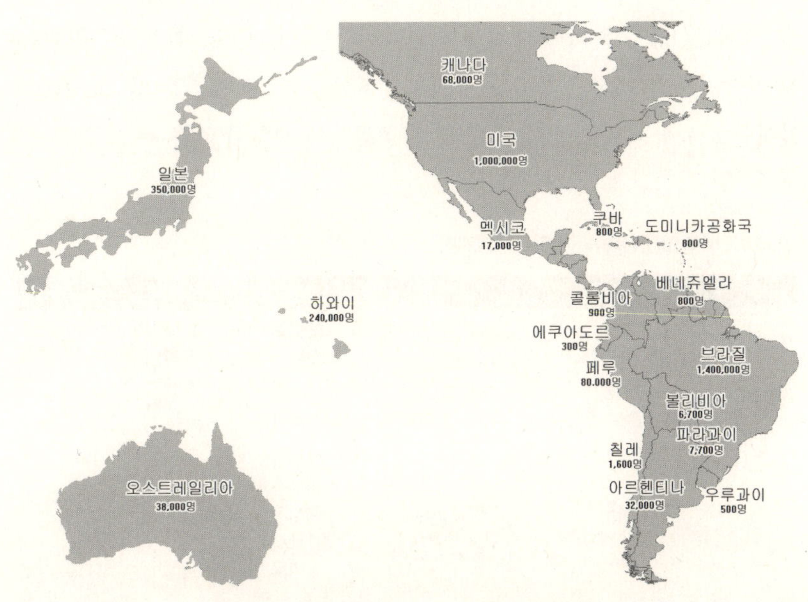

〈그림 15〉 해외일계인 국가별 분포 지도

일본정부는 1946년 6월부터 1952년까지 당시 환율로 외국으로부터 송금 총액이 400억엔을 초과하였으며 이들 중 80억엔이 해외거주 일계인으로부 터 송금된 것이었다. 1946년 6월에는 워싱턴의 구제통제위원회가 인가되 어 활동을 개시하였다. 이것을 계기로 미국, 캐나다, 멕시코, 브라질, 아르 헨티나 등에서 일본 지원을 위한 일계인 조직이 탄생하여 지원활동을 개시 하였다. 1956년에는 일본의 국제연합국가연맹이 실현된 계기로 현재까지 일계인의 오랜 노고를 위로하고 모국에 대한 따뜻한 동포애를 감사하기 위 하여 일본 국회의원들이 중심이 되어 1957년 5월 국제연합가맹기념 해외일 계인 친목대회를 동경에서 개최하게 되었다. 이것이 제1회 일계인대회가 되었다. 1960년 제2회 대회부터는 해외일계인대회로 개칭하고 1962년 제3회 대회부터 매년 대회를 개최하게 되었다.

해외일계인대회의 개최 목적은 해외 및 국내에 체류하는 일계인이 모국에서 한 곳에 모여 거주국의 실정을 일본에 알리고 더불어 국제교류, 국제이해, 국제친선을 도모하여 대일이해를 촉진시키는데 있다. 참가자격은 해외에 거주지를 두고 영주목적을 가지고 생활하고 있는 일본인 및 그 자손인 일계인 2~4세 등으로 국적, 거주지, 혼혈관계에 제한이 없다.

〈표 41〉 해외일계인대회 개최(1-52회)

대회	개최연월일	대회장	참가자대표	참가국수	참가자수
52회	2011년 10月26日~28日	헌정기념관, JICA研究所	브라질 木多喜八郎	22개국 1지역	163
51회	2010년 10月20日~22日	헌정기념관, JICA研究所	브라질 与儀昭雄	23	163
50회	2009년 10月14日~16日	헌정기념관, JICA研究所	브라질 木多喜八郎 멕시코 春日カルロス 파라오 ミル·ウエキ	21	200
49회	2008년 10月1日~3日	헌정기념관, JICA研究所	브라질 上原 幸啓	17	132
48회	2007년 7月18日~21日	Bourbon Convention Ibirapuera (상파울로)	없음	15	450
47회	2006년 9月26日~28日	헌정기념관	도미니카공화국 嶽釜 徹	18	173
46회	2005년 9月13日~15日	同	미국 サイド君子	17	213
45회	2004년 10月27日~29日	同	브라질 中澤宏一	18	170
44회	2003년 9月24日~26日	사보(砂防)회관	同 上原幸啓	17	130
43회	2002년 10月29日~31日	同	미국 川路廣美	18	220

대회	개최연월일	대회장	참가자대표	참가국수	참가자수
42회	2001년 10月23日~25日	同	同 倉本寬司	21	312
41회	2000년 5月10日~12日	同	파라과이 豊歳直之	14	217
40회	1999년 5月12日~14日	헌정기념회관 홀	멕시코 春日カルロス	16	215
39회	1998년 5月6日~8日	헌정기념관 홀	브라질 野村ジョーゴ	13	293
38회	1997년 5月14日~16日	사보(砂防)회관	아르헨티나 新里孝德	16	426
37회	1996년 5月8日~10日	同	브라질 鹿田明義	14	267
36회	1995년 5月11日~12日	同	브라질 網野弥太郎	13	283
35회	1994년 5月11日~13日	同	멕시코 松本　孝	13	287
34회	1993년 5月12日~14日	同	미국 林レオ	13	305
33회	1992년 5月13日~15日	헌정기념관 홀	브라질 二宮正人	16	291
32회	1991년 5月15日~17日	해운회관 홀	미국 梅津和子スタウト	14	425
31회	1990년 5月16日~18日	사보(砂防)회관 홀	불리비아 河合辰夫	11	230
30회	1989년 5月11日~12日	同	멕시코 春日カルロス	10	183
29회	1988년 4月19日~21日	同	미국 金井紀年	12	296
28회	1987년 4月21日~23日	同	미국 吉永至圭雄	10	233
27회	1986년 5月7日~9日	同	페루 平岡千代照	10	
26회	1985년 5月8日~10日	同	미국 關野行雄	11	
25회	1984년 5月8日~10日	同	브라질 尾身倍一	9	
24회	1983년 5月17日~19日	해운회관 홀	미국 小櫻アルバート	12	
23회	1982년 5月4日~6日	사보(砂防)회관 홀	브라질 內山勝男	10	355

대회	개최연월일	대회장	참가자대표	참가국수	참가자수
22회	1981년 5月6日~8日	同	미국 沖 岩正	9	400
21회	1980년 5月8日~9日	同	미국 關野行雄	8	540
20회	1979년 5月16日~18日	同	페루 福田惣作	11	362
19회	1978년 5月11日~13日	해운회관 홀	콜롬비아 田中 豊	11	459
18회	1977년 5月12日~14日	사보(砂防)회관 홀	아르헨티나 宇野文平	9	406
17회	1976년 5月13日~15日	同	미국 稻富マヌエル	9	445
16회	1975년 10月8日~10日	同	아르헨티나 宇野文平	11	473
15회	1974년 5月14日~17日	同	미국 三原源治	10	756
14회	1973년 5月15日~17日	同	브라질 延滿三五郎	9	702
13회	1972년 5月10日~12日	同	파라과이 笠松尙一	8	492
12회	1971년 5月14日~15日	同	미국 山本常一	14	560
11회	1970년 5月12日~15日	同	멕시코 木村 叡	13	1,012
10회	1969년 5月13日~16日	同	미국 村上 豊	14	370
9회	1968년 6月17日	이카이호텔 (하와이)	同 石川 淸ほか	5	600
8회	1967년 5月16日~19日	산케이회관	同 西本育麿	17	378
7회	1966년 5月10日~13日	同	페루 川崎新太郎	18	
6회	1965년 10月20日~22日	전공련회의장	미국 秀島七三郎	12	
5회	1964년 10月26日~29日	산케이회관	브라질 宮坂國人ほか	10	
4회	1963년 10月23日~26日	同	미국 川辺惣太郎ほか	13	
3회	1962년 5月4日~8日	도시센터	同 松尾 弘ほか	14	424

대회	개최연월일	대회장	참가자대표	참가국수	참가자수
2회	1960년 5月25日~27日	구단회관	브라질 野田良治 ほか	15	364
1회	1957년 5月2日~4日	산케이회관	미국 國府田敬三郎 ほか	14	364

〈표 41〉은 해외일계인대회의 개최성과를 나타내고 있다. 먼저 일계인대회의 개최연월일을 살펴보면 제1회부터 제41회까지 주로 5월 달 봄에 개최하였지만 제42회부터는 10월에 개최하는 것으로 나타났다.

대회장소를 살펴보면 일본 내 회관이나 일본 헌정기념관에서 대회를 개최하였지만 특히 제9회대회는 하와이, 제48회는 상파울로시에서 개최된 적이 있었다. 참가자대표는 일계인이 가장 많이 살고 있는 지역을 중심으로 미국, 브라질, 페루, 파라과이, 아르헨티나, 콜롬비아, 볼리비아, 멕시코, 도미니카공화국 출신 일계인들이 교대로 대표자가 되어 대회를 이끌어 오고 있다. 따라서 일계인들이 가장 많이 거주하고 있는 미국이나 브라질 출신의 일계인들이 가장 많은 대표자를 배출하고 있었다.

해외일계인대회에 참가하는 참가국수의 추이를 살펴보면 적게는 8개국에서 많게는 23개국까지 분포되어 있으며 최근 참가국수가 증가한 것으로 나타났다. 그러나 참가국수가 늘어난 것과는 반대로 참가자수는 매년 조금씩 감소하는 추세를 보이고 있다. 이러한 현상은 해외 거주하는 일본인들이 일계인 4~5세 시대로 접어들면서 일계인의 민족정체성 약화되는 현상과 더불어 글로벌시대 정보전달의 용이로 일계인대회 자체가 일계인들이 거주하는 지역에 많이 홍보되었기 때문인 것으로 설명될 수 있을 것이다. 즉 글로벌시대 일계인네트워크가 확대된 현상이라 할 수 있다.

2) 세계 우치난츄(世界のウチナーンチュ)대회(1990~2011)

오키나와 현은 일본에서 해외로 이민을 가장 많이 나간 현 가운데 하나이다. 1945년 패전 후 많은 오키나와인들이 해외로 이주하여 현재 북미, 남미를 비롯한 세계 각지에 약 40만 명의 오키나와 현 출신들이 해외에 체류하고 있는 것으로 알려지고 있다. 이들 해외거주 오키나와인들을 중심으로 5년에 한 번씩 오키나와 현에서 결집하는 대회를 '세계우치난츄(오키나와인)대회'라고 한다. 1868년 메이지시대 전후 약 1세기에 걸쳐 이루어진 일본인 이민역사 가운데 많은 오키나와 현 주민들이 이주지에 정착하여 이주사회의 구성원으로서 정치, 경제, 사회, 학술 등 각 분야에서 활약하고 있다.

이러한 이주역사를 배경으로 오키나와 현이 자랑하는 현 출신의 인적자산(Human Capital)인 해외 겐케이진(県系人)의 세계적 네트워크를 형성하고자 1990년에 개최한 것이 '제1회세계우치난츄대회'였다. 제1회 대회에서는 세계 17개국 2개 지역에서 2,397명의 오키나와인 현 출신자들이 모여들었다. 그리고 5년 후인 제2회 '제2회세계우치난츄대회(1995)'을 계기로 경제교류의 촉진을 목적으로 한 겐케이진(県系人)의 비즈니스네트워크(WUB: World Uchinanchu Business Association)를 설립하였다. 제2회 대회 참가자는 3,922명으로 2001년 개최된 제3회 대회에서는 4,325명이 참가하였다. 제4회대회는 2006년 10월 12일~15일까지 4일간 세계 21개국 3개 지역 4,937명의 오키나와 출신자들이 참석한 가운데 오키나와 현에서 성대하게 거행되었다. '세계우치난츄대회(世界のウチナーンチュ)'는 지금까지 제4회 대회를 거치면서 세계에 흩어져 있는 겐케이진(県系人)을 중심으로 우치난츄네트워크 구축을 모색하게 되었다. 그 가운데 하나가 민간대사제도나 WUB(World Uchinanchu Business Association)대회, 주니어 스터디 투어, 호스트패밀리뱅크 등이 설립되어 네트워크 확대를 도모하고 있다.

또한 약 1세기에 걸친 이민역사가운데 해외겐케이진(県系人)공동체에서도 네트워크를 담당할 차세대인재육성이 큰 문제로 부상하면서 우치난츄네트워크에 대한 오키나와현민간의 상호교류와 이해촉진에 노력하고 있다.

2011년 10월 13일부터 10월 16일까지 개최된 제5회 대회에서는 지속적, 발전적 교류를 촉진하는 장으로서 향후 중요한 역할을 담당할 것을 기대하여 "세계우치난츄네트워크가 세계인의 풍요로운 공생사회 실현에 공헌한다." 라는 취지를 가지고 개최되었다. 주요 목적은 '세계에 열린 교류와 공생의 섬'으로 우치난츄네트워크, 정체성의 차세대 계승, 오키나와현민과 세계 우치난츄와의 교류촉진, 우치난츄네트워크의 글로벌전개 등을 내세웠다.

〈표 42〉 세계우치난츄대회(오키나와 현 출신 일본인 글로벌네트워크)

대회	연도	참가자수	비고
1회	1990	17개국 2지역 2,397명	불명
2회	1995	3,922명	불명
3회	2001	4,325명	불명
4회	2006	21개국 3지역 4,937명	불명
5회	2011	23개국 2지역 5,000명	21억 8,300만엔 경제효과

3) NPO법인 ABC저팬-귀환 일계인네트워크

일계인 NPO법인 ABC저팬은 일본 가나가와 현에 본부를 둔 비영리법인의 시민단체이다. 브라질 국민과 일본인과의 문화교류와 통합을 주요 목적으로 설립되었다. 또한 교육과 문화, 도덕과 민주적인 인식의 보급을 통해 양국민의 상호 이해촉진, 권리와 의무 이행 등을 지향하고 있다.

이를 위해서는 일본인에게 브라질국민의 문화와 가치관을 소개하고 상호 이해를 촉진하는 동시에 재일브라질인 공동체에 일본문화를 보급함으로서 브라질인들이 시민으로서 일본사회에 정착할 수 있도록 돕고 있다.

〈사진 17〉 일계인 NPO법인 ABC저팬

이곳에서 재일일계인 상담역할을 담당하고 있는 사람이 브라질일계인 이민3세 하시모토히데키치(43)씨이다. 그는 현재 일계브라질인의 역사를 바로 알리기 위해 NPO법인 'ABC저팬'을 설립하여 단체의 이사장으로 봉사하고 있다. 그는 브라질남부 파라나 주 출신의 일계인3세로 1989년 7월에 일계인노동자로서 일본에 입국했다. 그가 NPO법인 ABC저팬을 설립하게 된 배경은 다음과 같다.

"브라질에서 나의 부모님이나 할아버지로부터 계속 들어왔던 동경의 나라 일본, 일본인은 예의가 바르고 친절하다. 그러나 막상 일본에 와 보니 일본회사에서 일본어를 더듬거린다는 이유만으로 바보 취급당했다. 자신의 어학능력이나 노력이 부족하다고 생각하면 나름대로 이해되지만 브라질의 일계인 이민의 역사에 대해 올바르게 이해하지 못하고 있는 일본인에 대해서는 도저히 용서할 수 없었다. 내가 태어나 자란 일본에서 내 자신의 뿌리를 찾으려고 큐슈의 친척을 방문했을 때 친척들로부터 들은 이야기는 충격적이었다. 조국을 버린 사람들이 이제야 무엇 하러 고향을 찾아 왔는가? 일본이 잘 살게 되니까 재산목적인가? 라고 냉정하게 이방인 취급당했다. 일계인의 일본이민은 일본정부가 장려해서 모두들 일본으로 왔는데 말이다."라고 했다.

일본에 돌아온 지 18년이 지난 해 하시모토씨는 JR쓰루미역 근처에 일계브라질인의 이주경험이나 일계인의 역사를 올바르게 일본인들에게 소개하기 위해 NPO법인을 설립하였다. 일계인 대상의 상담내용 중에는 "인재파견회사에서 해고당했다. 일본에서 취직하기 힘들다. 일계인 자녀들이 처한 교육환경이 너무 열악하다. 학교에서 일계인들이 일본어가 서투르다는 이유만으로 차별당하고 아이들의 등교거부로 이어진다. 일계인자녀를 위한 일본어 교육이 너무 불충분하다."등이 많았다.

〈사진 18〉 일계인 NPO법인 ABC저팬 사무실 전경
(왼쪽 하시모토히데키치 대표, 중앙 현지조사협력자 하시모토 미유키, 오른쪽 필자)

그러나 그는 "일계인들에게 제대로 언어와 문화를 가르치고 일본인으로 자부심을 가지도록 하고 싶다. 일본의 전통은 훌륭하지만 아직까지 폐쇄적이어서 좋은 인상을 가지고 있는 일계인조차 받아들여지지 않고 있다. 일본의 국제화는 아직 멀었다."라고 잘라 말했다.

4) JICA 내 일계인 해외이주자료관

일본인의 해외진출은 지금으로부터 145년 전 1868년 메이지원년에 하와이 이민을 시작으로 비롯됐다. 이후 일본인의 해외진출자는 1945년 이전까지 약 77만 6천여 명, 해방이후에는 26만 2천여 명에 달했다. 일본인 이주자들은 주로 북미지역 미국과 남미지역 브라질을 중심으로 세계 각지에 진출해 일계인 사회를 형성해왔고 현지에서 일본문화와 전통을 고수하며 현지사회의 문화형성에도 중요한 역할을 담당해 왔다. 현재 해외에서 생활하는 이주자 및 일계인 디아스포라 수는 약 250만 명 정도로 추정되고 있다.

〈사진 19〉 요코하마 JICA 내 일계인 해외이주자료관 건물 전경

특히 1868년부터 시작된 일본인의 이주와 1990년대 전후 일계인 디아스포라의 일본 귀환(역이민)현상이 초국적인 글로벌시대 도래 이후 일본에서 주목받기 시작했다. 글로벌시대 이러한 일본 내 다문화공생의 필요성 속에 건립된 것이 일계인 해외이주자료관이다. 일본 JICA 내 건립된 해외이주자료관은 일본에서 해외로 이주한 일계인 디아스포라의 이주역사, 생활문화의 디아스포라적 경험이나 세계 각지에 존재하는 일계인 사회의 과거와 현재 등을 전시하는 이주박물관의 성격을 가지고 있다.

〈사진 20〉 카사토마루와 일본인1세 이주자들

지난 2002년 건립된 해외이주자료관은 건립목적에 대해 홈페이지에 "일본인의 해외이주는 1866년 해외도항금지령(쇄국령)이 해제된 이후 이미 100년 이상의 역사를 가지고 있다. 하와이 사탕수수농장의 취업을 시작으로 미국, 캐나다 등 북미지역 이주, 그리고 1899년 페루, 1908년 브라질로 일본인들이 이주했다. 또한 1924년에는 미국에서 일본인의 입국금지가 내려지자 이민의 커다란 흐름이 북미에서 남미로 전환되었다. 한편 최근 수년간 일본인들이 이주한 국가로부터 특히 남미에서 일계인과 그 가족 약 30만 명이 취업이나 유학을 목적으로 일본으로 귀환(역이민)하였다. 이러한 배경하에 일본인의 해외이주의 역사, 그리고 이주자와 그 자손인 일계인에 대해 일본인들(특히 일본청년들)의 이해를 돕기 위한 목적으로 해외이주자료관을 개설하게 되었다." 라고 소개하고 있다.

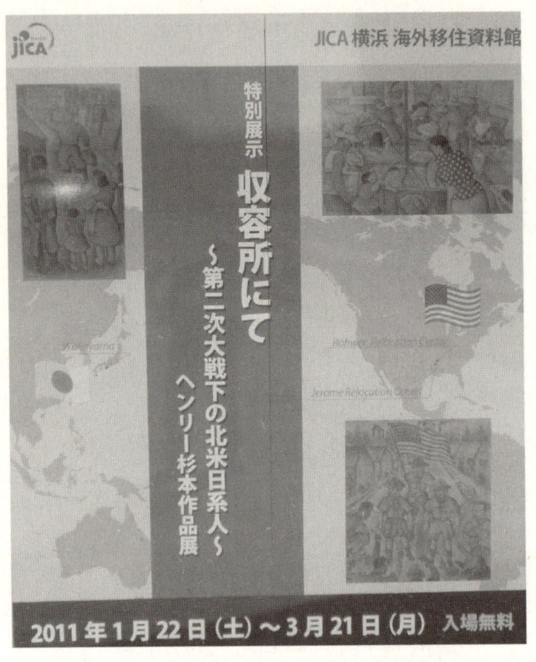

〈사진 21〉 일계인 이주자 특별전시회 팸플릿

이와 같이 해외이주자료관은 홈페이지를 중심으로 한 온라인(On-line)네트워크 이외에도 오프라인(Off-line) 전시관으로 상설전시관, 특별기획전시관, 정보전시관, 일반수장고 및 사진수장고, 도서자료실이 갖추어져 있다. 그리고 온라인(On-line)자료실로서는 웹사이트와 디지털자료관이 구비되어 있다. 이처럼 해외이주자료관은 2002년 10월에 개관된 이래 자료관 방문자들에게 일본인 해외이주의 역사를 전달하거나 일본 내에서 생활하는 일계인과 그 자손들의 일본사회에서의 다문화공생사회에 대한 이해를 높이기 위해 상설전시, 특별전시, 공개강좌 등 다양한 행사를 주관해 오고 있다.

해외이주자료관은 일본인 해외이주자나 현지에서 일계인 디아스포라의 이주루트와 디아스포라적 경험 등을 간접적으로 체험할 수 있는 곳이다. 일본 내 다문화공생에 대한 이해를 넓히고 전시관의 견학이나 워크숍을 통하여 국제협력 및 이문화에 대한 흥미도 진작시키고 있다.

또한 해외이주자료관에서는 학습교재용 이민트렁크나 그림연극, 이민카드놀이 등을 개발하여 어린이들을 위한 이민학습현장에도 적극 활용하고 있다. 이민트렁크는 이민관련 수업이나 사전학습을 지원하는 이민 관련 교재이다. 상설전시물품의 테마마다 이주역사나 경험, 모국공헌 등에 관련된 휴대용 교재나 해설서 등이 준비되어 있다. 그림연극은 일계인들이 일본에서 경험하는 학교생활이나 가족문제에 대해 실화를 바탕으로 묘사하고 있다. 그림연극은 간접적으로나마 일계인의 이주루트나 현재의 생활을 이해

〈사진 22〉 일본 해외이주자료관 입구

할 수 있도록 구성되어 있다. 이민카드놀이는 학생들이 카드놀이를 통해 해외로 이주한 일계인의 역사, 이주자의 생활과 감정, 일본에 살고 있는 일계인의 생활모습 등에 대하여 자연스럽게 배울 수 있도록 구성되어 있다.

2002년 탄생한 해외이주자료관은 정보시스템을 활용한 일계인 관련 사진과 자료의 디지털 아카이브화, 인터넷 상의 자료전시, 네트워크를 통한 자료검색 등을 실현해 일계인들이 상호 소유하고 있는 이주관련 자료가 유용하게 활용될 수 있도록 온라인네트워크 체계를 갖추고 있다. 또한 일본인 이주사나 일계인의 이주지에서의 이주경험 등을 간접적으로 체험할 수 있는 곳으로 일본 내 다문화공생에 대한 이해를 넓히고 전시관의 견학이나 워크숍을 통해 국제협력이나 이문화교육관으로 활용되고 있다.

일본 JICA본부 요코하마 해외이주자료관에서 일하는 요네바야시 과장은 인터뷰에서 "해외이주자료관의 특징은 일반자료관이나 박물관이 수행하는 단순한 자료전시보다는 일계인들의 해외이주과정과 삶을 일계인 후세들에게 전달하는 교육적인 측면에 역점을 두고 있다. 따라서 일계인 디아스포라에 대한 홍보와 교육자료 개발에 상당히 많은 투자를 하고 있다."라고 말했다. 여기에서 알 수 있듯이 해외이주자료관 건립 목적은 초국적인 글로벌시대 일계인에 대한 정보는 물론 다문화공생과 이문화학습의 장으로서의 활용과 실용적인 측면을 강조하고 있다.

초국적인 글로벌시대 일본에서 해외이주자료관이 어떤 목적으로 건립되고 일본인 이민역사의 교육적 차원으로 어떻게 활용되고 있는지에 대한 이해는 730만 코리안 디아스포라를 보유하고 있는 한국으로서도 향후 다문화사회의 이해와 코리안 디아스포라 자료관의 건립 및 활용적인 측면에 어떤 방향성을 설정할 것인가에 대한 좋은 모델을 제공하고 있다고 생각된다.

VII

맺음말

1. 결론 및 요약

일본은 1868년 메이지유신 이래 해외이주가 시작된 지 140년이상이 경과되는 동안 많은 일본인들이 해외로 이주하게 되었다. 당시 구마모토 현, 후쿠오카 현, 오키나와 현, 홋카이도, 히로시마 현 등 주로 일본 농촌에서 모집되어 요코하마항과 고베항을 통해 미국 하와이나 호놀룰루로 도항한 일본인의 해외이주는 미국대륙, 캐나다, 중남미(브라질)를 거쳐 동남아시아, 오스트레일리아 등 다양한 지역으로 확대되었다. 일본인들은 처음에는 이주지에서 주로 사탕수수나 커피농장에서 노동, 철도나 도로건설, 탄광이나 광산 노동자, 농지개척 및 산림벌채, 어업 등에 종사하면서 이주지에서 어업이나, 상업, 서비스업 등 특화된 틈새분야에서 자영업으로 성공하여 오늘에 이르고 있다.

이 책의 목적은 한국 학계에는 잘 알려지지 않은 일계인디아스포를 소개하는데 역점을 두고 있다. 구체적으로 말하면 일계인의 이동이 언제부터 시작되었는지, 그리고 1868년 메이지 전후 하와이와 호놀룰루를 거쳐 미국대륙으로 이어지는 일계인의 이주가 어떻게 1908년 남미로 이주루트를 선회하게 되었는지, 1990년대 일본당국의 입국관리법 개정으로 일계인들이 어떻게 일본으로 귀환하게 되었으며 일본 특정 지역에 정착하게 되었는지에 대하여 고찰하는데 있다.

1868년 이후부터 1945년 해방 전후 해외로 이주한 일본인 수는 250만 명에 달한다. 1945년 해방 이후 일본에서 해외이민이 재개된 것은 샌프란시스코강화조약에 의해 일본이 주권을 되찾게 된 1952년 이후이다. 또한 1990년대 전후 일본의 글로벌화와 더불어 남미에서 30만 명 달하는 일계인들이 모국으로 유입되면서 일본에서 '일계인'이란 용어는 1990년 입국관리법 개정이후 국가주도의 이민정책으로 인하여 나타난 '일계인'의 의미형성에 상당한 영향을 미친 것으로 평가되고 있다.

이 책은 메이지시대 이후 일본인의 이주실태와 현황, 그리고 1990년대 전후 글로벌시대 일계인의 귀환 현상에 주목하였다. 이 책의 전반적인 내용은 일본인의 해외이주와 귀환과정에서 일본인들이 경험한 디아스포라적 경험과 기억에 대하여 문헌자료를 통해 고찰하는데 있으며, 일계인의 이주루트는 현지조사와 면접조사를 통한 참여관찰과 질적 연구방법을 통해 자료를 수집하고 분석하였다.

먼저 일계인의 초국적 이동과 이주루트를 연구하기 위해 일계인디아스라에 대한 개념을 정의하였고 한국과 일본에서의 일계인에 관한 선행연구를 통해 이론적 논의를 검토하였다.

이 책의 내용을 요약하면 다음과 같다.

첫째, 일계인의 동북아지역 이주과정에 대해서는 근현대 일본인들의 동북아시아지역 이주의 역사적 배경, 그리고 현지 이주지에서의 생활, 일본으로의 귀환 일계인의 생활세계를 조명하였다. 특히 일본이 1945년 이전 식민지시기, 혹은 식민지배의 세력권으로 편입시켰던 지역 중, 대만, 조선, 관동주, 만주, 사할린, 그리고 최근 중남미로부터 귀환한 일계인을 중심으로 다루었다.

또한 일계인의 북미 및 남미지역 이주루트와 이주과정을 역사적인 관점에서 분석하여 일본 요코하마항이나 고베항에서 하와이와 호놀룰루를 거쳐 미국대륙과 중남미로의 이주과정을 포착하고 있다. 중남미 지역 중 일계인들이 가장 많이 정착하게 된 브라질 상파울로지역의 이주정착과 민족공동체의 형성에 대하여 살펴보았다.

21세기 초 일본인의 해외이주가 본격적으로 시작된 1868년 메이지원년의 이민실패에 따른 해외이민금지(1868~1885) 조치는 하와이 '관약이민(1885~1894)'으로 재개되었다. 일본인의 해외이민은 '관약이민'시기에 공식적으로 재개되었으며 계속해서 '회사이민(1894~1908)', '자유이민(1908~1924)'으로 이어져 왔다.

둘째, 일본인 이민희망자들이 일본 농촌에서 모집되어 요코하마항에서 북미나 남미이주지에 도착하기까지 어떠한 일들이 발생했는지, 이주지에 도착해서 경작지를 배분받고 이주지의 개척과 정착 과정에서 발생한 디아스포라적 경험에 대해 이민기록을 통해 상세히 살펴보았다. 일계인 디아스포라의 이주경험에 대해서는 1868년 주일하와이 총영사 유진 M 빈리드씨가 임대한 영국기선 사이오토호가 153명의 불법 일본인 이민자를 태우고 하와이로 처음 출항하는 모습에 대하여 다음과 같이 생생히 기록하고 있다. "화려한 봄날 오후 건강하고 기쁨에 찬 노동자 일행이 난생 처음으로 고향을 떠나 이국으로 노동의 수요가 급증하고 고임금인 타국으로 가고시마를 떠나는 이들이 있었다."라고 표현했다. 그리고 저팬타임즈 기자는 당시 요코하마항을 출항하는 일본인의 광경을 "마치 휴일날 소풍가는 어린이와 같이 설레고 앞날의 기대와 희망에 부풀어 있었다."라고 보도했다.

이 책에서는 1886년 구마모토에서 태어나 카사토마루를 타고 브라질로 건너간 고야마 로쿠로(香山六郎)씨의 기대와 희망에 찬 브라질 이주과정 이야기(Story Telling)를 통해 일본인의 디아스포라적 경험을 자세히 소개하였다.

셋째, 1907년 미국의 배일이민법의 발효로 일계인의 브라질 이주는 1908년 4월 고베항을 출발한 카사토마루(笠戸丸)에 승선한 781명의 일본인 이주자가 브라질 산토스항에 도착함으로서 남미로의 일본인 이주가 본격적으로 시작되었다. 일본인의 브라질 이주배경에는 일본 농촌지역의 만성불황, 1945년 전후 일본 경제불황으로 일본정부가 농촌 인구의 남미 브라질로의 이민송출을 중요한 경제해결책으로 시행했기 때문이다. 따라서 당시 구마모토 현, 후쿠오카 현, 오키나와 현, 홋카이도, 히로시마 현 등 농촌을 중심으로 전개된 일본인의 브라질 이민은 1908년부터 1941년 사이에 무려 약 18만 명이 이주하는 일본민족의 역사적인 대이동이었고 할 수 있다.

넷째, 1990년대 일본정부의 입국관리법개정과 더불어 약 35만 명에 달하는 일계인들이 일본으로 귀환하게 되었는데 그들의 일본 귀환실태와 현황, 일계인타운의 형성과 글로벌시대 다문화공생커뮤니티센터의 설립 등 일계인의 일본 정착과정을 기술하였다. 특히 일계인들이 일본에서 당면하고 있는 이주정착과정상의 문제점들을 짚어보고 일본인과 일계인간의 다문화공생 차원에서 상세히 서술하였다. 또한 1868년 시작된 일계인의 해외이주 역사가 145년을 경과하면서 전 세계에 이산되어 살고 있는 250만 명에 달하는 일계인의 글로벌네트워크에 대하여 해외일계인대회(1957~2012), 1990 년부터 개최되어 5년에 한 번씩 오키나와 현에서 열리는 '세계우치난츄(오키나와인)' 대회, 귀환 일계인네트워크(NPO법인 ABC저팬), 일본 JICA 내 해외이주자료관(2002년 설립) 등에 대하여 상세히 소개하였다.

2. 향후 연구과제

이 연구는 근현대 일본 이민사에서 일본인들이 왜 북미의 미국 서부지역 진출 이후 남미 브라질로 이민자가 집중되었는지에 대해 이주사적 관점에서 고찰하였다. 또한 일계인의 일본 귀환에 대한 사례연구로서 군마 현 오이즈미마치 일계인 디아스포라 타운을 소개하였다. 그리고 일본정부에서 실시하고 있는 디아스포라정책과 다문화공생센터의 활용실태를 살펴봄으로서 한국사회의 다문화정책 방향에도 많은 시사점을 제공해 줄 것으로 생각된다.

1945년 전후 일본의 외국인정책, 즉 이민정책은 크게 두 가지 측면에 중점을 두고 시행되어 왔다. 이들은 구식민지 출신자의 처우와 새롭게 출현한 외국인 노동자의 처우에 관한 이민정책으로 구분할 수 있다. 일본정부의 이민정책의 주요 내용을 살펴보면 다음과 같다.

첫째, 일본은 1945년 패전과 더불어 식민지의 축소로 출현한 구식민지 출신자를 외국인으로 관리하는 정책을 펼쳐왔으나 전후처리를 둘러싼 외교문제의 주요 현안으로서 그들의 처우를 결정하는 것이 중요한 과제 중의 하나였다.

둘째, 1980년 전후 외국인노동력, 특히 미숙련노동자는 도입하지 않는다는 것이 일본의 이민정책의 원칙이었다. 1980년대 말 일본정부는 1991년까지 재일코리안3세의 지위를 결정해야 하는 상황에서 재일코리안1세~3세까지를 포함하여 '특별영주자'라는 범주로 일원화하게 되었다. 이와는 달리 해외체류 일계인, 특히 중국잔류일본인 고아 및 부인, 그리고 일계인2세~3세의 귀환, 일계인1세의 U턴이 시작되자 이들에 대한 법적지위도 형평성 차원에서 '정주자의 자격'을 부여하게 되었다. 즉 일정한 신분 또는 지위에 의해 체류활동상의 제한을 받지 않고 체류 가능한 자로서 그때까지 영주자, 일본인의 배우자 등에만 부여했던 자격을 기타 정주 인도차이나 난민, 일계인3세 외국인, 영주자 및 정주자 등의 가족을 포함하는 형태로 '정주자'라는 체류자격을 신설한 것이다.

이러한 가운데 브라질로부터 일계인의 유입과 정착은 1990년 입국관리법개정에 의해 '일계인'에 대한 배려라는 일본의 국민주권원리에서 출발하여 일계인에 대한 체류활동의 제한이 없는 비자발급, 형식적인 생활보호수급 등 특권적인 지위를 부여받게 되었다. 이와 같이 일본의 일계인에 관한 이주정책은 기본적으로 1945년 전후체제의 틀 속에서 이루어져 왔다고 볼 수 있다.

특히 1990년 출입국관리 및 난민인정법 시행은 일본거주 일계인들에게 큰 영향을 미쳤다. 1990년 입국관리법은 전문적인 직업에 대한 체류자격을 신설하는 한편 단순노동자를 배제한 점, 특별영주자라는 체류자격을 신설함으로서 현안이었던 구식민지출신자의 법적지위문제에 일정한 해결의 실마리를 찾게 되었다는 점이다. 즉, 재일코리안3세와 일계인3세의 처우에 관한 형평성 문제로 '정주자'라는 체류자격이 만들어졌고 일계인3세의 일본 취업이 가능하게 된 것이다. 이와 같이 일계인의 법적 지위는 재일코리안의 처우문제를 둘러싼 부산물로서 나타난 정치적인 구축물이기도 하였다.

그러나 일계인의 급격한 유입은 일계인 고용기업에서 '장시간 노동'에 따른 거주지역 현지 일본주민과의 접촉제한으로 일계인 노동자의 '하청업체 노동자'로 전락함에 따라 지역 거주 일본인 주민들도 모르는 사이에 거주자만 바뀌는 현상이 발생하였다. 대체로 일계인은 일본인의 후예로 일본에 입국했지만 낯선 외국에 거주하는 일계인노동자들은 새로운 고용환경에서 불가시적인 노동력으로 사회에 정착하려는 경향이 강했다. 표면적으로 외국인노동자가 엄연히 존재하고 있는 상황에서 특히 일계인노동자들은 지역주민과의 교류가 부족했기 때문에 거주지의 지역사회로부터 알려지지 않은 존재로 남게 된 것이다. 이러한 현상을 일본의 이민 연구자들은 (梶田孝道・丹野清人・樋口直人, 2006) "얼굴이 보이지 않는 정주"라고 정의하고 있다.

일계인노동자는 일본 노동시장의 수요에 따라 일본사회에 수용되어 왔기 때문에 사회통합정책(외국인정책)이 부족한 상황에서 정치적 권리를 제외한 일본국민에 가까운 특권이 주어졌지만 결국 '인권'이 무시된 결과를 초래하였다. 이러한 결과는 일본정부의 포괄적인 이민자의 사회통합정책이 존재하지 않은 상황에서 발생한 의도하지 않는 결과이기도 하였다. 일계인 연구자(梶田孝道외, 2006)들은 이러한 일계인의 정주현상(보이지 않는 정주-이민네트워크)에 대하여 노동시장 규제와 사회통합정책이 수립되지 않은 상황에서 일계인노동자가 유입된 결과 때문에 발생한 것으로 결론짓고 있다.

일계인노동자는 1980년대 후반 버블경기와 더불어 도일하여 1990년대 후반 버블 붕괴 후 불안정한 노동자로 전락함에 따라 다문화시대 지역거주 일계인을 둘러싼 사회보장문제, 교육문제, 주택문제에 있어서 종래 재일코리안을 비롯한 외국인을 배제한 시대와는 다른 사회통합정책이 일본에서 요구되고 있다는 점에서 한국사회의 바람직한 디아스포라의 미래상과 다문화사회의 정책적 지향점을 보여주고 있다.

이 연구의 시사점은 다음과 같다.

첫째, 근현대 일본 이민사에서 일본 이민자들이 왜 북미의 미국 서부지역으로 진출하였으며 계속해서 남미 브라질로 이주하게 되었는지에 대해 이주사적 관점에서 정리하였다.

둘째, 일계인의 이주루트를 지도화하여 제시하였으며 일본인의 이주과정과 정착과정에서의 디아스포라적 경험에 착안했다는 점에서 타 연구와 차별성을 가지고 있다.

셋째, 일본정부에서 실시하고 있는 해외일계인네트워크 활용실태와 다문화공생센터의 운영 실태를 살펴봄으로서 코리안 디아스포라의 글로벌네트워크 구축방향과 한국사회의 다문화정책 방향에도 많은 시사점을 제공해 줄 것이다.

일본에 거주하는 일계인들은 2009년 리먼쇼크로 인한 글로벌 금융위기와 2011년 3월 동북지방 대지진으로 인하여 약 10만 명 정도가 브라질 귀국길에 올라 에닉스 기업이 쇠퇴하고 일계인들의 인구도 대폭 감소했다. 이러한 일계인사회의 위기에 대해 일본정부도 다문화공생센터를 통한 국제협력이나 문화간 이해를 바탕으로 한 새로운 공생사회건설과 현지정착에 힘쓰고 있었다.

이 연구는 지금까지 한국사회에 소개되지 않은 일계인의 145년 이주경험과 역사에 대해 가능한 많은 정보를 제공하려고 시도하였다. 그러나 일본 현지조사 조사지역과 연구대상의 한계로 일계인의 보편성을 논하기에는 다소 미흡한 점이 있다는 점을 분명히 밝힌다. 일본 현지조사의 여러 한계에도 불구하고 현지 방문조사를 통하여 자료를 직접수집하고 분석했다는 점에서 정보 면이나 자료 면에서 기존연구와 다른 차별성을 가지고 있다.

향후 연구과제는 근현대 일본인의 디아스포라적 공간 치환과 재영토화, 근현대 일본인의 집거지와 문화영토비교 등을 주제로 일본 국내외 일계인의 이주정착과 일계인타운의 형성, 일계인 이주관련 문서수집, 현지 민속놀이 및 민속축제 등에 대하여 지속적으로 연구를 수행해 나갈 것이다.

┃참고문헌┃

〔국내문헌〕

김석란(2007), 「재한일본인 아내의 결혼동기에 관한 연구」, 『일본어교육』 42권.

김웅렬(1996), 『재한일본인처의 생활사』 고려대학교 한국학연구소.

김문길(2005), 「재한일본인 유골문제와 「부용회」에 관한 연구」, 『외대논총』 제31호.

김재기(2005), 「세계 한민족 디아스포라와 네트워크 구축의 정치경제」, 『21세기 정치학회보』, 제15집 2호, 21세기정치학회.

임영언(2010), 「일계인 디아스포라: 초민족공동체 형성과정 연구」, 『日本文化学報』, 第46輯.

임영언 외(2011), 「일계인(日系人) 디아스포라의 귀환과 브라질타운형성에 관한 연구: 군마 현 오이즈미초 일계브라질타운을 중심으로」, 『한국동북아논총』, 제16집 제4호(통권61호).

임영언(2011), 「일계인(日系人) 디아스포라 브라질 이주사와 전시문화콘텐츠고찰」, 『日本文化学報』, 第50輯.

임영언 외(2011), 「재한일본인의 이주역사와 동부이촌동 일본인집거지 형성배경 고찰」, 2011년 12월 26일 전남대학교세계한상문화연구단 동동학술회의 발표논문.

임성모(2008), 「근대 일본의 국내식민과 해외이민」, 『동학사학연구』, 제103집.

월간 테미스(2012년 1월호).

손기섭(1999), 「한민족네트워크공동체의식조사」, 한림대학교 민족통합연구소.

송석원, 「일본정부의 일계인(日系人)정책-JICA의 해외일계인 지원사업을 중심으로」, 『민족연구』, 2009.

채경석(2006), 「재외동포의 민족공동체구성원 지위에 관한 연구」, 『아시아연구』.

최우길(2005), 「한민족 공동체와 재외동포 '새로운 동포정책 수립을 위한 시론'」, 『2005년도 개천절 기념학술회의 발표논문집』.

최석영(2001), 『일본인 처들은 한구사회에서 어떤 모습으로 살아가고 있는가』,

실천문학사.
한국사회의 불평등 문제에 관하여(2008), 『재한 일본인妻』 문제를 중심으로.
카세타니 토모오(1994), 『재한일본인처의 형성과 생활적응에 관한 연구』, 고려대
　　학교.

〔국외문헌〕

アンジェロ・イシ(1995), 「出稼ぎビジネス」の発生と生活環境の変化」, 『共同研
　　究出稼ぎ日系ブラジル人』明石書店.
足立伸子編著・吉田正紀・伊藤雅俊訳(2008), 『ジャパニーズ・ディアスポラ』,
　　新泉社.
伊藤考司(1996), 『日本人花嫁の戦後韓国・ナザレ園からの証言』, LYU工房.
移民七〇年(1978), サンパウロ新聞社.
家仲茂(1943), 『ハワイの歴史と風土』, 生活社刊.
飯野正子(2000), 『もう一つの日米関係史』, 有斐閣.
エメボイ実習場史(1981), 増田秀一著.
岡部一明(1991), 『日系アメリカ人強制収容から戦後補償へ』, 岩波書店.
猪股祐介(2002), 「満洲移民」の植民地経験-岐阜県郡上村開拓団を事例として-」,
　　『相関社会科学』, 第12号.
大鎌邦雄(1972), 東洋拓殖株式会社創立期の実態.
大泉町企画調整部企画課(2011), 『くらしのべんり帳』.
大泉町住民課(2010), 『外国人登録の推移』.
石川友紀(1989), 「ブラジルにおける日本移民の地域的分布と職業構成の変遷第二
　　次世界大戦前を中心に」, 『琉球大学法文学部紀要』, 史学・地理学編32.
石川奈津子(2001), 『海峡を渡った妻たち』, 同時代社.
金敬得(1989), 「在日韓国人の法的地位確立と同胞社会の展望」, 『在日同胞の現状
　　と将来』, RAIK(在日韓国人問題研究所).
金應烈(1983), 「在韓日本人妻の貧困と生活不安」, 『社会老年学』(17), pp.67~82,
　　東京都老人総合研究所.
金戸幸子(2007), 「現代日本人の台湾 への自発的移住に関する研究―移住経験の
　　聞き取り調査とその分析を中心として―」, 『2006年度財団法人交流協会日
　　台交流センター日台研究支援事業報告書』.

梶田孝道(2002),「日本の外国人労働者政策」,『国際化する日本社会』,梶田孝道・宮島喬編第1章,東京大学出版社.

梶田孝道・丹野清人・樋口直人(2006),『顔の見えない定住化』,名古屋大学出版会.

海外移住資料館(2010),『海外移住資料館だより』,2010特集号.

外交資料館所蔵(1967),「第7回送金目録」,『在外日本人送金送達雑件』,第三巻参照.

外務省通商局(1915),「在支那本邦人進勢概覧」,帝国書院.

外交資料館所蔵(1918),「第7回送金目録」,『在外日本人送金送達雑件』,第三巻参照.

画文集・ブラジル移民の生活(1986),半田知雄著.

金春男(2010),「文化的背景に配慮した在韓・在日外国人高齢者の老後生活の支援：在韓日本人と在日コリアンのための老人ホームをとおして」,『社会問題研究』,59.

厳明(2003),「蘇州の日本租界と近代都市の形成」,『人文研究』,149号,神奈川大学人文学会.

滝友則(2010),『国際関係の構造的変化の反映としての国際人口移動と地域アイデンティティ構築の可能性-現代日本の事例の考察-』.

近藤敏夫(2005),「日系ブラジル人の就労と生活」,『社会学部論集』,第40号.

香山六郎著(1976),『香山六郎回想録』,サンパウロ人文科学研究所.

依光正哲(2006),『外国人労働者問題-日系ブラジル人の経験-』.

コロニア七〇年の歩み(1978),パウリスタ新聞社.

佐藤貴仁(2008),「日本語で活動を行うデイケアセンター『玉蘭荘』」,交流 協会日本語センター機関誌,「いろは」27. 財団法人交流協会日本語センター.

サンパウロ人文科学研究所編(1997),『ブラジル日本移民史年表』,無明舎出版.

三線年鑑(1929),聖州新報社編.

斉藤広志(1959),「ブラジルにおける日系人の人口と地域的移動」,『南米研究』6.

斉藤広志(1960),「ブラジルにおける邦人移住者の地域的移動」,『国際経済研究』,10.

宋美虎, 喜田寛(1994),『ナザレ園－金龍成先生との約束』,株式会社喜田寛 総合研究所.

徐龍達編著(2003),「法的地位の現状からみた21世紀への展望」,『21世紀韓朝鮮人の共生ビジョン』, 日本評論社.

総務庁(1987), 『日本長期統計総覧』, (総務庁統計局 監修, (財)日本統計協会編集・発行.

創設十年(1934), ありあんさ創設十年編纂委員会.

創設二十五年(1949), 創設二十五年編纂委員会.

竹野学(2000), 「人口問題と植民地：1920・30年代の樺太を中心に」, 北海道大学経済学部『経済学研究』, 50(3).

鍛冶致(2001), 「中国残留邦人の形成 の受け入れについて－選別あるいは選抜という視点から．－」, 梶田孝道(研究代表者), 『国際移動の新動向と外国人政策の課題－各国における現状と取り組み－』, 明石書店.

臺灣省政府主計處編(1944), 『第七次人口普査結果表』(『外地国勢調査報告 第五輯：台湾総督府, 国勢調査報告第六十五冊 第七次人口調査結果表.

台湾総督府(1927), 『昭和五年国勢調査結果表全島編』, 台湾総督官房臨時戸口調査部.

拓魂のうた・チエテ郷土史(1997), 拓魂のうた編纂委員会.

高崎宗司(1993), 『膨張する帝国の人流』, 「日本からアジアへの移民は, 1876年に開始されている」.

田川真理子(2003), 「満洲移民事業の理念と現実〈前篇〉」, 『Issues in lnguage and culture (4)』.

朝鮮総督府(1924), 「朝鮮に於ける内地人」大正13年.

東洋拓殖株式會社(1918), 「東拓十年史」.

独立行政法人国際協力機構横浜センター(2004)M 『海外移住資料館展示案内-われら新世界に参加す』算用印刷株式会社.

南米一巡(1921), 永田稠著.

南米再巡(1927), 永田稠著.

南米ありあんさ入植案内(1925), 信濃海外協会.

のろえすて年鑑(1927), 輪湖俊午郎編.

日本法務省(2011), 『在留外国人統計』.

日本ブラジル交流史編纂委員会(1995), 『日本ブラジル交流史日伯関係100年の回顧と展望』, 日本ブラジル修好100周年記念事業組織委員会・社団法人日本ブラジル中央協会.

藤沼敏子(1998),「年表二　中国帰国者問題の歴史と援護政策の展開」,『中国帰国者定着 促進センター紀要6号』.

バストス四十年史(1964), 水野昌之著.

パウリスタ新聞社編(1996),『日本・ブラジル交流人名辞典』, 五月書房.

ブラジルに於ける日本人発展史(1941), 外務省内ラテンアメリカ委員会編.

ブラジル力行会四十年史(1966), ブラジル力行会.

ブラジル日本移民八十年史(1991), 移民八十年史編纂委員会編.

ブラジル日本移民史年表(1997), サンパウロ人文科学研究所編, 無名舎出版.

松尾友樹(2005),「日本における外国人の増加ー静岡県浜松市の日系ブラジル人を中心にー」.

水島瑠美(2005),『日系アメリカ人のアイデンテイテイ』, 卒業論文.

山下昭洋(2008),「日本統治下台湾の「戸口調査」と「内地人」人口」,『久留米大学大学院比較文化研究論集』, 22号.

山下昭洋(1997),「日本統治台湾における「内地人」集中地の分布」.

山田奈美(2009),「わすれられた時代-祖父の望郷をおって-」.

矢内原忠雄,(1929),「人口問題」(二),『樺太教育』, 第5巻第5号.

流転の跡(1941), 輪湖俊午郎著.

米山裕・河原典史編(2007),『日系人の経験と国際移動：在外日本人移民の近現代史』人文書院.

吉武輝子(2005),『置き去りサハリン残留日本女性たちの60年』, 海竜社.

渡辺雅子編著(1995),『共同研究出稼ぎ日系ブラジル人(上)論文編[就労と生活]』, 明石書店.

渡邊博顕(2004),「間接雇用の増加と日系人労働者」,『日本労働研究雑誌』No.531/October.

Faist, Thomas. 2000. "Transnationalization in international migration: implications for the study of citizenship and culture." *Ethnic and Racial Studies* 23.

Faist, Thomas. 2000. *The Volume and Dynamics of International Migration and Transnational Social Spaces*, Oxford University Press.

Castles, S. & M. J. Miller, 2003. *The Age of Migration International Population Movements in the Modern World* (3rd edition), MacMillan.

Clifford, James(1994), "Diasporas," *Cultural Anthropology*, 9(3).

Hall, Stuart(1990), *"Cultural Identity and Diaspora,"* in J. Rutherford(ed.).

Masayo, Duus(1987), *Unlikely Liberators: The Men of the 100th and 442nd*, University of Hawaii Press.

Safran, William(1991), "Diasporas in Modern Societies: Myths of Homeland and Return," *Diaspora*, 1(1).

Sheffer, Gabriel(1986), "A New Field of Study: Modern Diasporas in International Politics," in G. Sheffer(ed.), *Modern Diasporas in International Politics*, London and Sydney: Croom Helm.

海外移住資料館ホームページ

　　http://search.jomm.jp/search/html/koukai/k_search.html.

外務省

　　http://www.mofa.go.jp/mofaj/toko/tokei/hojin/09/pdfs/1.pdf 참조.

外務大臣官房領事移住部領事移住政策課(1996), 『海外における邦人及び日系人団体一覧表 平成八年四月』.

厚生労働省まとめ(2006. 1. 1).

東京新聞大図録(2007. 8. 19),

　　(http://www2.ttcn.ne.jp/honkawa/5226.html).

社会実情データ図録

　　(http://www2.ttcn.ne.jp/honkawa/5226.html).

　　http://www.geocities.co.jp/SilkRoad-Lake/2917/sokai/korea.html 참조.

朝鮮(韓国)の租界

　　(http://www.geocities.co.jp/SilkRoad-Lake/2917/sokai/korea.html) 참고.

大泉町多文化共生

　　http://www.soumu.go.jp/menu_news/s-news/2008/pdf/080929_1_11_03.pdf#search 。

大阪朝日新聞(1943. 3. 19).

大阪朝日新聞(1939. 5. 20).

中央新聞(1912. 3. 26-1912. 3. 27).

産経新聞(2010. 9. 2).

(ㄱ)

가고시마 ……………………… 36
가나가와마루 …………………… 160
가네다 …………………………… 45, 49
가네보방적 ……………………… 160
가네코 야스사부로 ……………… 147
가족초청 ………………………… 152
가족초청이민 …………………… 161
가지타 …………………………… 45
가타구라계 ……………………… 153
간반방식 ………………………… 136
강제수용 ………………………… 58
강제수용소 ……………………… 50
강제이주 ………………………… 57
강제이주 명령 …………………… 127
강화도사건 ……………………… 70
강화도조약 ……………………… 72
개인이주 ………………………… 25
개전 ……………………………… 99
거시적 요인 ……………………… 47
겐케이진 ………………………… 218
겨울연가 ………………………… 75
결절점 …………………………… 204
경주나자레원 …………………… 76, 77

계약노동자 ……… 52, 54, 107, 142, 155
계약노동자법 …………………… 107
계엄령 …………………………… 93
계절노동자 ……………………… 55, 57
고베이주 알선소 개업 ………… 112
고베이주센터 폐쇄 ……………… 161
고베항 …………… 56, 59, 105, 141, 230
고사족 …………………………… 93
고야마 로쿠로 ………… 36, 231, 159
고야마로쿠로 회상록 …………… 159
고용안전촉진협의회 …………… 206
고융시 …………………………… 92
고전적 디아스포라 …………… 41, 42
고척생 …………………………… 110
고향 ……………………………… 40
공동체 …………………………… 126
공동체 공간 ……………………… 48
공동체 형성 ……………………… 30
공민권법 ………………………… 128
공민권운동 ……………………… 39, 128
공생사회건설 …………………… 235
관동주 …………………………… 69
관보 ……………………………… 107

관약이민 ········ 35, 52, 53, 55, 115, 230
광주만공동방위협의 ····················· 85
교역 디아스포라 ····················· 41, 42
구마모토 현 ······················ 36, 53, 59
구술생애사 기록 ·························· 89
국가주도 ······························ 229
국경수비대원 ·························· 83
국립이민수용소 설립 ··················· 110
국병법 ································ 82
국제결혼 ······························ 79
국제연합가맹 ·························· 27
국제이주 ······························ 39
국제협력사업단 ························ 113
군마 현 ······························· 45
군마 현 오이즈마치 ····················· 28
군마 현 오이즈미마치 ············· 27, 199
군산항 ································ 70
귀화 불능 외국인 ······················ 117
귀화불능외국인 ············· 55, 109, 112
귀화시험강좌 ·························· 58
귀환 ····················· 25, 44, 64, 224
귀환이민 ······························ 120
귀환이주 ······························ 28
귀환현상 ······························ 223
귀환형 디아스포라 ····················· 67
글로벌 네트워크 구축 ··················· 27
글로벌 다문화시대 ····················· 136
글로벌시대 ······ 25, 28, 39, 40, 62, 196
글로벌화 ······························ 39
금의환향 ······························ 52
기독교선교사 ·························· 94
기사단 ································ 143
기타간토 지역 ·························· 45
김응렬 ································ 76

(ㄴ)

나가사키항 ··························· 105
나가타 시게시 ······················ 148, 149
나카바 ····························· 45, 49
남만주철도주식회사 ··················· 80
남미 ································· 25
남미개척주식회사 ····················· 160
남미농업연습소 ······················ 152
남미브라질 ··························· 192
남미지역 ····························· 33
남미척식주식회사 설립 ················· 110
남아프리카공화국 ····················· 141
내무성 ······························ 32
내정통계통보 ························· 95
내지 ································· 68
내지인 ···························· 81, 88
네덜란드 통치시대 ····················· 90
네트워크 ····························· 47
노동 디아스포라 ····················· 41, 42
노동계약 ····························· 53
노동력부족 ··························· 199
노동형 ······························ 42
노로에스테 ··························· 155
노로에스테 연감 ····················· 151
농업계약이민 ························· 141
뉴커머 ······························ 25
느슨한 이중구조 ······················ 49
니혼마루 ···························· 59

（ㄷ）

다문화공생센터 ······················· 235
다문화공생커뮤니티센터 · 36, 203, 210
다문화정책 ···················· 232, 235
다민족 · 다문화사회 ················· 25
다양화 ································· 49
다이쇼 ································· 72
다이쇼소학교 개설 ················ 160
다이쇼시대 ··························· 71
다중화 ································· 43
단기체류비자 ························ 63
단기체류자 ··························· 33
단노 ······························ 45, 49
대동맹파업 ························· 116
대동아공영권 발양 ················· 85
대동청 ······························· 91
대륙귀농이민 ······················· 82
대륙의 신부 ························· 81
대만도 ······························· 68
대만어 ······························· 93
대만총독부 ····················· 90, 91
대북시 ······························· 92
대양주지역 ··························· 33
대일본인회 ························· 108
대일평화조약 ······················ 112
대중시 ······························· 92
대통령행정명령 9066호 ··········· 126
데카세기 ········ 25, 50, 53, 54, 61, 67,
················· 120, 142, 156, 197, 200
도미니카 ···························· 112
도요타 ······························ 136
도카이지역 ··························· 45
도쿠가와막부 ······················· 51

도항보조금 ························· 145
독일 ································· 143
독일정부 ···························· 143
돈 벌기 ····························· 120
돈벌이 ················ 53, 54, 61, 142, 156
돈벌이 목적 ························· 53
동경 간다 ·························· 148
동경상공회의소 ···················· 150
동모지구고용안정촉진협의회 ······· 200
동북아시아 이주 ···················· 68
동양인 배척동맹 ··················· 108
동양척식주식회사 ··················· 73
동양척식주식회사법 ················· 73
동양척식회사법 ···················· 146
동화주의 ····························· 32
드래건 ······························· 89
디아스포라 ······················ 25, 39
디아스포라 개념 ···················· 39
디아스포라 집단 ················ 40, 43
디아스포라적 개념 ·················· 39
디아스포라적 경험 · 28, 34, 35, 46, 162
디아스포라적 위치 ·················· 39
디아스포라집단 ····················· 40

（ㄹ）

라라물자 ···························· 213
라트비아인 ························· 158
라티노 ······························ 128
러시아인 ··························· 179
러일전쟁 ····························· 80
레이건 미국대통령 ·················· 59
레토니아인 ························· 158

로코쿄 ······································· 110
료준마루 ································· 160
루스벨트 대통령 ······················ 55
루이스호 ································· 59
루즈벨트 미국대통령 ················ 126
리틀도쿄 ································· 129

(ㅁ)

마리아 루스호 사건 ·················· 107
마산항 ···································· 70
마쓰이 미네타 ························· 129
마을회 ··································· 126
마카우바 식민지 ······················ 145
막부 ······································ 52
만몽 ······································ 82
만몽개척단 ························· 68, 81
만몽개척지 ····························· 156
만몽개척청소년의용군 ··············· 161
만주 ······································ 81
만주개척정책기본요강 ················ 81
만주국 ···································· 68
만주국적 ································· 80
만주농지개척공사 ······················ 82
매개기지 ································· 48
메이지시대 ······························ 71
메이지신정부 ·························· 114
메조(중간) ······························ 47
멕시코 ···································· 57
멕시코시티 ····························· 113
모국지원운동 ·························· 128
목포항 ···································· 70
몬손식민지 입식 ······················ 162

무토산지 ································· 107
문화다원주의 ··························· 42
문화양식 ································· 42
문화자본 ································· 47
문화적 디아스포라 ···················· 42
문화적 시민권 ·························· 40
문화정체성 ························ 41, 43
미국국적법 ····························· 112
미국대통령 행정명령 11246호 ······· 128
미국이주론 ····························· 107
미국진주만 ······························ 57
미시적 요인 ···························· 47
미쓰비시계 ····························· 153
미일신사협정 ·························· 125
미즈노 료 ······························ 109
민간대사제도 ·························· 218
민족공동체 ························· 28, 42
민족공동체 의식 ··················· 40, 42
민족교육센터 ·························· 129
민족박물관 ····························· 129
민족정체성 ···················· 30, 33, 42

(ㅂ)

바디랭귀지 ····························· 176
바로콘 식민지 ························· 145
바스토스 병원 ························· 159
바스토스이주지 ······················· 153
박해도피형 ······························ 42
반 리드 ································· 106
반일감정 ································· 74
반일정책 ································· 74
방인 ······································ 82

배일 ················ 132
배일 이민법 제정 ········· 160
배일법안 ············ 116
배일사상 ············ 119
배일이민법 50, 55, 56, 61, 116, 117, 118,
················ 137, 192, 231
배출요인 ············ 133
배태 ·············· 48
범아프리카인 공동체 ······· 39
베트남 ············· 95
보상배상실현전미연합 ······ 130
보상전미평의회 ········· 130
보신전쟁 ············ 106
보조각서 ············ 55
복음회 ············· 54
본도인 ············· 91
볼리비아 ············ 112
부에노스아이레스마루 ······ 56
부용회 ··········· 77, 78
부정된 개인의 권리 ······· 130
북경어 ············· 88
북미 서해안 ·········· 52
북미지역 ············ 33
분촌·분향이민 ········· 81
불평등조약 ··········· 108
브라질 ······· 25, 36, 112, 166
브라질 마루 ·········· 113
브라질 산토스항 ········ 141
브라질마루 ········· 59, 112
브라질시보 ········ 147, 148
브라질이민 ··········· 56
브라질인 노동자 ········ 49
브라질일본이민사연표 ······ 45

브라질척식회사 ········· 154
브에노스아이레스마루 ······ 161
블랙파워 ············ 128
비일계인 ············ 62
비즈니스네트워크 ········ 218
빌라노바 ············ 152

(ㅅ)

사약이민 ············ 108
사와요시노부 ·········· 107
사이오토호 ··········· 35
사이토 ············· 44
사진결혼금지 ·········· 55
사진결혼자 ········· 50, 109
사진신부 ············ 109
사카이 ············· 45
사토모모타로 ·········· 107
사프란 ··········· 40, 43
사할린 ········· 68, 96, 97
사할린-쿠릴열도 ········ 96
사할린잔류방인 ········· 99
사회관계자본 ·········· 47
사회운동 ············ 39
사회통합정책 ·········· 234
산루이스 경작지 ········ 145
산타카타리나 주 ········ 143
산토스 ············· 59
산토스마루로 고베항 출항 ····· 161
산토스항 ······· 56, 112, 163, 165
상업형 ············· 42
상파울로 ············ 57
상파울로주 ········· 141, 143

새로운 마을 ·················· 152
샌프란시스코 ·················· 52
샌프란시스코 강화조약 ········ 137, 229
성주신보 ·················· 162
성진항 ·················· 70
세계대공황 ·················· 110
세계우치난츄 대회 ········ 36, 218, 232
소련과 일본전쟁 ·················· 99
소수민족공동체 ·················· 41, 42
송미호 원장 ·················· 77
송출과 유입요인 ·················· 137
쇄국령 ·················· 51, 223
쇼와시대 ·················· 73
쉐퍼 ·················· 41, 67
슈퍼마켓 ·················· 204
스페인인 ·················· 143
승리조 ·················· 161
시가시게타카 ·················· 107
시데하라 기주로 ·················· 153
시마누키 효다유 ·················· 148
시모노세키조약 ·················· 68, 90
시민레벨 ·················· 150
시민적 자유법 ·················· 130
시부사와 에이이치 ·················· 146
시사신보 ·················· 107
시즈오카 현 ·················· 45
시즈오카 현 하마마츠시 ··· 27, 133, 136
식민지 ·················· 151
식민지경영 ·················· 143
식민지배 ·················· 69
식민지통치 ·················· 146
신념이나 가치관 ·················· 47
신농 ·················· 152
신농해외협회 ·················· 151

신농해외협회 설립 ·················· 109
신사협약 ·················· 109
신사협정 ·················· 55
신사협정체결 ·················· 50
신천지창조 ·················· 148
싱가포르 ·················· 96, 141
쓰카하라타지마노카미마사요시 ···· 107
쓰쿠바 ·················· 107

(ㅇ)

아라사츠바 ·················· 144, 155
아루젠치마루 ·················· 161
아르헨티나 ·················· 141, 163, 192
아리안사이주지 ·················· 57, 144, 151
아시아구제공인단체 ·················· 58
아오야기 이쿠다로 ·················· 146
아이가와촌 ·················· 80
아이치 현 나고야시 ·················· 27
아이치 현 도요타시 ·················· 27
아이치 현 도요하시시 ·················· 136
아카라식민지 ·················· 157
아케보노 식민지 ·················· 145
안정통상조약 ·················· 51
알선료 ·················· 145
알파인인텔남미교류센터 ·················· 204
애국 ·················· 54
야마구치 현 ·················· 53, 59
양로원 ·················· 76
얼굴이 보이지 않는 정주 ·················· 234
에닉스 기업 ·················· 235
에도막부 ·················· 25
에디슨 우노 ·················· 129

에콰도르 ·················· 57
역이민 ············· 25, 64, 223, 224
역행회 ·················· 148, 149
영국기선 ·················· 35
영주권자 ·················· 25
오아후섬 ·················· 109, 117
오족협화 ·················· 81
오지 진흥정책 ·················· 144
오카다 타다히코 ·················· 151
오클랜드 ·················· 52
오키나와 현 ·············· 36, 45, 59, 218
오키나와인 ·············· 36, 218, 232
오키나와인 디아스포라 ·················· 67
오프라인 전시관 ·················· 224
옥란장 ·················· 94
온라인 네트워크 ·················· 224
와카사마루 ·················· 160
와코 고로 ·················· 144, 147
왕도낙토 ·················· 81
왕조명 정권 ·················· 85
왜관 ·················· 70, 72
외국이민2분 제한법 ·················· 110
외국인 노동자 ·················· 197
외국인고용상황보고 ·················· 64
외국인토지법 ·················· 50, 125
외국인토지법 제정 ·················· 55
외지 ·················· 68
외항여관 ·················· 105
외항여관 네트워크 ·················· 35, 105
요시노촌 ·················· 91
요코하마 ·················· 36, 112
요코하마시 쓰루미구 ·················· 45
요코하마항 · 35, 59, 105, 107, 115, 230
우메타니 미쓰사다 ·················· 153

우체국 ·················· 172
워킹홀리데이 ·················· 33
워터마카란법 ·················· 112
원산항 ·················· 70
원정사 ·················· 54
위조여권소지자 ·················· 108
윌리엄 사프란 ·················· 67
유대 ·················· 41
유대인 ·················· 39
유럽 ·················· 143
유일회 ·················· 54
유입정책 ·················· 27
유진 M 빈리드 ·················· 35, 231
이구아폐 식민지 ·················· 147
이구아폐식민지 ·················· 146
이나카미 ·················· 45, 49
이노우에 마쓰나 ·················· 129
이마이 고스케 ·················· 151
이민 ·················· 151
이민2분 제한법 ·················· 161
이민배척운동 ·················· 142, 148
이민보호규칙 ·················· 108
이민보호법 ·················· 108
이민사 ·················· 45
이민송출정책 ·················· 45
이민수용소 ·················· 172
이민여관 ·················· 105
이민유입정책 ·················· 45
이민정책 ·················· 32, 68
이민협약 ·················· 53
이승만 정권 ·················· 74
이시카와 ·················· 45
이시카와 타쿠보쿠 ·················· 148
이시하라 ·················· 80

이주 ·················· 151
이주경험 ·················· 39
이주과정 ·················· 35
이주노동자 ·················· 67
이주동기 ·················· 42
이주론의 변 ·················· 107
이주루트 ·················· 28, 34, 46
이주역사 ·················· 41
이주정책 ·················· 30
이주제한정책 ·················· 53
이중언어 교육법 ·················· 128
이질성 ·················· 49
이츠쿠시마마루 ·················· 160
이케가미 ·················· 45
이쿠노 ·················· 45
이탈리아 ·················· 142
이탈리아인 ·················· 143
인신매매금지령 ·················· 107
인재확보 ·················· 49
인적자산 ·················· 218
인종평등조항 ·················· 109
인천항 ·················· 70
인플레현상 ·················· 135
일계미국인 ·················· 27
일계미국인 공동체 ·················· 137
일계미국인시민연맹 ·················· 129
일계브라질 사회 ·················· 120
일계브라질인 ·················· 25, 27, 44, 48, 49
일계브라질인 유입정책 ·················· 136
일계브라질인의 귀환 ·················· 26
일계인 25, 26, 28, 29, 30, 46, 49, 50, 62,
·················· 134, 136, 137, 195, 197, 229
일계인 공동체 ·················· 25
일계인 디아스포라 ·· 25, 26, 28, 34, 39,

·················· 41, 43, 67, 232
일계인1세의 U턴 ·················· 233
일계인고용서비스센터 ·················· 113
일계인네트워크 ·················· 36, 217, 232
일계인대회 ·················· 27
일계인들의 거점 ·················· 204
일계인박물관 ·················· 27
일계인사회 ·················· 235
일계인의 U턴 현상 ·················· 62, 122
일계인타운 ·················· 36
일계페루인 ·················· 49
일미신사협약 ·················· 159
일미전쟁 ·················· 110
일본 귀환 ·················· 63
일본 귀환현상 ·················· 197
일본 아이치 현 ·················· 45
일본 외무성 ·················· 31
일본 이민정책 ·················· 146
일본 후생노동성 ·················· 99
일본-브라질협회 설립 ·················· 160
일본근대화 ·················· 54
일본마을 ·················· 129
일본문화 ·················· 30
일본민족공동체 ·················· 132
일본브라질교류사편찬위원회 ·········· 45
일본어 ·················· 30
일본어신문발행 ·················· 126
일본역행회 ·················· 148, 150
일본이민키치자 ·················· 108
일본인 ·················· 30, 68, 81, 82, 88
일본인 배척운동 ·················· 32
일본인 배척주의자 ·················· 55
일본인 이민배척 ·················· 53
일본인 이민송출 ·················· 192

일본인강제수용 ················ 59
일본인거류지 ················· 70
일본인여성 ··················· 75
일본인유지애국동맹 ········· 54
일본인의 배우자 ·············· 62
일본인하와이전항 문제 ······· 108
일본인학동격리교육결의 ······ 108
일본인학동격리사건 ········· 50
일본인학동격리소동 ······· 53, 108
일본인회 ···················· 145
일본전관조계 ················ 70
일본정부 ···················· 29
일본제국 ···················· 82
일본제국주의 ················ 78
일본조계지 ·················· 70
일본진출 ···················· 33
일본통치시대 ················ 94
일시적 체류자 ··············· 25
잃어버린 10년 ··············· 49
임진왜란 ···················· 70
입관법 ······················ 62
입국관리법 개정 ············· 62

(ㅈ)

자믹 이식민 유한회사 ········· 112
자영농 ····················· 144
자유 ························· 54
자유이민 ············· 35, 97, 230
자유이민자들 ················ 169
잔류 ························· 99
잔류고아관계자 ·············· 88
잔류방인 ··············· 68, 93, 94

장기영구체류형 디아스포라 ·········· 67
재대만 방인 ················· 94
재미일본인연합협의회 ········ 126
재외방인 ·········· 28, 30, 31, 33, 64, 83
재이주 ····················· 197
재일코리안 ················· 233
재일코리안3세 ·············· 233
재일한국인3세 ·············· 134
재한일계인 ················· 75
재한일계인단체 ············· 77
재한일본인 ··············· 77, 78
저팬타임즈 ················· 36
적성외국인 ················· 57
전시시민이전수용에 관한 위원회 ·· 129
전시전주국 ················· 111
정주자 ··················· 26, 62
정주현상 ··················· 234
제19세기 ··················· 54
제국식민형 ················· 42
존 마샤드 경작지 ············ 145
주간남미 ··············· 144, 147
주류사회 ··················· 42
주일하와이 총영사 ··········· 35
중국 대련시 ················· 81
중국잔류고아 ··············· 68
중국잔류방인 ··············· 88
중남미인계 ················· 128
중앙집권적 신헌법 ··········· 61
지연 ···················· 35, 105
지정이민 ··················· 97
진남포항 ··················· 70
집단이민 ··················· 97
집단이주 ··················· 25
징병령 ····················· 107

(ㅊ)

차세대교육문제 ······ 33
차이나타운 ······ 129
참사회 ······ 87
창맹 발표 ······ 161
척무성 ······ 32
천진 ······ 87
청국인 이민법 ······ 107
청국인 학동격리학교 ······ 108
청년의용대 ······ 82
청소년 의용군 ······ 81
청소년의용군 ······ 82
청일전쟁 ······ 68
청조 말기 ······ 90
청조시대 ······ 90
초국가시대 ······ 48
초국가주의 ······ 40
초국적 이동 ······ 34
총독부 ······ 73
출신국별 이민할당법 ······ 55, 109, 112
출입국관리 및 난민인정법 ······ 26, 62
출입국관리사무소 ······ 75
치에테이주지 ······ 153
치외법권 ······ 52
친족방문 ······ 63
칠레 ······ 57

(ㅋ)

카사토마루 ······ 36, 56, 109, 141, 160, 164, 231
카지타 ······ 45, 49

캄보디아 ······ 95
캐나다정부 ······ 113
커뮤니케이션 ······ 176
커뮤니티센터 ······ 129
커피농장 ······ 57
케이프타운 ······ 141
코리안 디아스포라 ······ 25, 28, 235
코헨 ······ 41, 43
쿨리무역 ······ 52, 107
크로니컬 신문 ······ 107
크로니컬지 ······ 108
클리포드 ······ 40, 67
클리포드 우에다 ······ 129

(ㅌ)

탈영토화 경향 ······ 43
태평양 전쟁 ······ 126
태평양전쟁 ······ 56, 87, 120
토레스 바라스이주지 ······ 153
통상협약 ······ 106
통일교 ······ 79
통일교의 축복결혼 ······ 79
특별영주자 ······ 233

(ㅍ)

파라과이 ······ 112, 157
파우리스타신문사 편 ······ 45
패배조 ······ 161
페리제독 ······ 106
포르투갈어 ······ 144, 205

포르투갈인 ················· 143
포츠머스조약 ············· 68, 96
프로테스탄트교회 ············· 204
피해자 디아스포라 ············· 41, 42

(ㅎ)

하얼빈 ····················· 81
하와이 ··············· 34, 52, 114
하와이 관약이민 ············· 124
하와이 사탕수수 농장 ··········· 53
하청업자 ··················· 49
학동격리사건 ··············· 108
한구대공습 ················· 86
한류 붐 ················· 75, 78
한일국교정상화 ············· 75
한일병합 ··················· 72
한일수호통상조약 ··········· 70, 72
한일월드컵공동개최 ··········· 75
해외 이주 ················· 25
해외겐케이진 ··············· 218
해외귀환문제 ··············· 69
해외도항 ··················· 51
해외도항금지령 ··········· 25, 223
해외도항안내 ··············· 53
해외식민론 ················· 108
해외실업회 ················· 54
해외이민 ··················· 25
해외이민금지 ············· 35, 230
해외이민정책 ··············· 32
해외이주 ··········· 34, 35, 105, 192
해외이주 장려 ············· 107
해외이주사업단 ············· 112

해외이주자료관 ······ 223, 224, 225, 226
해외이주자료관(2002년 설립) · 36, 232
해외이주조합법 ············· 152, 160
해외이주조합연합회 ······· 110, 152, 160
해외이주협회 설립 ············· 112
해외일계인네트워크 ··········· 235
해외일계인대회 ··········· 36, 217, 232
해외일계인협회 ············· 211
해외잔류고아 ··············· 67
해외재류방인수통계 ··········· 94
해외진출 ··················· 25
해외홍업주식회사 ············· 109
해운홍업주식회사 ········· 146, 147
행정명령 ················· 55, 57
협정발효 ················· 134
호놀룰루 ··············· 34, 115
호리타 ··················· 94
호시나겐이치로 ············· 144
혼종성 ··················· 42
혼종화 ··················· 43
홀 ····················· 67
홋카이도 ··················· 91
화련항청 ··················· 91
화인 디아스포라 ············· 25
환전상 ··················· 172
황국식민회사 ··············· 183
황색인종의 이민제한 ··········· 160
황화 ··················· 53, 116
회사이민 ··············· 35, 230
후쿠오카 현 ············· 53, 59
후쿠자와 유키치 ············· 107
흑사병소동 ················· 108
흑인의 이민금지 ············· 160
흡입요인 ················· 133

히노데 식민지 …………… 145

히로시마 현 …………… 53, 59

히로타 …………… 45

(기타)

1876년 하와이 미국병합 …………… 114

1927년 해외이주조합법 …………… 156

1941년 태평양전쟁 …………… 156

1965년 한일국교정상화 …………… 75

1990년 일본출입국관리 및
　난민인정법 …………… 199

1990년 입국관리법 …………… 233

1990년 입국관리법개정 …………… 233

1990년 출입국관리 및 난민인정법
　…………… 197, 233

2007년 오이즈미마치 다문화공생
　커뮤니티센터 …………… 205

2009년 리먼쇼크 …………… 211, 235

2009년 리먼쇼크 …………… 203

2011년 3월 동북지방 대지진 ……… 235

2011년 동북지방 대지진 …………… 211

3D직업 …………… 46, 49

3D직종 ………… 45, 49, 135, 136, 199

730만 코리안 디아스포라 …………… 226

91년 문제 …………… 134

BASE …………… 48

Embeddedness …………… 48

Hall …………… 67

Human Capital …………… 218

JACL …………… 128, 129, 130, 131

JAMIC …………… 112

JICA …………… 36, 223, 226

LARA …………… 58

NCCR …………… 130, 131

NCJAR …………… 130

NPO법인 ABC저팬 … 36, 219, 220, 232

Off-line …………… 224

On-line …………… 224

TAKARA …………… 204

WUB …………… 218